Meike Teichmann

# PROCREATE

Rheinwerk

Design

## Liebe Leserin, lieber Leser,

mit Procreate auf dem iPad zu zeichnen, macht so viel Spaß, finden Sie nicht auch? Ich kann es gar nicht glauben, dass man für wenig Geld eine so ausgereifte, intuitive App erhält, mit der man wirklich professionell arbeiten kann. Intuitiv? Ja, die ersten Zeichenversuche gehen schnell von der Hand, Pinsel auswählen, Farbe einstellen und los geht's. Aber spätestens, wenn man das Pinselstudio öffnet, fühlt man sich von den Einstellungsmöglichkeiten schier erschlagen. Was verbirgt sich hinter den Bezeichnungen *Jitter*, *Kornfilterung*, *Azimuth* oder *Brandkante*? Man kann es sich selbst kaum erschließen.

Daher möchte ich Ihnen dieses umfassende Handbuch ans Herz legen: Wirklich jede Funktion von Procreate wird hier erläutert, jede Einstellung des Pinselstudios erklärt. Auch Sie werden es mithilfe dieses Buchs schaffen, ein Procreate-Profi zu werden und all Ihre Vorstellungen für Zeichnung, Digital Painting oder Handlettering umzusetzen! Ich zum Beispiel lettere gerne, finde aber, dass Procreate für meine Zwecke nicht genügend Aquarellpinsel anbietet. Daher habe ich mich durch Kapitel 7 gearbeitet und einige neue Pinsel angelegt, sogar einen Dualpinsel. Was das ist? Schlagen Sie das Kapitel über die Pinsel auf, dort wird es Ihnen verraten. Und genießen Sie ganz nebenbei auch die wunderbaren Illustrationen von Meike Teichmann, die aus diesem Buch etwas ganz Besonderes machen.

Ich hoffe, dass Sie mit Procreate und diesem Buch genauso kreativ werden können wie ich. Wenn Sie Fragen, Anregungen oder Kritik zum Buch haben, freue ich mich über Ihre E-Mail.

**Ihre Ruth Lahres**
Lektorat Rheinwerk Design

ruth.lahres@rheinwerk-verlag.de
www.rheinwerk-verlag.de
Rheinwerk Verlag • Rheinwerkallee 4 • 53227 Bonn

# Inhalt

Vorwort .................................................. 6

## Kapitel 1: Einführung .................................. 7
1.1  Die App .............................................. 7
1.2  Systemvoraussetzungen ............................... 11

## Kapitel 2: Die Galerie ................................ 12
2.1  Eine neue Leinwand erstellen ........................ 13
2.2  Deine Leinwände organisieren ........................ 18

## Kapitel 3: Die Benutzeroberfläche ..................... 26
3.1  Die Menüs ........................................... 26
3.2  Die Werkzeugleiste .................................. 29
3.3  Die Seitenleiste .................................... 33

## Kapitel 4: Aktionen ................................... 39
4.1  Hinzufügen .......................................... 39
4.2  Leinwand ............................................ 41
4.3  Bereitstellen ....................................... 47
4.4  Video ............................................... 49
4.5  Einstellungen ....................................... 49
4.6  Hilfe ............................................... 53

## Kapitel 5: Anpassungen ................................ 54
5.1  Ebene oder Pencil? .................................. 54
5.2  Farbanpassungen ..................................... 56
5.3  Unschärfe-Effekte ................................... 61
5.4  Effekte mit Störungen ............................... 65
5.5  Weitere Filter ...................................... 75

## Kapitel 6: Auswählen und Transformieren ... 80

6.1 Das Auswahlwerkzeug ... 80
6.2 Das Transformieren-Werkzeug ... 88

## Kapitel 7: Pinsel, Wischfinger und Radiergummi ... 98

7.1 Die Pinselsammlung ... 99
7.2 Das Pinselstudio ... 116
7.3 Einen Pinsel modifizieren ... 145
7.4 Zwei Pinsel kombinieren ... 147
7.5 Der Wischfinger ... 149
7.6 Das Radiergummi ... 152

## Kapitel 8: Ebenen ... 153

8.1 Die Ebenen-Palette ... 153
8.2 Das Ebenen-Menü ... 156
8.3 Der Ebenenmodus ... 168

## Kapitel 9: Farben ... 179

9.1 Farben auswählen ... 179
9.2 Die Arbeit mit Farbpaletten ... 186
9.3 Farben mit der Pipette auswählen ... 191
9.4 Flächen füllen ... 192

## Kapitel 10: Text ... 195

10.1 Textfeld einfügen und bearbeiten ... 195
10.2 Vektortext und Rastertext ... 202
10.3 Text mit dem Stift schreiben ... 203

## Kapitel 11: Zeichenhilfe und QuickShape ... 205

11.1 Die Zeichenhilfe nutzen ... 205
11.2 QuickShape einsetzen ... 214

## Kapitel 12: Animation  219
12.1  Einstellungen für die Animation  219
12.2  Eine Animation erstellen  225
12.3  Animation bereitstellen  227

## Kapitel 13: Gestensteuerung  229
13.1  Gesten mit zwei, drei oder vier Fingern  229
13.2  Einstellungen für die Gestensteuerung  235

## Kapitel 14: Anwendungsbeispiele  237
14.1  Die Zeichenhilfe im Einsatz  237
14.2  QuickShape  239
14.3  Alphasperre und Clipping-Maske  240
14.4  Der Ebenenmodus  243
14.5  Mit Verläufen arbeiten  245

## Kapitel 15: Workshop 1 – Ebenen im Einsatz  247

## Kapitel 16: Workshop 2 – Muster erstellen  255

## Kapitel 17: Workshop 3 – Digitale Collagen  268

Index  276

# Vorwort

Einfach mal draufloszeichnen, aber nicht mit Zettel und Stift, sondern digital, das kannst du wunderbar mit dem iPad und der App Procreate machen. Auf dem Sofa, unterwegs oder auch am Schreibtisch, Procreate bietet dir unheimlich viele Möglichkeiten, deiner Kreativität freien Lauf zu lassen. Ich selbst bin freiberufliche Illustratorin und arbeite seit Jahren digital. Mit Procreate kann ich meinen Arbeitsprozess ergänzen und kombiniere nun Desktop und iPad miteinander.

In diesem Buch stelle ich dir die App im Detail vor und zeige dir alle wichtigen Werkzeuge und die Gestensteuerung. Am Ende des Buchs findest du außerdem einige Workshops, in denen das Erklärte direkt angewendet wird. Viel Spaß mit dem Buch und der App!

Deine
**Meike Teichmann**

# Kapitel 1
# Einführung

Die App Procreate wurde für das iPad von Apple entwickelt und bietet sehr viele wirklich ausgereifte Möglichkeiten, um auf dem iPad zu malen und zu zeichnen. In diesem Kapitel gebe ich dir einen allgemeinen Überblick über die Dinge, die die App kann.

## 1.1 Die App

Procreate ist sehr umfangreich, so dass sie auch für professionelle Anwendungen durchaus geeignet ist. Zu beziehen ist sie direkt über den App-Store und kostet aktuell 10,99 Euro. Es handelt sich also nicht um ein Abo-Modell, sondern nur um eine einmalige geringe Investition, die sich unbedingt lohnt!

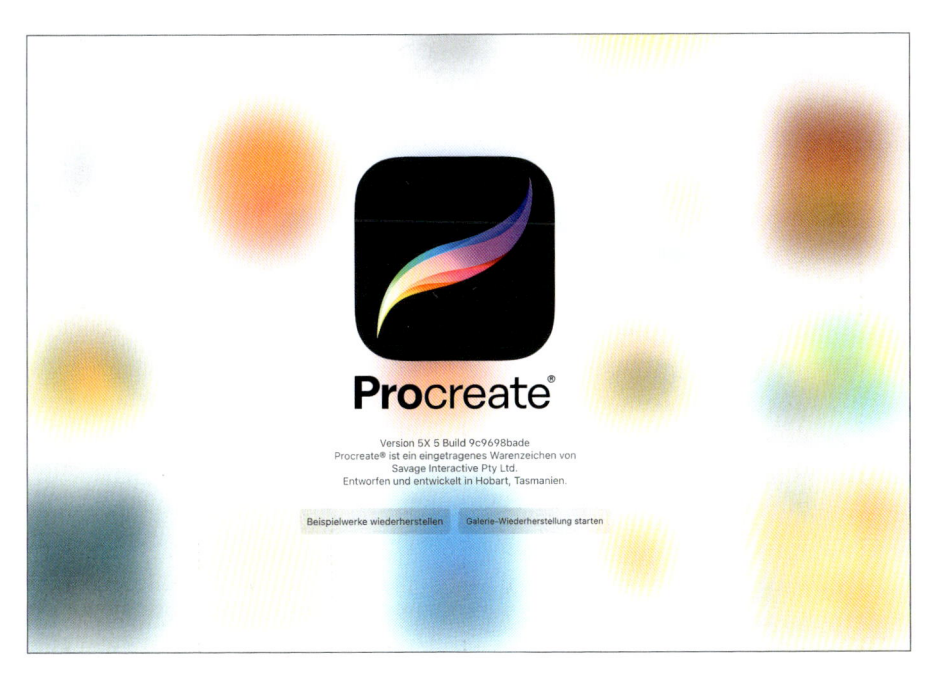

*Abbildung 1.1  Informationen über die App gibt es beim Tippen auf den Namen oben links.*

Über 200 intuitive Pinselspitzen warten auf ihren Einsatz und bedeuten für dich eine große Auswahl an gestalterischen Möglichkeiten. Jeden dieser Pinsel kannst du zudem individuell anpassen und nach deinen Wünschen einstellen und bearbeiten. So hast du noch viel mehr Möglichkeiten, mit den Werkzeugen zu zeichnen, die dir am meisten liegen. Oder du lädst dir weitere Pinsel auf das iPad, es gibt mittlerweile eine wirklich großartige Auswahl an zusätzlichen Pinseln. Diese sind teilweise sogar kostenlos oder für kleines Geld zu erwerben. Es lassen sich außerdem zwei Pinsel zu einem kombinieren. Schier unbegrenzte Möglichkeiten liegen vor dir.

Die Pinselsammlung ist für alles rund um Pinsel dein Eldorado, hier darfst du dich austoben, neue Pinsel hinzufügen, deine eigene Reihenfolge festlegen und alles in Kategorien unterteilen, so dass du deine Lieblingspinsel auch schnell wieder findest. Auch alle voreingestellten Pinsel sind hier zu finden.

**Abbildung 1.2** *Die Pinselsammlung bietet voreingestellt an die 200 verschiedene Pinsel.*

Die Feineinstellung jedes Pinsels passiert im Pinselstudio, dort kannst du Einstellungen wie die Strichstärke und die Körnigkeit vornehmen oder bestimmen, wie der Pinsel auch Druck und Neigung deines Stiftes reagieren soll.

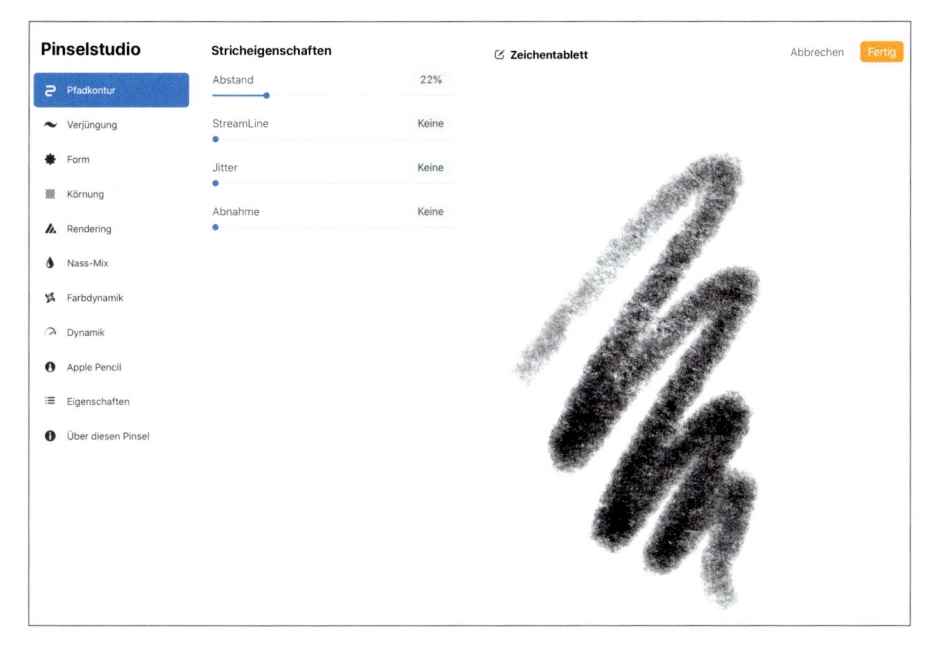

**Abbildung 1.3**  *Das Pinselstudio: viele Einstellungsmöglichkeiten für deinen Pinsel*

Alles an der App funktioniert mit Touchgesten. Die App ist dafür entwickelt worden, sehr intuitiv mit den Fingern und verschiedenen Gesten direkt auf dem Bildschirm deine Arbeit zu beschleunigen und zu erleichtern. In einer Hand hältst du den Stift, die andere bedient den Bildschirm.

Diverse nützliche Funktionen wie QuickShape, die Pipette oder die Einstellung Streamline vor allem für Handlettering helfen dir, deine Arbeitsschritte zu optimieren und perfekte Ergebnisse zu erzielen.

Verschiedene Ansichten der Farbpalette erlauben dir eine einzigartige Vielfalt. Du kannst dich in jeder Hinsicht frei in der Farbwelt bewegen und bekommst zusätzlich diverse Farbhilfen an die Hand, wie zum Beispiel Farbharmonien und voreingestellte Paletten. Du hast die Möglichkeit, Helligkeiten, Kontrast und Sättigung einzustellen und solltest dir für häufige Farbwechsel die Farbpalette direkt auf die Leinwand ziehen und hast sie so immer griffbereit. Du darfst auch die Farben aus deinem Lieblingsfoto als Farbpalette in Procreate anlegen oder mit der Pipette die Farben aus deinem Bild aufgreifen. So findest du immer deine verwendeten Farbtöne wieder und kannst sie dir für das nächste Mal abspeichern. Oder du teilst deine Lieblings-Farbpaletten mit anderen.

**Abbildung 1.4** *Geöffnete Farbpalette, klassische Einstellung zum Wählen der Farben*

Sogar Animationen lassen sich mit Procreate erstellen, du kannst deine Figuren sich also bewegen lassen. Und wenn du zeichnest, bietet dir die App die Möglichkeit, alle deine Striche aufzuzeichnen. Sie werden dann in einem Zeitraffervideo zur Verfügung gestellt, und dein Arbeitsprozess wird so dokumentiert. Doch damit nicht genug. Es lässt sich außerdem auch Text in dein Bild einfügen, neue Schriften importieren und so Bild und Text kombinieren. Sicherlich ist die App kein Layoutprogramm für aufwendige Textgestaltung und Satzarbeiten, aber für einfache Designs, Textbotschaften im Bild, Shirt-Motive oder Grußkarten ist das Textwerkzeug eine wunderbare Lösung.

Zur App gehört der Apple Pencil einfach dazu, und ich empfehle dir, diese Investition zu tätigen (derzeit ca. zwischen 95,– und 132,– Euro). Für die unterschiedlichen iPad Versionen sind verschiedene Stifte entwickelt worden, schau beim Kauf, dass dein Apple Pencil auch zu deinem iPad passt. Ansonsten kannst du nicht den vollen Stiftumfang nutzen.

Procreate funktioniert auch mit anderen Stiften, die für das iPad geeignet sind, aber bisher ist keiner in seinen Möglichkeiten an den Apple Pencil herangekommen. Dieser Stift reagiert auf Neigung, Druck und Drehung, und das Arbeiten damit macht einfach sehr viel Spaß!

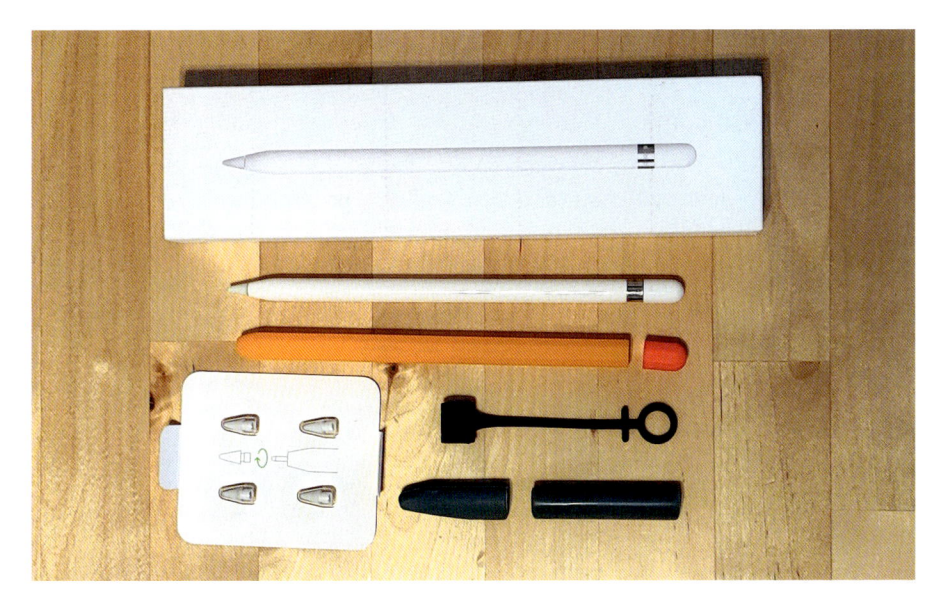

**Abbildung 1.5** *Für den Apple Pencil gibt es diverses Zubehör.*

## 1.2  Systemvoraussetzungen

Procreate läuft auf allen iPads, jedoch kann es sinnvoll sein, sich vor dem Kauf eines neuen iPads über die Kapazitäten Gedanken zu machen. Außerdem sind die iPads unterschiedlich groß, zu klein sollte das Tablet zum Zeichnen auch nicht sein.

Ein größerer Arbeitsspeicher kann sich als sinnvoll herausstellen, wenn du große und aufwändige Zeichnungen oder Animationen planst und das iPad außerdem für diverse andere Apps nutzen möchtest. Auch stellt Procreate je nach Arbeitsspeicher des iPads für eine Dateigröße unterschiedlich viele Ebenen zur Verfügung. Das kann durchaus in der späteren Arbeit einen Unterschied machen. Nachrüsten kann man den Arbeitsspeicher bei einem iPad leider nicht, also solltest du hier nicht zu knapp kalkulieren. Procreate läuft in der Version 5X mit 120 hz und du wirst kaum eine Verzögerung bei der Darstellung deiner Striche oder Gesten merken. Du kannst dich auf ein sehr flüssiges Arbeiten freuen.

# Kapitel 2
# Die Galerie

*Wenn du Procreate öffnest, werden dir deine Bilder nebeneinander angeordnet angezeigt. Diese Ansicht ist die Galerie. Zu Beginn sind es einige von Procreate voreingestellte Bilder, später werden viele weitere von dir erstellte Motive hinzukommen. In der Galerie findest du alle deine Werke jederzeit wieder und behältst die Übersicht.*

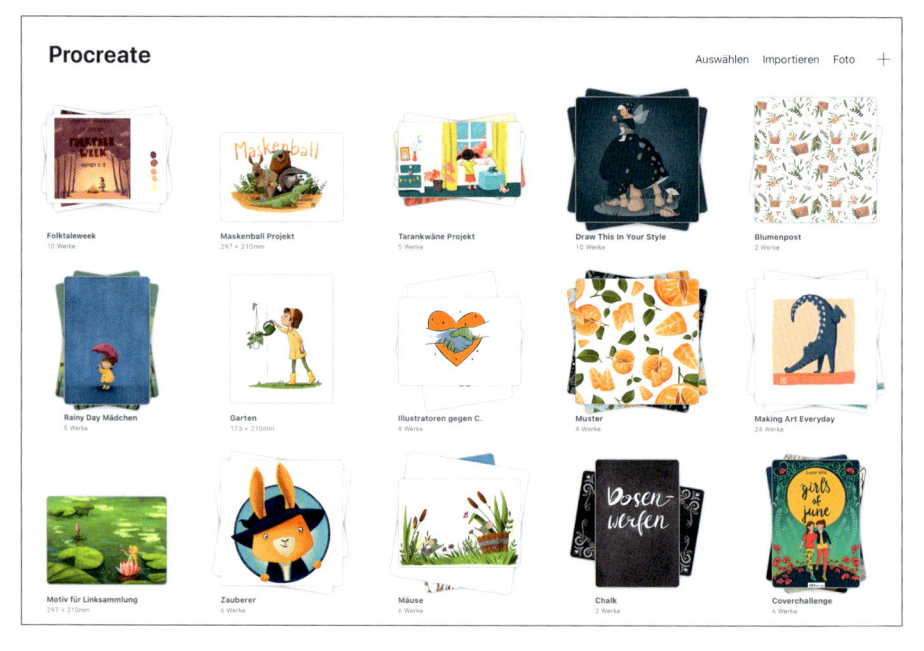

**Abbildung 2.1** *In der Galerie werden dir alle deine schon erstellten Werke angezeigt, du erhältst hier also eine Übersicht.*

Über die Galerie wechselst du auch zwischen verschiedenen Bildern, du darfst deine Werke sortieren und in Stapel zusammenfassen. Tippe auf eine Leinwand, und sie öffnet sich, so dass du sie bearbeiten kannst. Außerdem stehen dir Möglichkeiten zum Duplizieren, Löschen und zum Exportieren deiner Werke zur Verfügung.

## 2.1 Eine neue Leinwand erstellen

Wenn du ein neues Dokument (Leinwand) erstellen möchtest, findest du in der Galerie oben rechts in der Ecke ein Pluszeichen ❶. Sobald du darauf tippst, öffnet sich ein Pop-up-Menü mit einigen voreingestellten Maßen. Wähle davon eines aus, und eine neue Leinwand öffnet sich.

**Abbildung 2.2** *In der Galerie wird eine neue Leinwand erstellt.*

Bestehende Maße lassen sich auch duplizieren. Schiebe dazu den Namen der Bildschirmgröße nach links und tippe BEARBEITEN. Es öffnet sich der Dialog EIGENE LEINWANDGRÖSSE. Jetzt solltest du den Dateinamen direkt ändern, indem du oben auf den Namen der Leinwand ❹ (Abbildung 2.3) tippst.

Es lässt sich aber auch eine eigene Leinwandgröße anlegen, ohne eine bestehende zu duplizieren. Dafür tippst du oben rechts auf das kleine Symbol mit dem Plus ❷. Im Dialog EIGENE LEINWANDGRÖSSE stehen dir links vier Einstellungsregister zur Verfügung.

### Abmessungen

Unter ABMESSUNGEN ❸ (Abbildung 2.3) kannst du die Größe der Leinwand einstellen. Wähle dafür unten die gewünschte Maßeinheit, es stehen Millimeter, Zentimeter, Zoll und Pixel zur Verfügung.

Die dpi-Zahl ❺ gibt die Bildauflösung an. Merke dir, dass 300 dpi ein gutes Druckergebnis liefern. Spendierst du deiner Leinwand noch mehr dpi, kannst du dein fertiges Bild später sogar noch etwas vergrößern und erzielst immer noch ein gutes Ergebnis im Druck. Machst du die dpi-Zahl kleiner, wird das Druckergebnis gegebenenfalls nicht mehr ganz so gut, denn irgendwann verpixeln die Bilddaten bei zu wenig dpi, und das Motiv erscheint unsauber.

Möchtest du aber nur ein Bild malen, das du später zum Beispiel bei Instagram zeigen kannst, reichen auch 72 dpi oder 96 dpi aus, denn im Internet darf die Bildauflösung deutlich niedriger sein. Dann wird aber ein schöner Druck nicht mehr möglich sein. Bedenke also, was später mit dem Bild gemacht werden soll.

**Abbildung 2.3** *Du kannst bei deiner neuen Leinwand Breite und Höhe sowie die dpi-Zahl bestimmen und ihr einen Namen geben.*

**dpi und ppi**

dpi ist die Abkürzung von d*ots per inch* und besagt, wie viele Druckpunkte auf ein Inch kommen. Wenn wir uns in digitalen Maßen bewegen, müsste es eigentlich ppi, also *pixel per inch*, heißen. Die Druckpunkte erzeugt der Drucker auf Papier, Pixel sind die digitale Maßeinheit.

## Ebenenzahl

Die Bildauflösung bestimmt auch, wie viele Ebenen dir zur Verfügung stehen. Es hängt ein wenig von deinem Arbeitsspeicher ab, den das iPad zur Verfügung hat, wie viele Ebenen dir bei welcher Leinwandgröße zur Verfügung stehen.

Beim Einstellen deiner Leinwandmaße werden dir unten die maximalen Ebenen angezeigt ❻. Je mehr mögliche Ebenen, desto mehr Rechnerleistung ist nötig. Wenn dann auch noch die Leinwand sehr groß ist, stehen immer weniger Ebenen zu Verfügung. Ebenen sind zum einfachen Arbeiten in Procreate unerlässlich, je mehr du nutzen kannst, desto flexibler wirst du. Aber nicht immer braucht man ganz viele Ebenen. Du wirst mit der Zeit merken, wie es für deinen Arbeitsprozess und deine Illustrationen am besten ist. Mehr zu den Ebenen erfährst du in Kapitel 8.

## Farbprofil

Im nächsten Register kannst du das Farbprofil einstellen. Auch hier ist entscheidend, wie das Bild später verwendet werden soll. Möchtest du es in einer Druckerei drucken lassen, ist es gut, in CMYK zu arbeiten. Druckst du es an deinem eigenen Drucker zuhause aus oder bleibt das Bild digital, sprich es wird vielleicht nur online gezeigt, nutzt du besser RGB. Es stehen hier unterschiedliche Farbprofile zur Auswahl.

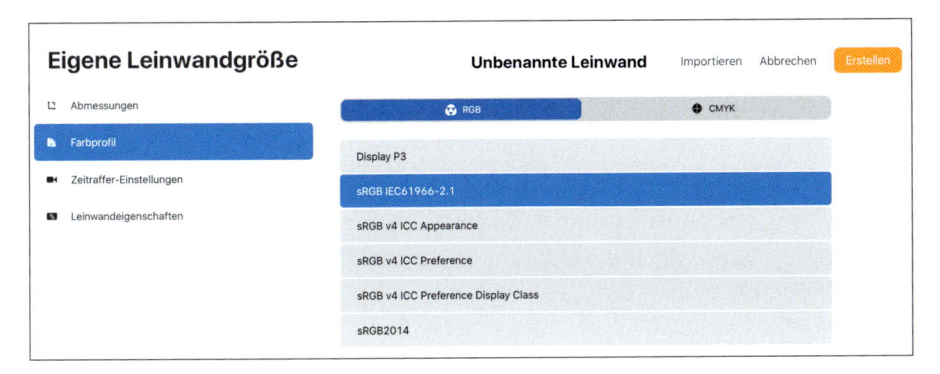

**Abbildung 2.4** *Auch das Farbprofil kannst du vor Arbeitsbeginn festlegen, es lässt sich nachträglich nicht mehr ändern.*

### RGB und CMYK

RGB und CMYK sind zwei unterschiedliche Farbräume: RGB umfasst deutlich mehr Farben als CMYK. Du wirst sehen, wie sich dein Bild farblich verändert, wenn du es einmal von RGB nach CMYK umwandelst.

CMYK ist das Farbprofil für den professionellen Druck, die Druckmaschinen drucken mit den Farben Cyan, Magenta, Yellow und Key (Black). Alle Mischtöne ergeben sich aus diesen vier Farben. RGB heißt übersetzt Rot, Grün und Blau. Monitore verwenden diesen Farbraum und erzeugen so die Farben, die das menschliche Auge wahrnehmen kann.

Was du aber wissen musst: Der Farbraum in CMYK ist kleiner, es stehen weniger Farben zur Verfügung als in RGB. Das kommt daher, dass Drucker nicht alle Farben aufs Papier bringen können. Helle leuchtende Töne wird ein Drucker nur selten schaffen, sie leuchten nämlich vor allem deswegen so hell, weil der Monitor von innen leuchtet. Das kann Papier natürlich nicht.

Für die Anwendung in Procreate empfehle ich als RGB-Profil sRGB IEC 61911-2.1. Hier wird der Farbraum wiedergegeben, den die meisten Drucker, Scanner und Monitore darstellen können: Ein Universalprofil sozusagen. Dieses Farbprofil wird als »medienneutral« bezeichnet, man kann damit sowohl digital als auch analog sehr gute Ergebnisse erzielen.

Bei den CMYK-Profilen ist das Coated Fogra39L VIGC 300 eine gute Wahl, wenn du deine Werke später drucken lässt. Coated heißt übersetzt gestrichen. Gestrichene Papiere sind zum Beispiel Bilderdruckpapiere, die Onlinedruckereien anbieten. Die 300 steht für den maximalen Farbauftrag von 300 %, auch das ist bei den meisten Druckereien Standard.

Möchtest du dir ein Farbprofil herunterladen, weil deine Druckerei ein ganz bestimmtes haben möchte, fragst du entweder direkt bei der Druckerei nach oder gehst auf die Seite *www.eci.org*, dort werden alle gängigen Farbprofile zum Download angeboten.

Auf deinem iPad musst du die heruntergeladene .zip-Datei gegebenenfalls noch entpacken (durch Doppeltipp), dann steht dir das Profil zur Verfügung. Wenn du nun in Procreate eine neue Leinwand erstellst und auf das Register FARBPROFIL gehst, kannst du auf IMPORTIEREN tippen und dein eben heruntergeladenes Farbprofil auswählen. Es steht dir im Anschluss direkt zur Verfügung.

**Info zu Farbprofilen**

Wenn du dich näher mit Farbprofilen beschäftigen möchtest, empfehle ich dir die Broschüre von Cleverprinting zu diesem Thema:

*www.cleverprinting.de/cleverprinting-handbuch-kostenlos-herunterladen*

## Zeitraffer-Einstellungen

Procreate bringt außerdem eine sehr schöne Funktion mit, den Zeitraffer. Alles, was du zeichnest, wird dabei direkt aufgenommen und in Zeitraffer-Geschwindigkeit wiedergegeben. Du erhältst also ein Video deines Arbeitsprozesses. Wenn du eine neue Datei anlegst, kannst du hier schon erste Einstellungen vornehmen, nämlich mit welcher Qualität der Zeitraffer arbeiten soll.

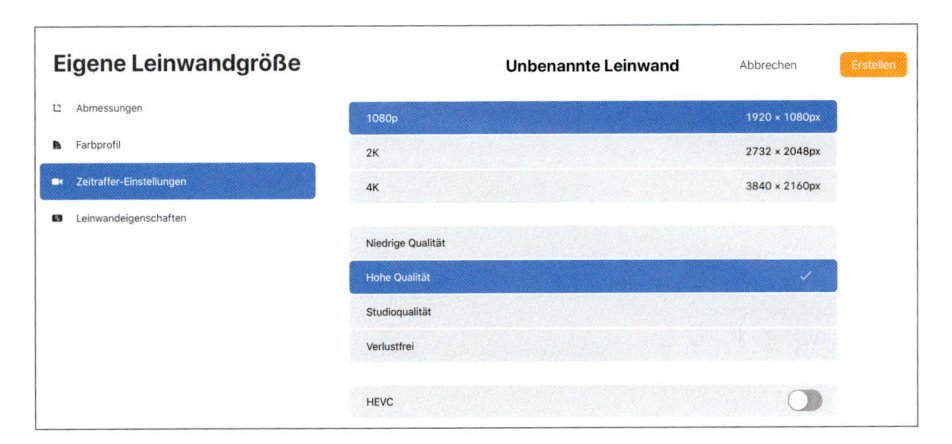

**Abbildung 2.5** *Stelle ein, wie die Qualität deines Zeitraffer-Videos sein soll.*

Soll dein Zeitraffer-Video später nur auf deiner Webseite dazu dienen, den Entstehungsprozess eines Bildes zu dokumentieren, reicht die Einstellung Hohe Qualität vollkommen aus. Möchtest du das Video aber in ein aufwändiges Erklärvideo oder Ähnliches einbinden, kann es sinnvoll sein, die Qualität auf Studioqualität oder Verlustfrei zu erhöhen. Vor allem auch, wenn das Video später sehr groß gezeigt wird, über einen Beamer beispielsweise.

Du kannst die Pixelgröße deines Videos und damit die Auflösung bestimmen, es gibt Einstellungen von 1920×1080 px über 2K bis 4K. Die letzten beiden werden im Film- und Kinobereich eingesetzt, wobei 2K bis zu 2048 px in der Breite nutzt, 4K sogar bis doppelt so viel. Hier steht dir eine Breite von 3840 px zur Verfügung. Diese hochauflösenden Videoformate werden für dich im Normalfall nicht nötig sein.

Es lässt sich außerdem HEVC aktivieren, das ist der Codec für die ultra-hochauflösenden Daten wie eben 4K oder sogar noch höher. Mit diesem Codec kann das Material codiert, übertragen und abgespielt werden. Auch ein transparenter Hintergrund ist mit HEVC möglich. Allerdings wird dieses Dateiformat nicht von jedem Endgerät unterstützt und kann dann nicht abgespielt werden. Mehr zum Zeitraffer in Abschnitt 4.4, Video.

## Leinwandeigenschaften

In diesem Register stellst du ein, welche Farbe deine Hintergrundebene haben soll. Das ist die erste Ebene, die deine neue Leinwand besitzt. Auf dieser Hintergrundebene kannst du nicht malen, aber sie enthält eine Farbe. Oder du stellst ein, dass der Hintergrund nicht sichtbar sein soll, also transparent.

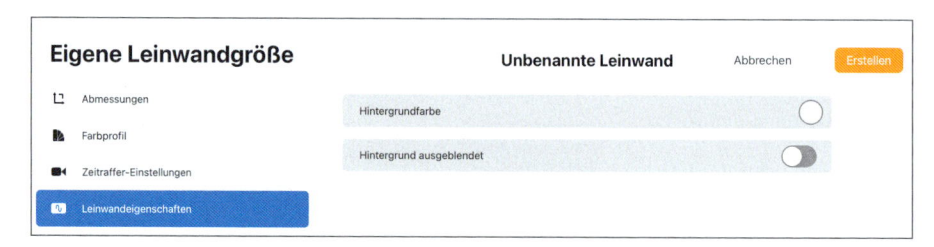

**Abbildung 2.6** *Hier stellst du deine Hintergrundfarbe ein.*

Du nutzt einen transparenten Hintergrund, wenn deine Figur ohne Hintergrund gespeichert werden soll. Das erleichtert dir später das Freistellen. Es ist möglich, die Hintergrundebene im Dokument jederzeit ein- und auszublenden oder ihr eine andere Farbe zuzuweisen. Standardmäßig ist sie immer weiß.

### Leinwand benennen

Möchtest du der Datei einen Namen geben, tippst du einfach auf UNBENANNTE LEINWAND, und es öffnet sich ein Tastenfeld. Wenn deine Leinwände betitelt sind, verlierst du später weniger schnell den Überblick. Dieser Schritt lohnt sich also. Bist du mit allen Einstellungen zufrieden, tippst du auf ERSTELLEN. Sofort öffnet sich die neue Leinwand, und du kannst mit dem Zeichnen beginnen.

## 2.2  Deine Leinwände organisieren

Die Galerie bietet dir die Möglichkeit, alle deine Leinwände sinnvoll zu sortieren, so dass du eine gute Übersicht behältst. Dafür stehen dir verschiedene Funktionen zur Verfügung.

Du kannst eine bestehende Leinwand zum Beispiel DUPLIZIEREN, wieder LÖSCHEN oder auch mit anderen teilen, also BEREITSTELLEN. Dafür musst du nur einmal auf der jeweiligen Leinwand nach links wischen, und es öffnet sich ein kleines Menü mit diesen Auswahlmöglichkeiten. Auch Stapel lassen sich bilden, um Leinwände, die zu einem gemeinsamen Projekt gehören, zu vereinen. Dazu gleich mehr.

**Abbildung 2.7**  *Eine Leinwand kannst du duplizieren, bereitstellen oder auch wieder löschen.*

## Duplizieren

Mit dieser Funktion wird die Leinwand kopiert, du erhältst also eine zweite mit denselben Einstellungen und Inhalten. Das kann nützlich sein, wenn du Änderungen am Bild vornehmen möchtest, das Original aber nicht verlieren willst, falls der Versuch misslingt. Oder du möchtest zwei unterschiedliche Varianten erstellen.

**Abbildung 2.8**  *Dupliziere eine Leinwand.*

## Löschen

Beim Löschen wird noch einmal nachgefragt, ob du wirklich sicher bist, denn die Leinwand kann nicht wieder hergestellt werden. Sinnvoll ist es daher, wichtige Leinwände auf das iPad, einen zweiten Rechner oder externe Festplatte zu kopieren. So geht nichts verloren.

### Drehen

Sehr praktisch ist, dass sich deine Leinwand bereits in der Galerie mit Daumen und Zeigefinger »greifen« und sich so mit einer Drehbewegung vom Hochformat ins Querformat umstellen lässt – oder umgekehrt. Der Inhalt der Leinwand, also dein Bild, dreht sich dabei mit.

### Umbenennen

In der Galerie hast du natürlich auch die Möglichkeit, deiner Leinwand einen Namen zu geben. Tust du das nicht, heißen alle Leinwände UNBENANNTES PROJEKT, und das kann irgendwann verwirren. Da lohnt es sich, den Leinwandnamen umzuändern, indem du auf ihr tippst, so dass er zum Motiv oder deinem Projekt passt.

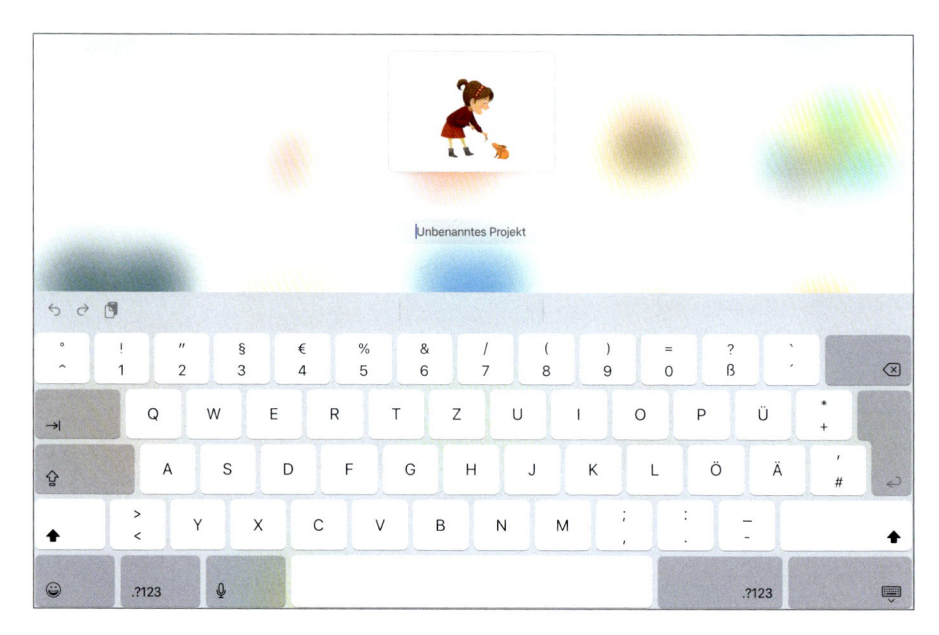

**Abbildung 2.9** *Mit einem Tipp auf den Namen der Leinwand öffnet sich die Tastatur, und du kannst sie umbenennen.*

### Bereitstellen

Tippst du auf BEREITSTELLEN, werden dir verschiedene Dateiformate zur Auswahl angeboten. Wähle eines aus, zum Beispiel JPG oder PNG, wenn deine

Datei online zu sehen sein soll. Sobald du tippst, fragt Procreate dich, wohin die Datei exportiert werden soll. Wähle jetzt den Speicherort auf deinem iPad, in der Dropbox oder der Cloud aus. Hast du es dir anders überlegt, tippe auf das X oben rechts. Neben PNG und JPG ist auch das PDF-Format auswählbar sowie PSD, damit du später mit deiner Datei in Adobe Photoshop weiterarbeiten kannst. Auch TIFF oder das Procreate-eigene Format stehen zur Verfügung. Du kannst auch kleine Animationen erstellen oder GIFS, das sind kleine Bilder, die sich in Endlosschleife abspielen lassen. Mehr zum Bereitstellen findest du in Abschnitt 4.3.

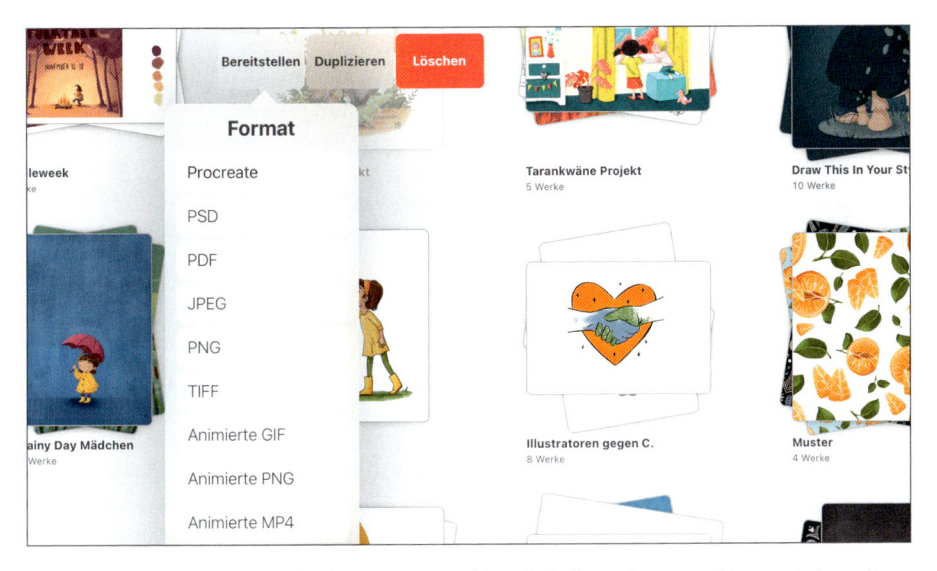

*Abbildung 2.10 Möchtest du deine Leinwand bereitstellen, also exportieren, stehen dir unterschiedliche Dateiformate zur Verfügung.*

### Sicherheitskopie

Mache dir hin und wieder eine Sicherheitskopie, in der du auch .procreate-Daten exportierst und abspeicherst. Diese lässt sich später in der App wieder öffnen. So geht dir nichts verloren.

## Verschieben

Tippe eine Leinwand an und lass den Finger auf dem Bildschirm. Nun kannst du die Leinwand verschieben und deine Galerie neu sortieren. Sortiere sie also zum

Beispiel nach Datum, oder vielleicht hast du mehrere Bilder zu einem Thema erstellt, die nacheinander angeordnet werden sollen.

Willst du mehrere Leinwände auf einmal verschieben, geht das natürlich auch: Tippe eine Leinwand an und füge die weiteren dann hinzu.

*Abbildung 2.11  Durch Tippen und Halten kannst du die Leinwand verschieben.*

## Stapel

Deine Werke lassen sich zu Stapeln zusammenfügen. Das ist eine ganz wichtige Funktion, mit der du den Überblick in deiner Galerie behältst. Ganz so wie analoge Papierstapel hast du dann alles zu einem Thema zusammengefasst. Dafür tippst du auf eine Leinwand, lässt den Finger/Stift dann aber auf dem Bildschirm liegen. Jetzt kannst du die Leinwand verschieben und auf eine andere Leinwand ziehen. Färbt sich diese blau, lasse sie los, und die zwei Leinwände bilden einen Stapel.

Du darfst Leinwände auch innerhalb des Stapels verschieben. Tippe dafür in der Galerie auf den Stapel, dann siehst du alle Bilder, die sich darin befinden. Nun kannst du hier wieder mit dem Finger die Leinwände hin- und herschieben. Kurz den Finger auf der Leinwand halten, dann ist sie verschiebbar.

### Unterstapel
Leider kann man noch keine Stapel in Stapeln erstellen, das wäre vielleicht etwas für eine der nächsten Procreate-Versionen.

**Abbildung 2.12** *Bilde Stapel aus mehreren Leinwänden, indem du sie aufeinanderschiebst.*

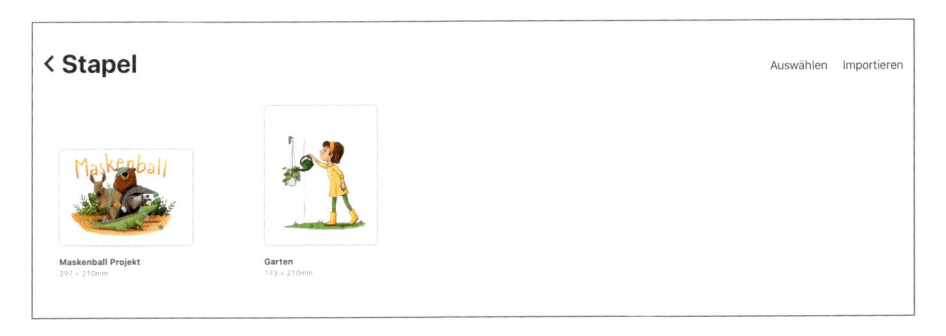

**Abbildung 2.13** *Im Stapel siehst du dann alle deine zugehörigen Leinwände.*

Möchtest du eine Leinwand wieder aus einem Stapel entfernen, ziehe sie auf das Wort STAPEL oben links und warte einen Moment, Pfeil und Stapelname färben sich blau. Dann gelangst du mit der Leinwand wieder in die Galerie und kannst sie dort platzieren.

Stapeln kann man selbstverständlich auch Namen geben. So behältst du auch hier die Übersicht. Verschiebe neue Motive immer wieder in einen bestehenden Stapel, denn gute Organisation und sinnvolle Namen für die Leinwände und Stapel sind die halbe Miete. Irgendwann wird sich deine Galerie füllen und so kannst du auch dann noch leicht finden, was du suchst.

## Vorschau

Möchtest du, um den Inhalt einer Leinwand zu beurteilen, nicht nur das kleine Vorschaubildchen in der Galerie ansehen, musst du nur mit zwei Fingern auf dem Bild auseinanderwischen. Damit machst du es groß und kannst es auf dem ganzen Bildschirm ansehen. Mit den Pfeilen links und rechts navigierst du im Vorschaumodus durch die folgenden Leinwände. Du kannst auch einfach nach links oder rechts wischen.

**Abbildung 2.14** *Wischst du in der Vorschauansicht nach links oder rechts, scrollst du durch alle deine Bilder in der Galerie oder in deinem Stapel.*

Schiebst du die zwei Fingern wieder zusammen, wird die Vorschau minimiert und du bist zurück in der Galerie-Ansicht. Tippst du ein Bild dagegen mit nur einem Finger an, öffnet es sich und lässt sich weiterbearbeiten.

## Auswählen

Oben rechts findest du den Punkt Auswählen, hier kannst du mehrere Leinwände gleichzeitig markieren, um sie zum Beispiel gemeinsam zu verschieben oder zu duplizieren. Sobald du Leinwände ausgewählt hast, erscheint oben rechts ein entsprechendes kleines Menü mit allen dir zur Verfügung stehenden Möglichkeiten: Stapel, Vorschau, Bereitstellen, Duplizieren und Löschen werden Dir hier angeboten.

**Abbildung 2.15** *Wähle direkt mehrere Leinwände oder Stapel gleichzeitig aus.*

## Importieren

Über den Button IMPORTIEREN ist es möglich, direkt Bilder oder Dateien in Procreate einzufügen. Das Bild wird dann in einer neuen Leinwand geöffnet. Dabei kannst du dein gesamtes iPad durchsuchen, also die Dateien, die Dropbox oder andere Speicherorte. Auf diese Weise lässt sich zum Beispiel auch eine Procreate-Datei wieder aus dem Backup-Ordner importieren.

## Foto

Unter FOTO importierst du ein Foto in Procreate, das sich dann ebenfalls in einer neuen Leinwand öffnet. So kannst du zum Beispiel ein Bild als Vorlage einfügen. Vielleicht möchtest du auch ein Foto übermalen und fügst es deswegen ein. Die neue Leinwand ist dann so groß wie das ausgewählte Foto.

**Abbildung 2.16** *Wähle unter* DATEIEN *oder im Foto-Ordner dein gewünschtes Bild aus (links). Das importierte Foto wird direkt in eine neue Leinwand eingefügt (rechts).*

# Kapitel 3
# Die Benutzeroberfläche

*Hast du deine neue Leinwand geöffnet, findest du oben links und rechts kleine Symbole angeordnet, die jeweils ein Menü enthalten mit weiteren Funktionen. Tippe sie mit dem Finger oder dem Stift an, dann öffnet sich das Menü.*

## 3.1 Die Menüs

Die Symbole, die du in der oberen Leiste findest, ermöglichen es dir, dein Bild oder auch nur einzelne Ausschnitte davon zu bearbeiten, zu verändern und es nach getaner Arbeit bereitzustellen, also in unterschiedlichen Formaten zu speichern. Wir schauen uns einmal die einzelnen Menüs genauer an, ich gebe dir eine Übersicht. Mit einem Tipp auf das Symbol Galerie gelangst du wieder zurück zur Galerie-Ansicht ❶.

**Abbildung 3.1** *So sieht die Benutzeroberfläche direkt nach dem Öffnen aus.*

## Aktionen

Der Werkzeugschlüssel ❷ führt dich zu den AKTIONEN. Hier kannst du dein Bild zum Beispiel bereitstellen oder grundsätzliche Einstellungen zu Procreate und deiner Datei vornehmen. Auch Fotos und Daten lassen sich hierüber einfügen.

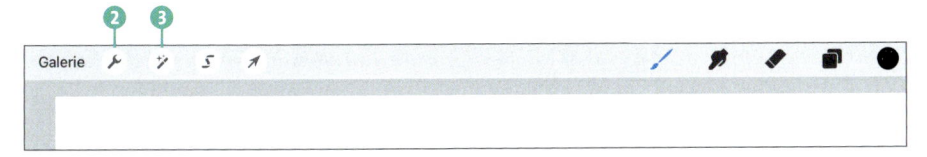

**Abbildung 3.2** *Alle Funktionen und Werkzeuge der Leinwand im Überblick.*

Tippst du auf das Werkzeugschlüssel-Symbol, öffnet sich ein kleines Fenster mit den weiteren Unterpunkten HINZUFÜGEN, LEINWAND, BEREITSTELLEN, VIDEO, EINSTELLUNGEN und HILFE. In Kapitel 4 findest du zu jedem dieser Menüpunkte genaue Erklärungen.

**Abbildung 3.3** *Die* AKTIONEN *regeln grundsätzliche Einstellungen.*

## Anpassungen

Der kleine Zauberstab ❸ neben dem Werkzeugschlüssel bringt dich zu den ANPASSUNGEN. Hierüber kannst du nun gezielt in dein Bild eingreifen, es verändern, farblich anpassen oder auch diverse Filter auf das Bild anwenden. Kapitel 5 beschreibt die zahlreichen Möglichkeiten.

**Abbildung 3.4** ANPASSUNGEN *erlaubt dir Eingriffe in dein Bild.*

## Auswahlwerkzeug

Die S-förmige Linie ❹ zeigt dir das Auswahlwerkzeug. Hier öffnet sich kein Untermenü, die verschiedenen Einstellmöglichkeiten werden dir unten am Bildschirmrand angeboten. Du kannst mit diesem Werkzeug Teile oder die gesamte aktive Ebene auswählen, wenn du sie dann weiterbearbeiten möchtest. Ich erkläre dir die unterschiedlichen Auswahlmöglichkeiten in Abschnitt 6.1.

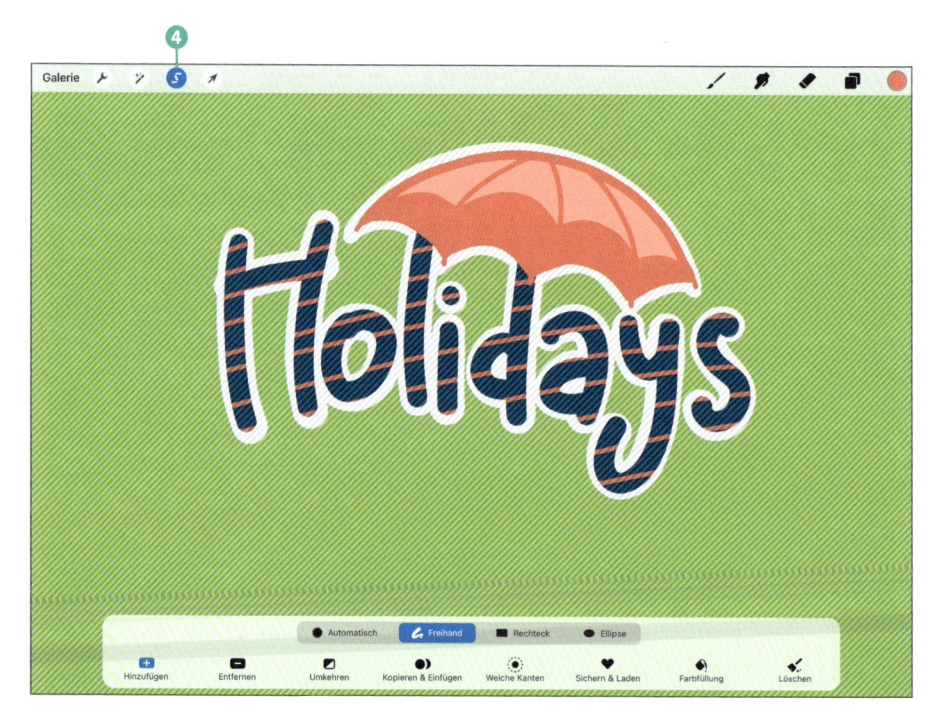

**Abbildung 3.5** *Alles, was nicht ausgewählt wird, erscheint grau liniert.*

### Transformieren

Der Pfeil ❺ oben in der Leiste öffnet das Transformieren-Werkzeug. Hierüber lassen sich die ausgewählten Bildbereiche oder deine komplette Ebene vergrößern, verkleinern, drehen oder auch verzerren. Auch hier öffnet sich am unteren Bildschirmrand eine Palette mit unterschiedlichen Einstellmöglichkeiten, die ich dir in Abschnitt 6.2 näher erkläre.

**Abbildung 3.6**  *Ein Rahmen zum Transformieren öffnet sich.*

## 3.2 Die Werkzeugleiste

Kommen wir jetzt zu den eigentlichen Werkzeugen, die essenziell für deine Arbeit in Procreate sind. Du bist sicherlich schon neugierig auf Pinsel ❶, Wischfinger ❷, Radiergummi ❸, Ebenen ❹ und Farben ❺, das sind die Symbole auf der rechten Seite der oberen Leiste. Sie sind deine Arbeitsgeräte, um in Procreate Zeichnungen, Illustrationen oder Handletterings zu erstellen. Das jeweils aktive Werkzeug oder die aktive Funktion wird blau unterlegt angezeigt, so dass du jederzeit weißt, wo du dich genau befindest. Da die Pinselspitzen für Radiergummi, Wischfinger und Pinsel die gleichen sein können, ist es sonst manchmal verwirrend, aber so erkennst du sofort, welches Werkzeug du gerade aktiviert hast.

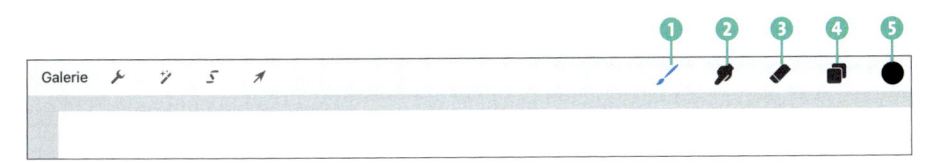

**Abbildung 3.7**  *Rechts oben in der Leiste findest du die Werkzeuge vor.*

## Pinsel

Unter dem Pinselsymbol ❶ findest du den Pinsel, also dein Hauptarbeitsgerät. Pinsel können Stifte, Kreiden, Sprühdosen oder wirklich Pinselspitzen sein. Hier bestimmst du also, mit was du zeichnen/malen möchtest. Hier kannst du auch bestehende Pinsel verändern oder eigene Pinsel erstellen. Mehr zu den Pinseln in Kapitel 7.

**Abbildung 3.8** *Zeichne mit den unterschiedlichsten Pinseln.*

## Wischfinger

Der Wischfinger ❷ verblendet zwei Flächen miteinander, du kannst also mit ihm zum Beispiel Übergänge weichzeichnen. Stell es dir so vor: Du wischst mit deinem Finger über deine Bleistiftzeichnung auf dem Papier und verschmierst sie etwas. Genau das macht der Wischfinger (mehr dazu in Abschnitt 7.5).

**Abbildung 3.9** *Stell dir den Wischfinger wie deinen Finger auf Papier vor, der die Striche weich verwischt.*

## Radiergummi

Das Radiergummi ❸ tut genau das, was du dir darunter vorstellst, es radiert gezeichnete Striche wieder weg, löscht sie also. Auch das Radiergummi kommt in Abschnitt 7.6 noch weiter vor.

**Abbildung 3.10** *Radiere jederzeit deine Striche wieder weg, wie auf Papier.*

## Pinselsammlung

Pinsel, Wischfinger und Radiergummi greifen auf dieselbe Bibliothek an Pinselspitzen zu, hier siehst du alle drei geöffneten Sammlungen nebeneinander. Du kannst also mit dem gleichen Stift zeichnen, wischen und anschließend radieren, wenn du möchtest.

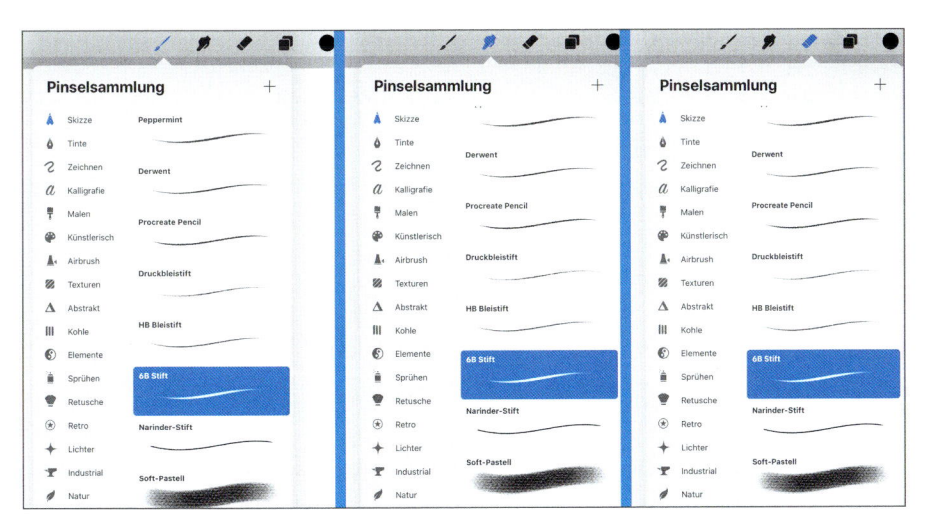

**Abbildung 3.11** *Bibliotheken für Pinsel, Wischfinger und Radiergummi*

**Pinselspitze schnell übernehmen**

Hast du eine Pinselspitze ausgewählt und möchtest nun auch mit dieser radieren, kannst du, statt genau diesen Pinsel aus der Pinselsammlung zu suchen, auch einfach länger auf das Radiergummi tippen. Dann wechselt der Pinsel zu dem, den du zum Zeichnen verwendet hast, und du radierst mit dem gleichen Strich.

### Ebenen

Die zwei kleinen Quadrate übereinander zeigen dir die Ebenen an ❹. Es gibt standardmäßig beim Öffnen eines neuen Dokuments eine Hintergrundebene und eine Ebene 1. Du darfst nach Belieben über das Plus neue Ebenen hinzufügen und wieder löschen, sie zu Gruppen zusammenfassen und vieles mehr.

Stell dir Ebenen wie einen Stapel transparenter Papiere übereinander vor. Du siehst durch alle hindurch bis auf die unterste Ebene, kannst aber zum Beispiel weiter oben problemlos radieren, ohne die Ebenen darunter zu zerstören. Ich beschreibe die Arbeit damit im Detail in Kapitel 8.

**Abbildung 3.12** *Klappe die Ebenen-Palette auf und arbeite mit einzelnen Ebenen, um deine Zeichnung zu strukturieren und dir das Arbeiten deutlich zu erleichtern.*

### Farben

Als Letztes in unserer Werkzeugleiste haben wir die Farben. Der Kreis ganz rechts ❺ öffnet mit einem Fingertipp eine bunte Welt, in der du dich austoben, dir Farbpaletten anlegen und speichern kannst. Wählst du eine Farbe aus, verändert sich der Kreis oben in der Leiste zu der neuen Farbe. So siehst du beim Arbeiten immer, welche Farbe gerade aktiv ist. Als Beispiel schau dir das Bild zum Pinsel an, dort ist der Kreis blau. Die Welt der Farben ist sehr attraktiv, in Kapitel 9 erfährst du mehr darüber.

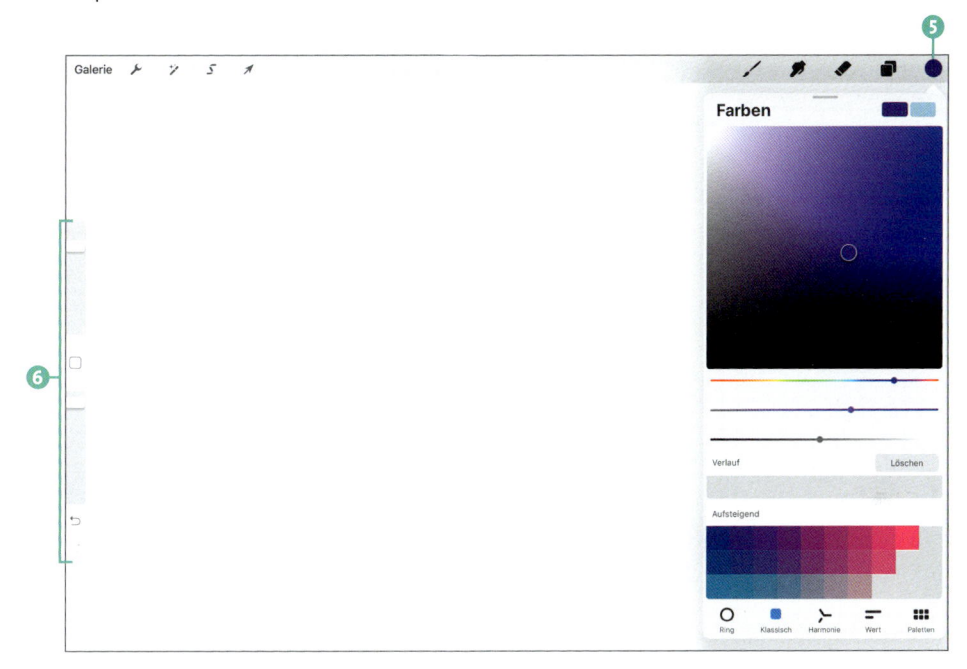

**Abbildung 3.13** *Eine mögliche Ansicht der Farbauswahl. Links siehst du die Seitenleiste. Sie bietet dir weitere Einstellmöglichkeiten.*

## 3.3 Die Seitenleiste

Zu guter Letzt findest du noch an der Seite links eine kleine Leiste, die verschiedene Funktionen erhält ❻. Hier lassen sich Pinselgröße und die Pinseldeckkraft einstellen, das QuickMenü nutzen oder Schritte vor- und zurückgehen.

### Pinselgröße und -deckkraft

Im oberen Bereich kannst du die Größe des aktiven Pinsels auswählen ❶ (Abbildung 3.14), indem du den Regler nach oben oder nach unten schiebst. Im kleinen Bereich daneben wird dir immer direkt die Größe der Pinselspitze angezeigt. Ein Pinsel öffnet sich automatisch immer mit der Größe, die beim letzten

Gebrauch eingestellt war. Das ist hilfreich, wenn du an einer Stelle deiner Zeichnung weiterarbeiten oder Korrekturen einfügen möchtest.

Mit dem unteren Regler regulierst du die Deckkraft deines Pinsels ❸. Mit der Deckkraft bestimmst du, mit welcher Intensität der Pinsel deine Farbe aufträgt. Bei 100 % Deckkraft wird die Farbe mit maximaler Intensität aufgetragen. Verringerst du die Deckkraft, ist auch die Intensität der Farbe geringer, und darunter befindliche Objekte bleiben sichtbar.

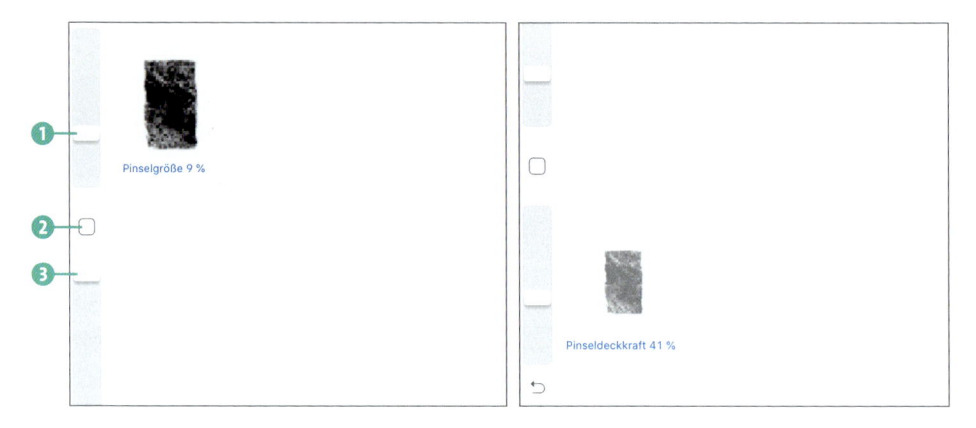

**Abbildung 3.14** *Stelle die* Grösse *ein (links) oder reduziere die* Deckkraft *(rechts).*

### Pinselgröße präzise einstellen

Tippst du auf den Regler, um beispielsweise die Größe des Pinsels zu ändern, und schiebst den Finger etwas zur Seite auf die Leinwand, kannst du die Pinselgröße nun in sehr feinen Schritten justieren. Andernfalls sind die Änderungen eher grob.

### QuickMenü

Das Quadrat in der Mitte zwischen den beiden Reglern ist das QuickMenü ❷. Du stellst unter Aktionen • Einstellungen • Gestensteuerung ein, wann sich das QuickMenü öffnen soll. Zum Beispiel eben, wenn du das kleine Quadrat in der Seitenleiste antippst. Dann öffnet sich mittig ein Menü mit sechs Auswahlmöglichkeiten, die dir eine schnelle Arbeitsweise erlauben. Du kannst so zum Beispiel eine neue Ebene anlegen oder ausgewählte Bereiche kopieren. Ein Tippen auf die Leinwand, und das QuickMenü blendet sich wieder aus.

## 3.3 Die Seitenleiste

Das QuickMenü lässt sich auch ganz individuell anpassen. So könntest du zum Beispiel deinen Lieblingspinsel auf einer der sechs Tasten abspeichern. Um eine neue Aktion abzuspeichern, halte einfach kurz den Finger/Stift auf eines der Felder, dann erscheint ein umfangreiches Auswahlmenü mit allen Funktionen, mit denen du die Tasten belegen kannst.

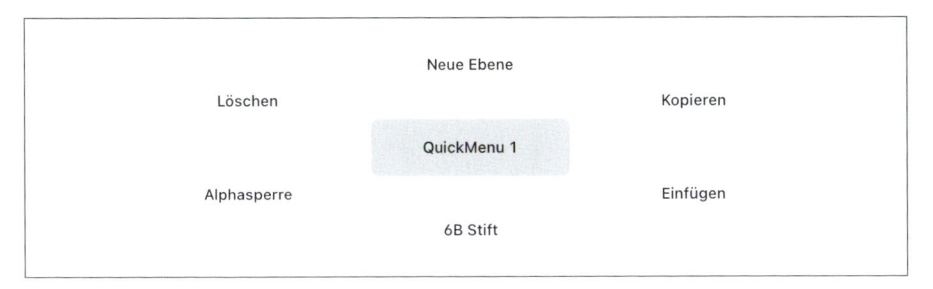

**Abbildung 3.15**  *Das geöffnete QuickMenü mit sechs Funktionen*

Tippst du auf QuickMenu 1 in der Mitte, lässt sich über das Plus ein weiteres Menü anlegen. Hier darfst du erneut sechs Tasten mit Funktionen und Werkzeugen belegen. So kannst du beispielsweise ein QuickMenü für Illustrationen und eins für Animationen anlegen und deine meist genutzten Werkzeuge oder Funktionen dort speichern.

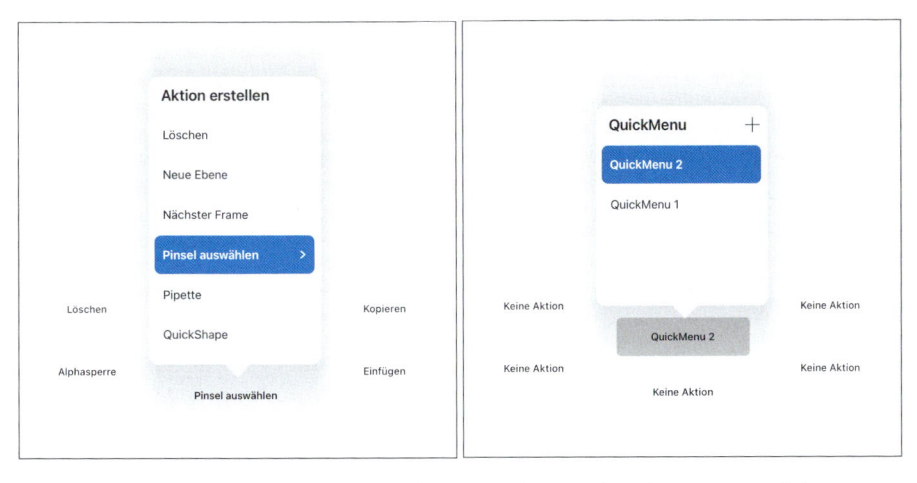

**Abbildung 3.16**  *Belege die sechs Menüplätze mit den von dir oft genutzten Aktionen (links) oder lege dir mehrere Menüs an (rechts).*

Beim Illustrieren gibt es einige Funktionen, die ich immer wieder benötige. So arbeite ich beispielsweise häufig mit nur zwei Pinseln. Daher habe ich mir diese beiden Pinsel, den 6B Stift und einen Brushpen, auf zwei der sechs Tasten im QuickMenü gelegt.

Da ich viel mit Ebenen arbeite, habe ich auch Ebenenfunktionen im QuickMenü gespeichert. Ich brauche immer wieder die Alphasperre (siehe auch Abschnitt 8.2) oder möchte eine Ebene duplizieren und dann weiterarbeiten. Auch diese Funktionen habe ich im QuickMenü abgelegt.

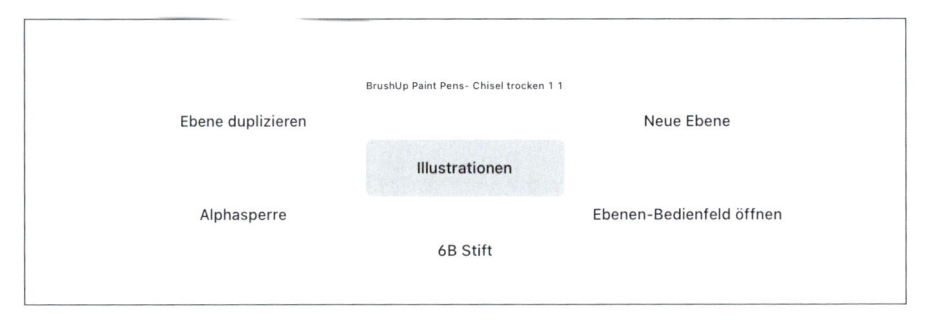

**Abbildung 3.17** *Meine Belegung für das Illustrieren*

Ich zeige dir hier noch ein anderes Beispiel für eine durchaus nützliche Belegung. Hiermit kannst du schnell Dinge auswählen, ausgewählte Bereiche löschen, kopieren und wieder einfügen. Dieses QuickMenü könnte man »Auswählen und Kopieren« nennen.

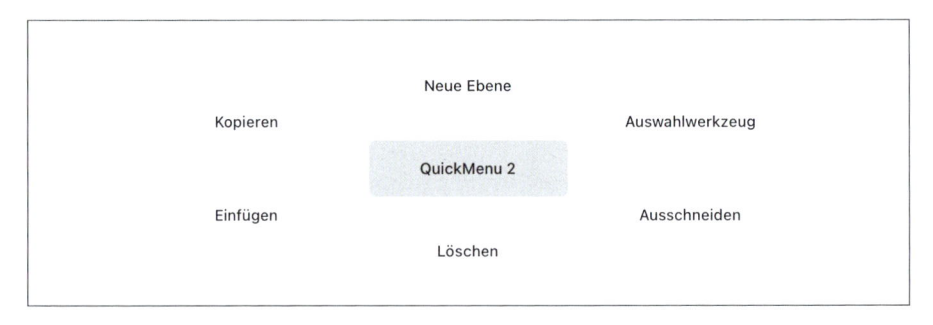

**Abbildung 3.18** *Eine weitere Möglichkeit der Tastenbelegung beim QuickMenü*

Letztendlich musst du für dich entscheiden, welche Befehle du im QuickMenü nutzen möchtest, und ob es für dich beim Arbeiten überhaupt eine Erleichterung darstellt oder du die Werkzeuge lieber direkt anwählst.

## Neu färben

Eine sehr schöne Funktion, die du im QuickMenü einstellen kannst, ist Neu Färben. Damit lassen sich bereits erstellte Bereiche einfach mit einer neuen Farbe füllen. Wähle deine neue Farbe aus und aktiviere das Werkzeug Neu Färben über das QuickMenü. Es erscheint ein kleines Kreuz, das du nun auf die zu färbende Fläche schiebst. Weitere Farbflächen kannst du ebenfalls umfärben, indem du auf sie tippst.

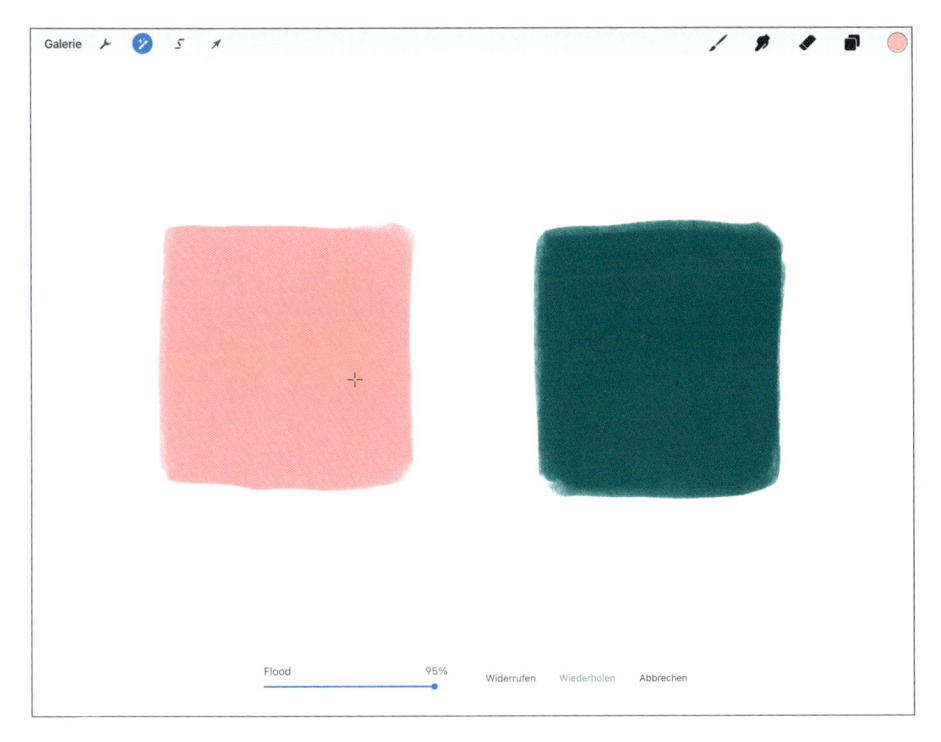

**Abbildung 3.19** *Ziehe das Kreuz auf die zu färbende Fläche, über Flood steuerst du den Farbauftrag.*

Unten öffnet sich ein Balken mit der Einstellung Flood. Hier kannst du über den Regler bestimmen, wie viel Farbe die Fläche aufnehmen soll. Irgendwann wird so viel Farbe aufgetragen, dass auch farblich ähnliche Flächen im Umfeld mit eingefärbt werden. Du kannst das Färben hier auch Widerrufen, Wiederholen oder Abbrechen.

## Rückgängig und Wiederherstellen

Ganz unten in der Seitenleiste siehst du zwei kleine Pfeile. Mit dem oberen der beiden kannst du einen Schritt zurückgehen ❶, sprich einen Strich löschen, mit dem unteren Pfeil stellst du den gerade gelöschten Arbeitsschritt wieder her ❷.

Mit Procreate darfst du beliebig viele Schritte zurücknehmen und wiederherstellen! Wichtig zu wissen ist allerdings, dass du nur so lange Schritte zurücknehmen kannst, wie du die Leinwand geöffnet hast. Gehst du einmal in die Galerie oder schließt die App ganz, lässt sich danach nichts mehr rückgängig machen, was du vor dem Schließen gezeichnet oder verändert hast!

## Seitenleiste verschieben

Du kannst die Position deiner Seitenleiste ein wenig verschieben. Indem du von außen mittig mit dem Finger auf die Leiste wischst, löst sie sich vom Seitenrand und lässt sich nun hoch- oder runterschieben.

**Abbildung 3.20** *Die Seitenleiste kann hoch- oder runtergeschoben werden.*

### Die Seitenleiste für Linkshänder

Wählst du unter AKTIONEN in den Einstellungen BEDIENUNG MIT RECHTER HAND aus, wechselt die Seitenleiste auf die rechte Seite, das wäre dann besser geeignet für Linkshänder. Andernfalls kann es dir passieren, dass du unbeabsichtigt auf die Elemente in der Leiste tippst, während du zeichnest

# Kapitel 4
# Aktionen

*Der kleine Werkzeugschlüssel oben ganz links in der Reihe öffnet dir die Aktionen. Du erhältst einen ganzen Schwung an Möglichkeiten: Die Aktionen helfen dir dabei, dein Bild zu bearbeiten, Dinge hinzuzufügen oder es als Datei bereitzustellen.*

## 4.1 Hinzufügen

Über diese Funktion kannst du eine Datei oder ein Foto in dein Dokument einfügen, beispielsweise eine Bildvorlage. So lassen sich Bildmaterialien nutzen, die du vielleicht vorab schon erstellt hast und die dir als Referenz dienen. Auch Bilder aus anderen Programmen lassen sich auf diese Weise weiterbearbeiten.

### Datei und Fotos

Unter DATEI EINFÜGEN kannst du Bilder, die als JPG oder PNG vorliegen, einfügen. Procreate greift dabei auf alle deine Ordner zurück, das Bild kann sich also direkt auf dem iPad befinden oder auch im Dropbox-, iCloud- oder Google Drive-Ordner.

Gehst du auf FOTO EINFÜGEN, öffnet Procreate deinen Foto-Ordner direkt auf dem iPad, und du darfst in deine Alben navigieren und dort nach dem passenden Bild suchen.

#### Photoshop-Datei importieren
Möchtest du eine Photoshop-Datei in Procreate mit all ihren Ebenen und Einstellungen weiterbearbeiten, kannst du auch sie in der App öffnen. Dazu gehst du allerdings zurück in die Galerie und dort oben rechts auf IMPORTIEREN. Dann wählst du die PSD-Datei aus dem Ordner aus, und Procreate öffnet sie in einem neuen Dokument. Sie wird also nicht in ein bestehendes Dokument eingefügt.

**Abbildung 4.1** *Übersicht über die Möglichkeiten unter dem Punkt* Hinzufügen.

Du kannst auch jetzt in diesem Moment über Foto aufnehmen ein Foto machen und es direkt in dein geöffnetes Dokument einfügen. Oder du möchtest mit Text arbeiten (siehe Kapitel 10, »Text«) und tippst auf Text hinzufügen.

### Privates Foto, private Datei

Es lassen sich auch Dinge als privat markieren, dann wird diese Dabei oder dieses Foto nicht mit im Zeitraffer-Video erfasst (siehe Abschnitt 4.4). Dafür gehst du auf Aktionen • Hinzufügen und wischst auf Foto einfügen nach links, dann kannst du ein Privates Foto einzufügen. Das geht ebenso bei Datei einfügen und Foto aufnehmen. In der Ebenen-Palette wird diese Ebene als privat markiert. Das solltest du nutzen, wenn du ein Foto als Referenz brauchst, diese aber nicht im Video zu sehen sein soll. Oder wenn du eine andere Zeichnung öffnen willst, um von dort die Farben für dein neues Bild zu übernehmen.

**Abbildung 4.2** *Ein privates Foto kannst du einfügen, wenn du auf* Foto einfügen *nach links wischst.*

### Ausschneiden, kopieren, einfügen

Außerdem hast du unter HINZUFÜGEN die Möglichkeit, deine aktuell ausgewählte Ebene oder Teile davon auszuschneiden oder zu kopieren. So kannst du zum Beispiel eine Ebene in ein anderes Dokument einfügen. Wählst du dabei AUSSCHNEIDEN, wird der Bildinhalt aus dem Ursprungsdokument entfernt und neu eingefügt. Gehst du auf KOPIEREN, wird ein Duplikat erzeugt.

Hast du vorab eine Auswahl getroffen, also nur einen bestimmten Bildbereich markiert, wird nur dieser kopiert oder ausgeschnitten (siehe dazu Kapitel 6, »Auswählen und Transformieren«). Auch die gesamte Leinwand lässt sich kopieren. Dann nimmt Procreate alles, was gerade sichtbar ist, und fügt es auf einer neuen Ebene wieder ein. Auf diesem Wege lassen sich also auch kopierte Bilder oder Ebenen aus einem anderen Dokument in dein aktuelles einfügen. Geh dafür in die Galerie und wechsle zwischen deinen Leinwänden.

## 4.2 Leinwand

Der zweite Punkt unter den AKTIONEN heißt LEINWAND. Diese Funktionen beziehen sich also alle auf deine Arbeitsfläche.

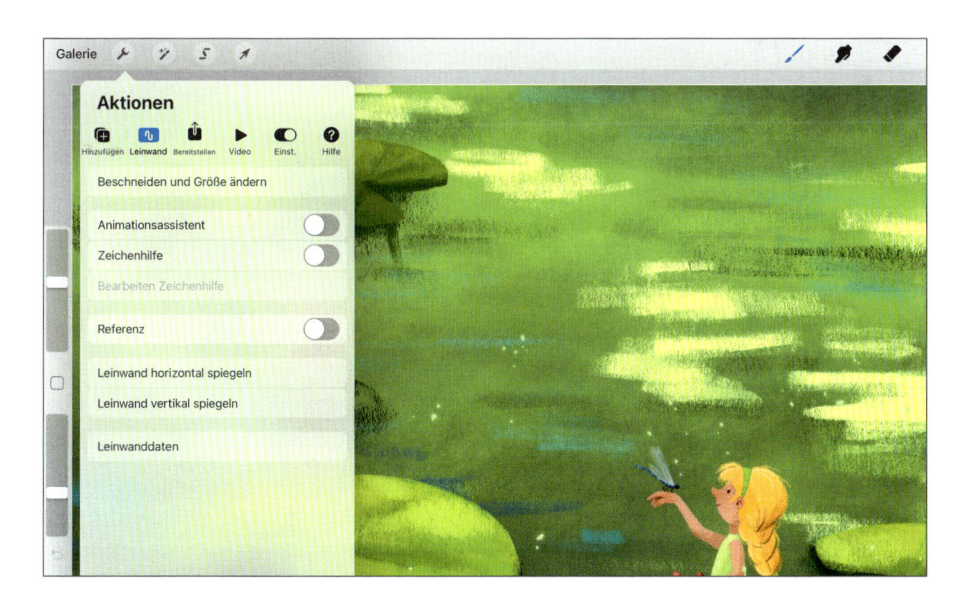

**Abbildung 4.3** *Übersicht über den Punkt* LEINWAND

### Beschneiden und Größe ändern

Hier wird die Leinwandgröße verändert. Du erinnerst dich, zu Beginn hast du dich für ein Format entschieden, vielleicht möchtest du es aber nun doch anpassen. Im sich öffnenden Fenster kannst du die Leinwandgröße zunächst freihand ändern, indem du einfach an den seitlichen Anfassern ziehst und so die Leinwand größer oder kleiner machst. Oben werden dir direkt die zur Verfügung stehenden Ebenen mit angezeigt.

Gehst du auf Einstellungen ❶, kannst du genaue Werte eintragen. Dabei ist zu unterscheiden, ob du in das Feld für Breite (links) und Höhe (rechts) einfach neue Zahlen eingibst und so die Leinwand beschneidest oder vergrößerst oder ob du vorher auf das kleine Kettensymbol dazwischen ❷ getippt hast. Ist das nämlich aktiviert, veränderst du die Leinwand proportional, das Seitenverhältnis bleibt also bestehen. Die Eingabefelder werden jetzt blau unterlegt. Gibst du eine neue Breite ein, ändert sich die Höhe proportional automatisch mit.

**Abbildung 4.4** *Die Bildgröße kann freihand verändert werden, indem du sie größer oder kleiner ziehst.*

Auch die dpi-Zahl lässt sich verändern, dafür steht dir ein eigenes Eingabefeld zur Verfügung. Mehr zu dpi findest du in Abschnitt 2.1.

Tippst du vor einer Änderung auf LEINWAND NEU BERECHNEN ❸, werden die Inhalte nicht weggeschnitten, sondern an das neue Format angepasst. Schneidest du nämlich Teile vom Bild ab (sind sie also in der Vorschau hier im Fenster nicht mehr zu sehen), sind sie auch wirklich weg, wenn du auf FERTIG tippst.

Diese Funktion kannst du allerdings nicht nutzen, wenn du die Leinwand freihand veränderst.

**Elemente werden abgeschnitten**
Das ist übrigens immer in Procreate so: Schiebst du ein Element über den Rand deiner Leinwand hinaus, wird es an der Kante abgeschnitten. Pass also auf, dass dir dabei keine Bildteile verloren gehen. Du kannst sie zwar mit RÜCKGÄNGIG wieder hervorholen, musst aber gegebenenfalls sehr viele Schritte zurückgehen, damit alles wieder vollständig ist, und verlierst so deine ganze Arbeit. Das ist, wie ich finde, eine der ganz großen Schwachstellen der App.

**Abbildung 4.5** *Der Leinwandinhalt wird neu berechnet und die Proportionen erhalten, wenn du jetzt oben neue Zahlenwerte eingibst.*

Wählst du die Funktion EINRASTEN ❹, dann orientiert sich das Format an horizontalen und vertikalen Hilfslinien, wenn du es händisch veränderst. Das kann dir helfen, die Proportion zu erhalten. Du hast außerdem noch die Möglichkeit, die gesamte Leinwand rotieren zu lassen, zum Beispiel, wenn du die Ausrichtung deiner Illustration leicht verändern möchtest.

### Animationsassistent

Wenn du etwas animieren, sprich bewegen lassen möchtest, musst du hier den Animationsassistent anschalten. Mehr zur Animation in Kapitel 12.

### Zeichenhilfe

Genauso kannst du unter LEINWAND auch die ZEICHENHILFE aktivieren oder wieder ausschalten und sie bearbeiten, siehe hierzu auch Abschnitt 11.1.

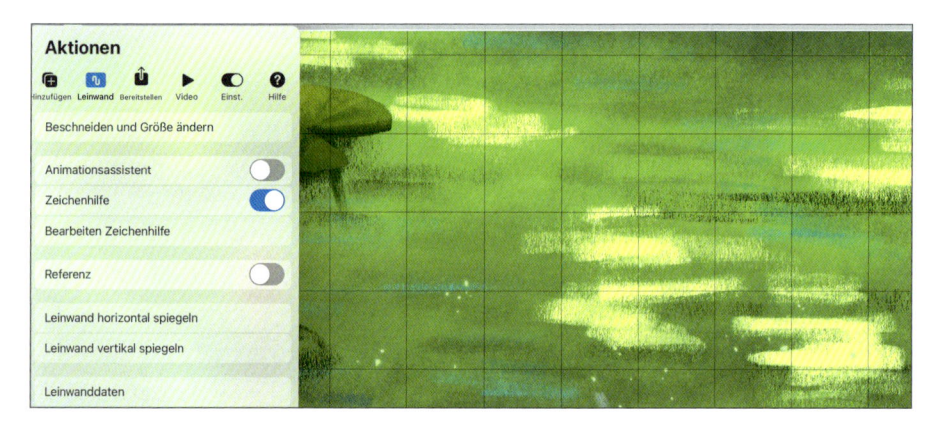

**Abbildung 4.6** *Die Zeichenhilfe bietet verschiedene Raster, die sich über das Bild legen.*

### Referenz

Schaltest du die REFERENZ an, erscheint ein kleines freischwebendes Fenster auf der Leinwand. Dort wird dir mit der Einstellung LEINWAND ❶ immer deine komplette Leinwand angezeigt, so behältst du den Überblick über das, was du gerade machst. Das kann interessant sein, wenn du beim Arbeiten sehr weit ins Bild hereinzoomst, über die Referenz aber immer noch das komplette Motiv im Blick hast.

## Der Blick für das Wesentliche

Da dir dein Motiv hier sehr klein angezeigt wird, kannst du auch schnell erkennen, ob die Bildgestaltung optisch funktioniert, du irgendwo Schwächen in der Aufteilung hast oder dir Kontraste zu schwach geraten sind. Das Bild im Kleinen zu betrachten, schärft den Blick fürs Wesentliche.

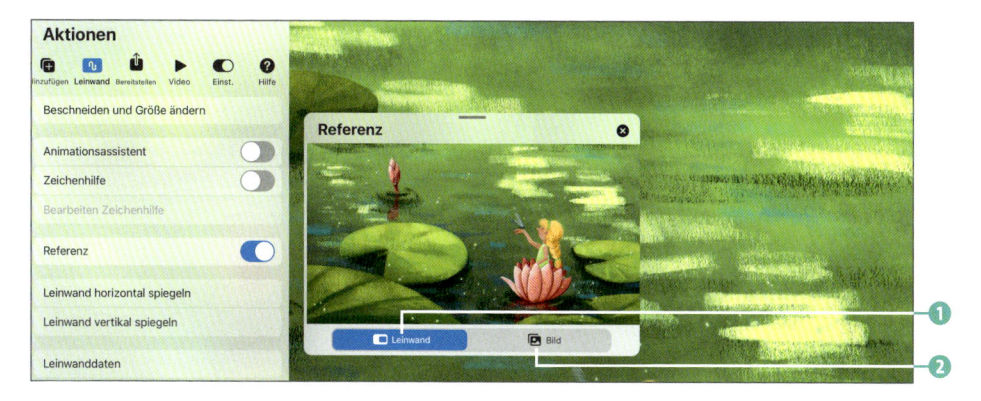

**Abbildung 4.7**  *Lass dir eine Referenz anzeigen, zum Beispiel von der aktuellen Leinwand.*

Tippst du auf BILD ❷, darfst du eine Referenz aus deinem Foto-Ordner importieren. Hier macht das Wort »Referenz« dann wirklich Sinn, so kannst du deine Bild- oder Fotovorlage immer sichtbar haben, ohne sie direkt auf deiner Leinwand zu platzieren. Du kannst das Fenster mit deiner Referenz verschieben, so dass es dich beim Arbeiten nicht stört, und zwischen Leinwand und Fenster wechseln, ohne dass deine Referenz verschwindet.

**Abbildung 4.8**  *Auch Vorlagen lassen sich als Referenz anzeigen.*

Noch ein großartiges Feature: Es ist möglich, mit der Pipette Farben aus dem Referenzbild zu entnehmen und für deine aktuelle Zeichnung zu nutzen. Die Pipette löst du beispielsweise mit einem längeren Tippen auf die Leinwand aus.

Ein dritter Punkt unter REFERENZ ist bei neuen iPad-Modellen die Funktion GESICHT. Dort wird über die integrierte iPad-Kamera das Bild der Leinwand auf dein Gesicht projiziert. Ich muss zugeben, dass sich mir der Sinn dieser Funktion noch nicht erschlossen hat, es erscheint mir eher eine nette Spielerei zu sein. Schreib mir gerne, wenn du mit dieser Funktion etwas Tolles erstellt hast und wobei sie dir geholfen hat.

**Abbildung 4.9**  *Die Zeichnung wird auf dein Gesicht projiziert.*

## Leinwand spiegeln

Die Leinwand lässt sich außerdem vertikal und horizontal spiegeln. Dabei wird die komplette Leinwand gespiegelt, nicht nur ein Teil.

**Abbildung 4.10**  *Die Leinwand wurde horizontal gespiegelt.*

## Leinwanddaten

Unter LEINWANDDATEN lässt du Dir alle Informationen zur Leinwand anzeigen. Das ist interessant, wenn du wissen möchtest, wie viele Ebenen du schon verwendet hast, wie lange du schon an diesem Bild arbeitest oder wenn du die Maße des Dokuments nachschauen möchtest. Du kannst auch einen Bildautor hinzufügen, siehst das Farbprofil, Erstellungsdatum und mehr.

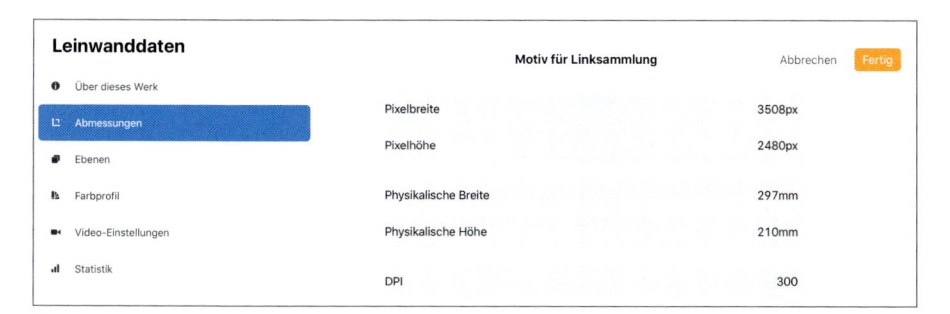

**Abbildung 4.11** *Unter* LEINWANDDATEN *findest du eine Übersicht aller Einstellungen.*

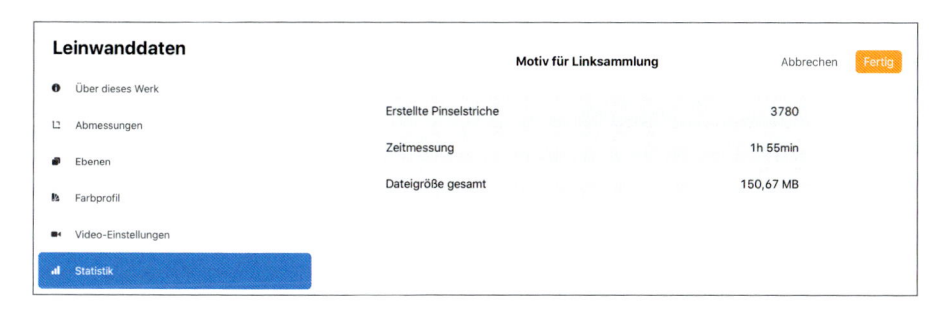

**Abbildung 4.12** *Hier siehst du die Statistik über dein erstelltes Werk.*

## 4.3 Bereitstellen

Wenn du deine Leinwand exportieren, also bereitstellen möchtest, darfst du dafür unter AKTIONEN • BEREITSTELLEN zwischen unterschiedlichen Dateiformaten wählen. Nach einem Tipp auf ein Format wirst du gefragt, wohin du die Daten speichern möchtest, wählst deinen Speicherort aus und hast schon dein Motiv zum Beispiel in der Cloud gespeichert. Nun kannst du von anderen Geräten darauf zugreifen. Beim Export werden dir auch andere Apps vorgeschlagen, die du auf dem iPad hast und die mit dem jeweiligen Dateiformat weiterarbeiten können. So kannst du die Daten auch zwischen zwei Apps austauschen.

**Abbildung 4.13** *Übersicht über den Punkt* BEREITSTELLEN

Bei einem Tippen auf ein Format unter BILD BEREITSTELLEN wird immer die gesamte Datei exportiert. PROCREATE ist das Procreate-eigene Format, andere Programme können diese Daten nicht öffnen. Die zweite Möglichkeit ist, nur Ebenen bereitstellen zu lassen, das passiert im unteren Bereich. Wähle hier zum Beispiel die PDF-Datei, dann werden alle sichtbaren Ebenen als einzelne PDF-Seiten exportiert. PNG ermöglicht es dir, einen transparenten Hintergrund abzuspeichern.

Hast du eine kleine Animation erstellt, stehen hier diverse Dateiformate zur Verfügung. Du kannst ein GIF, ein animiertes PNG oder ein MP4 (ein Format für Videos) exportieren, außerdem ein HEVC, das ist ein Videoformat unter Windows. Mehr zum Export als Animation in Abschnitt 12.3.

### Photoshop
Auch das ist möglich: Speichere deine Daten als PSD ab und arbeite dann damit in Adobe Photoshop mit allen Ebenen und Einstellungen weiter.

## 4.4 Video

Hier schaltest du die Videoaufnahme für dein Zeitraffer-Video ein und wieder aus. Standardmäßig ist sie aktiv, jeder Strich wird also direkt aufgezeichnet. Du kannst dir das bisherige Video auch anzeigen lassen oder es exportieren. Läuft die Zeitraffer-Aufnahme und du schaltest sie aus, fragt Procreate dich, ob du das Video löschen möchtest. Gehst du dann auf Leeren, ist alles weg. Bei Nicht löschen pausiert die Aufnahmefunktion nur, es lässt sich zum Beispiel eine neue Skizze anlegen und du nimmst erst wieder auf, wenn du mit der Arbeit mit Farbe beginnst.

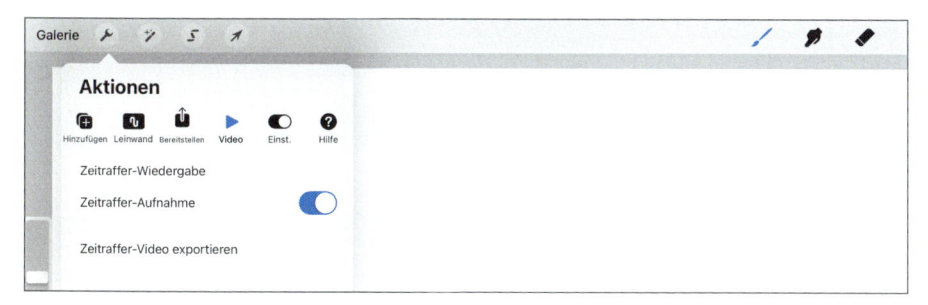

**Abbildung 4.14** *Übersicht über den Punkt* Video

Bedenke immer, dass diese Aufnahmefunktion, vor allem wenn die Daten hochauflösend aufgenommen werden, viel Speicherplatz und Arbeitsspeicher braucht. Aber es ist oft sehr interessant, später einmal den Arbeitsprozess im Zeitraffer nachzuverfolgen.

## 4.5 Einstellungen

Die Einstellungen beziehen sich auf die grundsätzlichen Voreinstellungen von Procreate. Hier definierst du unter anderem, ob du eine helle oder dunkle Benutzeroberfläche bevorzugst und ob du die seitliche Leiste mit der rechten oder linken Hand bedienen möchtest. Wählst du Bedienung mit rechter Hand an, befindet sich deine Seitenleiste rechts.

Es ist möglich, mit einem anderen Stift als dem Apple Pencil zu arbeiten (obwohl ich den ganz klar empfehle, da nur er druck- und neigungssensitiv arbeitet), hier kannst du ihn verbinden.

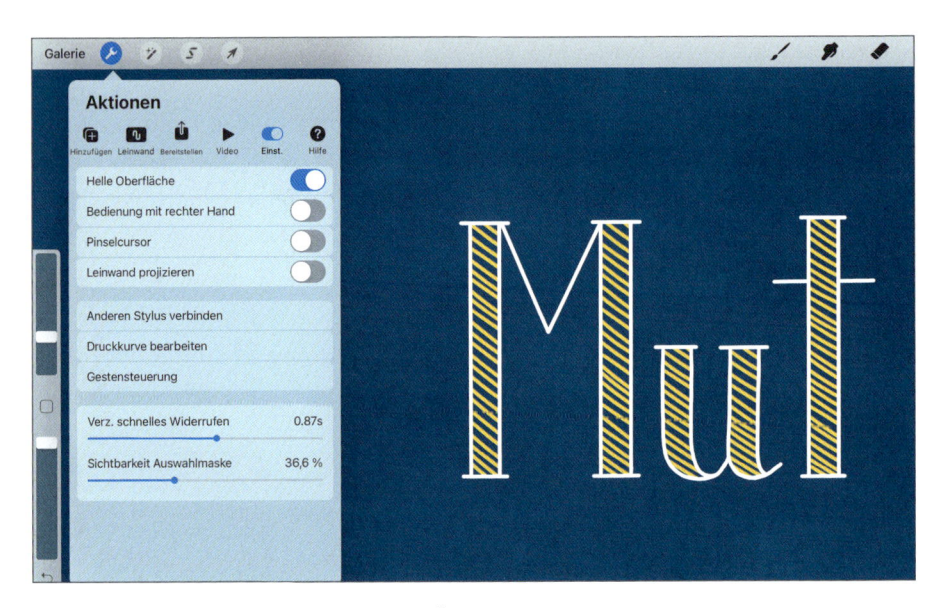

**Abbildung 4.15** *Die Einstellungen in der Übersicht*

### Pinselcursor

Unter EINSTELLUNGEN kannst du dir beim Zeichnen den Pinselcursor, also die Pinselspitze, anzeigen lassen. Arbeitest du mit einem runden Pinsel, siehst du einen zarten Kreis beim Malen, ist dein Pinsel anders geformt, wird diese Form dargestellt. Das kann hilfreich sein, wenn deine Pinselspitze deutlich größer ist als deine Stiftspitze, so kannst du genau die Abmessungen sehen und beurteilen, wo deine Strichbreite anfängt und endet. Je nach Einstellung dreht sich deine Stiftspitze auch je nach Stifthaltung, auch das wird dir dann direkt unter dem Stift auf der Leinwand angezeigt.

### Druckkurve bearbeiten

Die Druckkurve des Apple Pencils lässt sich bearbeiten, das heißt, du stellst ein, wie druckempfindlich dein Stift reagieren soll. Standardmäßig ist sie gerade und diagonal eingestellt. Du kannst die Anfasser der Kurve verändern oder bis zu sechs weitere Punkte hinzufügen, sie gerade verschieben oder eine Kurve erzeugen. Die zusätzlichen Anfasser löschst du durch erneutes Antippen wieder.

## 4.5 Einstellungen

Die vertikale Achse der Druckkurve legt dabei fest, wie die Stiftausgabe ist. 100 % bedeutet, der Stift erzeugt das Maximum an möglicher Dicke und Deckkraft. Ist die Kurve sehr niedrig, wird der Strich entsprechend dünn und fast transparent. Die horizontale Achse des Diagramms bestimmt, auf wie viel Druck der Stift reagiert, also schon bei leichtem Druck oder erst bei stärkerem.

Für jeden Pinsel haben diese Einstellungen etwas andere Auswirkungen. Hier kommt es auch ein wenig auf dein persönliches Gefühl an, welche Einstellung dir zusagt und wie fest oder leicht du generell mit dem Stift auf den Bildschirm drückst. Probiere hier einige Einstellungen aus und taste dich langsam an deinen Favoriten heran. Die Standardeinstellungen sind aber immer ein guter Ausgangspunkt.

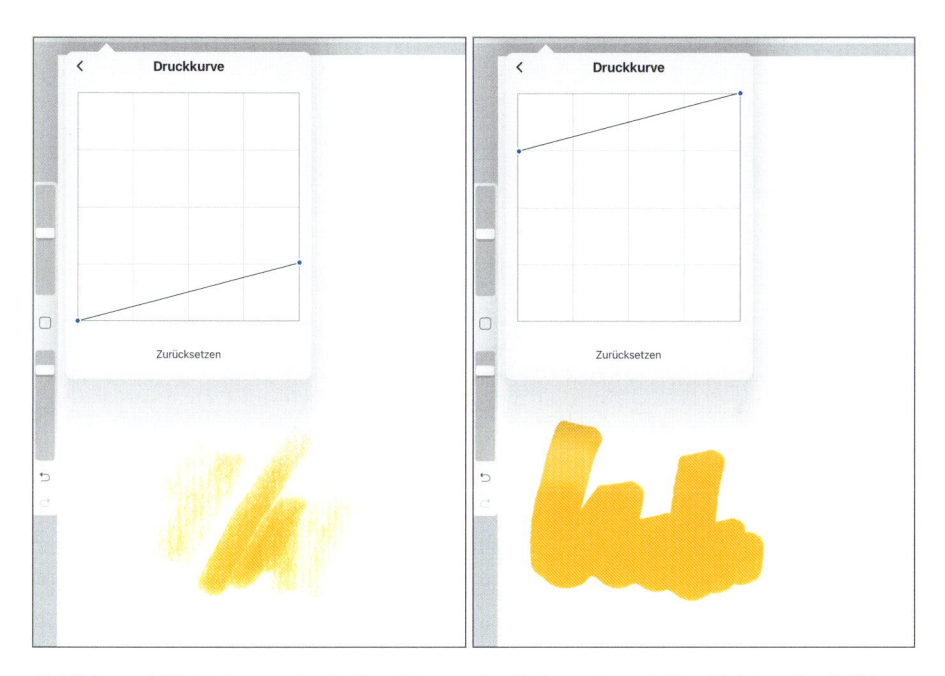

**Abbildung 4.16** *Links wurde die Druckkurve deutlich verringert. Der Strich mit erhöhter Druckkurve wird deckender, dicker.*

### Gestensteuerung

Auch die Gestensteuerung findest du unter EINSTELLUNGEN. Hier hast du eine breite Palette an Möglichkeiten, wie du deine Fingergesten einstellen kannst. Für wichtige Werkzeuge lässt sich definieren, wie sie funktionieren sollen, wann sie ausgelöst werden usw. In der linken Spalte bestimmst du das Werkzeug, dessen Einstellungen du festlegst: Wischfinger, das Löschen, die Pipette, QuickShape und viele mehr. Ich schreibe in Kapitel 13 ausführlich über die Gesten. Mehr zum QuickMenü findest du in Abschnitt 3.3, zum QuickShape in Abschnitt 11.2, einen Tipp zur Ebenenauswahl gibt es am Ende von Kapitel 8.

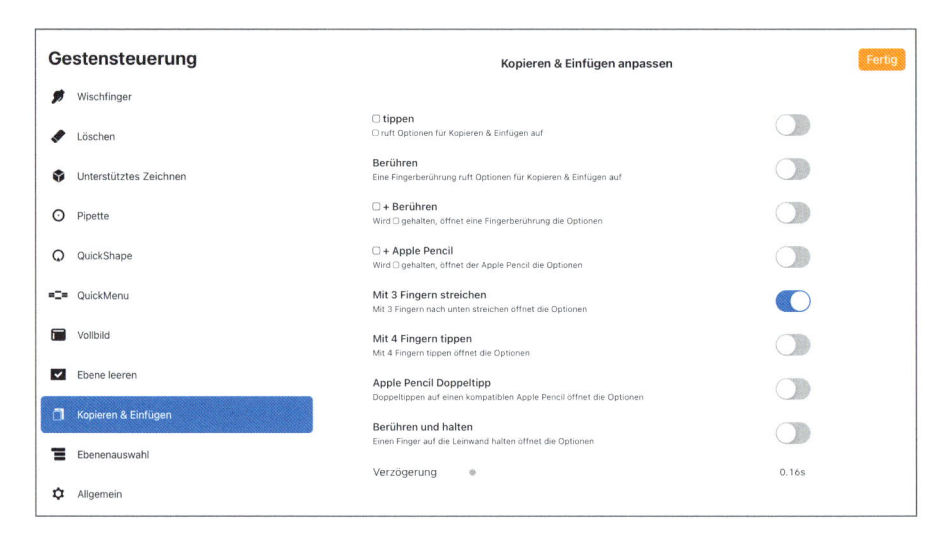

**Abbildung 4.17** *Hier siehst du die Gestensteuerung für* Kopieren & Einfügen, *bei einem Wisch mit drei Fingern von oben nach unten öffnet sich ein kleines Bedienfeld.*

Es gibt dabei diverse Möglichkeiten, das jeweilige Werkzeug zu benutzen: Mit dem Finger durch Tippen auf den Bildschirm, durch längeres Halten des Fingers, mit dem Apple Pencil oder durch eine Kombination aus Beidem. Auch das kleine Quadrat in der Seitenleiste kann für Aktionen eingesetzt werden.

Du solltest ausprobieren, was dir liegt, wie du gerne arbeitest und bei welcher Geste was passieren soll. Du kannst später immer wieder Anpassungen vornehmen, wenn du möchtest. So hat jeder seine speziellen Einstellungen in diesem Bereich.

### Weitere Einstellungen

Unter Einstellungen solltest du außerdem einstellen, wie stark man die Auswahlmaske sehen kann (Sichtbarkeit Auswahlmaske) und wie hoch die Verzögerung sein soll, wenn du mehrere Schritte widerrufst (Verzögerung schnelles Widerrufen). Zum Widerrufen eines Pinselstrichs tippst du mit zwei Fingern auf den Bildschirm. Tippst und hältst du die zwei Finger einen Moment, widerruft Procreate gleich mehrere Schritte. Und hier in den Einstellungen bestimmst du also, wie lange du die Finger auf dem Bildschirm halten musst, bis der Widerruf ausgelöst wird.

Es ist außerdem möglich, die gesamte Leinwand zu projizieren, sprich sie über einen Beamer oder einen zweiten Bildschirm direkt auszugeben. Das kann sinnvoll sein, wenn du etwas präsentieren möchtest, denn es wird wirklich nur die Leinwand ohne die Procreate-Oberfläche gezeigt. Für diese Funktion muss natürlich ein entsprechendes Gerät angeschlossen sein.

## 4.6  Hilfe

Unter Hilfe findest du Tipps, Infos und kannst den Support kontaktieren. Tippst du auf Erweiterte Einstellungen, gelangst du in die Einstellungen deines iPads. Auch das Procreate Handbuch ist eine nützliche Hilfe, es wird von der Herstellerfirma Savage Interactive auf Englisch zur Verfügung gestellt. Procreate lernen führt dich direkt zu einer Youtube-Seite mit vielen Videos zu allen wichtigen Funktionen und Einstellungen. Über Procreate Portfolio gelangst du zu einer Seite mit Werken anderer Procreate-Künstler. Hier kannst du dir Inspiration holen oder deine eigenen Arbeiten teilen. Und schließlich lässt sich eine Rezension zur Software schreiben.

**Abbildung 4.18**  *Übersicht über die* Hilfe

# Kapitel 5
# Anpassungen

»Anpassungen« bietet dir interessante Funktionen an, mit denen du dein Bild beziehungsweise die jeweils aktive Ebene gestalten kannst. So darfst du nachträglich noch Änderungen vornehmen und Effekte hinzufügen. Wir wollen uns hier diese gestalterischen Möglichkeiten ansehen. Dabei erlauben dir die ersten vier Optionen, Farbanpassungen vorzunehmen, die übrigen sind Effekt-Filter.

## 5.1 Ebene oder Pencil?

Bevor wir zu den eigentlichen Anpassungen kommen, müssen wir uns zunächst eine wichtige Voreinstellung ansehen: EBENE oder PENCIL. Bei allen Filtern, außer bei VERFLÜSSIGEN und KLONEN, hast du nach dem Tipp auf die Funktion die Wahl zwischen diesen beiden Punkten. Das bedeutet: Du kannst die Anpassung auf die komplette ausgewählte Ebene anwenden oder sie nur partiell einsetzen, indem du den Pinsel auswählst und damit Bereiche markierst.

> **Nur beim Apple Pencil**
> Für die Möglichkeit, partiell nur mit dem Stift Bereiche zu markieren, musst du allerdings mit dem Apple Pencil arbeiten, mit anderen Stiften besteht diese Funktion derzeit nicht.

Wählst du die Einstellung PENCIL, das heißt, möchtest du nur einen Teil deiner Zeichnung mit den Anpassungen verändern oder neu einfärben, stehen dir sämtliche Pinsel aus deiner Sammlung zur Verfügung. Das Pinsel-Icon oben rechts in der Werkzeugleiste wird mit zwei kleinen Sternen daneben angezeigt ❷, was bedeutet, dass du nun einen Effekt anwendest. Auch das Zauberstab-Icon für die Anpassungen links in der Leiste ist weiterhin aktiv (blau) ❶. Du könntest beispielsweise einen Airbrush-Pinsel auswählen, wenn es weiche Übergänge zum restlichen Bild geben soll.

Ist dir die Auswahl einmal nicht gelungen, wechselst du zum Radiergummi und löschst den Teil der Auswahl. Auch das Radiergummi-Icon in der Leiste wird nun mit Sternen angezeigt, du arbeitest immer noch mit dem Effekt. Wähle auch hier dein bevorzugtes Radiergummi aus der Sammlung aus. Mehr zu Pinseln und Radiergummi findest du in Kapitel 7.

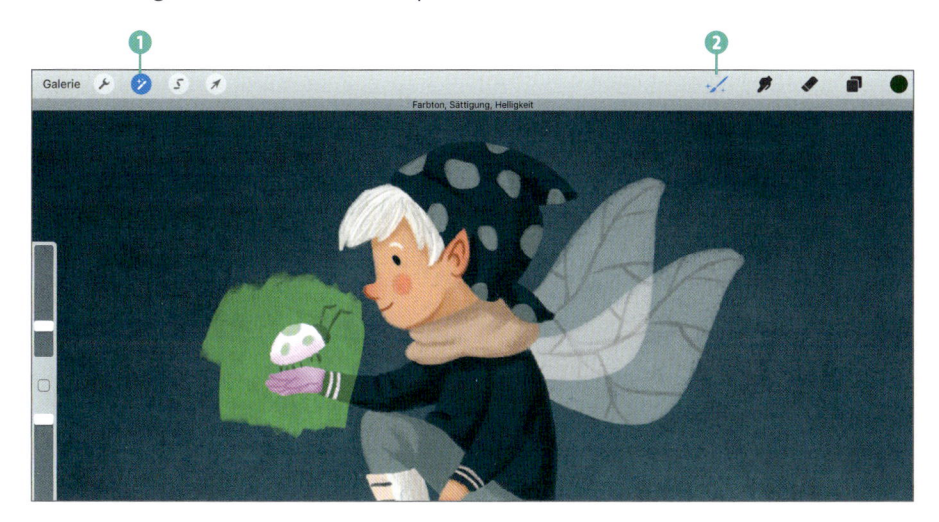

**Abbildung 5.1** *Farbige Änderungen mit dem Pinsel gemacht, nicht auf die gesamte Ebene bezogen. Das Pinselsymbol in der Werkzeugleiste zeigt mit den zwei Sternen an, dass du gerade einen Effekt erstellst.*

Tippst du im Anschluss mit einem Finger auf den Bildschirm, erscheint ein kleines Auswahlmenü, in dem du die gemachten Anpassungen anwenden, widerrufen, zurücksetzen oder auch abbrechen kannst. Außerdem wird dir eine Vorschaufunktion angeboten, hältst du hier den Finger drauf, dann siehst du die gemachten Unterschiede zu vorher. Das ist sehr praktisch!

**Abbildung 5.2** *Das Auswahlmenü erscheint immer, wenn du auf die Leinwand tippst.*

Dieses Menü wird bei allen Funktionen unter ANPASSUNGEN durch Tippen auf den Bildschirm aufgerufen, außer bei KLONEN und VERFLÜSSIGEN. Beim Arbeiten hast du so jederzeit die Möglichkeit, Änderungen auch wieder rückgängig zu machen.

## 5.2 Farbanpassungen

Die ersten vier Punkte unter den Anpassungen dienen dazu, deine Farben im Bild gezielt zu verändern und einzustellen. Auf unterschiedlichen Wegen kannst du diese Anpassungen vornehmen.

### Farbton, Sättigung, Helligkeit

Wir schauen uns jetzt an, was passiert, wenn du FARBTON, SÄTTIGUNG, HELLIGKEIT auf die komplette Ebene anwendest, tippe also als Erstes auf EBENE.

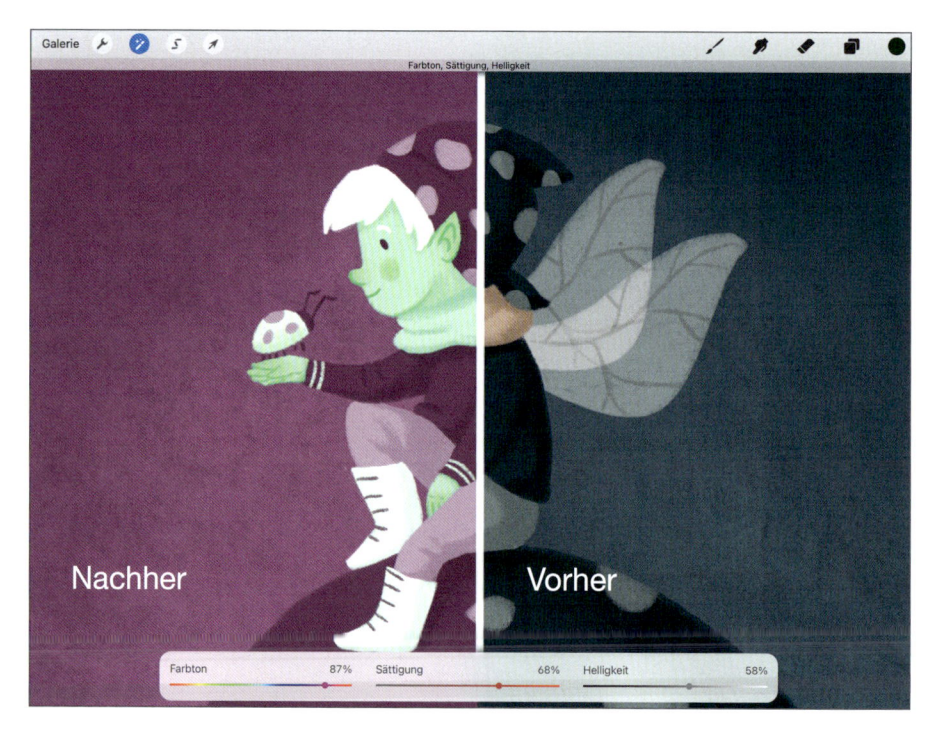

**Abbildung 5.3** *Beispiel für Änderungen über* FARBTON, SÄTTIGUNG, HELLIGKEIT

Unten auf dem Bildschirm erscheinen drei Regler, an denen du ziehen kannst, um die Farbwerte, die Sättigung oder die Kontraste zu verändern. Alle Farben werden entsprechend verändert. Machst du das Ganze nur mit dem Stift und wendest den Effekt nicht auf die komplette Ebene an, lässt sich nur der entsprechende Bereich farblich verändern, den du mit deinem Pinsel markierst.

## Farbbalance

Bei der Farbbalance greifst du etwas anders in die Farben deines Bildes ein als eben gezeigt. Du hast hier die Möglichkeit, gezielt zum Beispiel nur die Cyanwerte im Bild zu verstärken oder sie zu reduzieren, indem du den entsprechenden Regler nutzt. So kannst du in feinen Schritten die Farben sehr gezielt verändern oder etwas nachbessern. Das Ganze wirkt sich dann je nach Einstellung, die du rechts unten in der Leiste vornimmst, auf die Glanzlichter, Schatten oder die Mitteltöne aus, also die Farbtöne, die zwischen hell (Glanzlichter) und dunkel (Schatten) liegen.

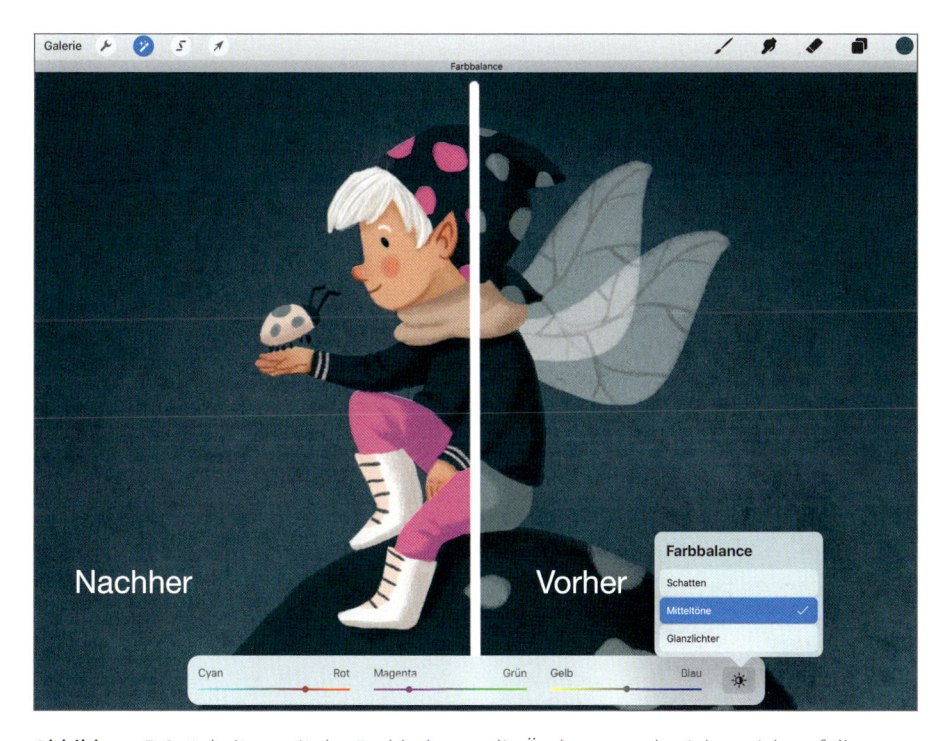

**Abbildung 5.4**  *Arbeiten mit der Farbbalance, die Änderungen beziehen sich auf die Schatten, Mitteltöne oder Glanzlichter.*

Auch bei der FARBBALANCE kannst du die Änderung wieder partiell mit dem Pinsel anlegen oder sie auf die ganze Ebene anwenden. Wenn nur ein Teil des Bildes auf der entsprechenden Ebene liegt, änderst du nur dort die Farbbalance. Mehr zu Ebenen findest du in Kapitel 8.

## Kurven

Mit dieser Funktion wirst du ebenfalls in die Farbkanäle und Tonwerte des Bildes eingreifen und anhand eines Kurvendiagramms die Farben verändern.

Arbeitest du in der Einstellung GAMMA, beeinflusst das die Tonwerte des Bildes insgesamt. Bist du im Rotkanal, wird den bestehenden Farben Rot hinzugefügt oder abgezogen. Du beeinflusst dann also nur einen Farbkanal isoliert von den anderen beiden.

Im Diagramm ist die Linie zunächst diagonal. Du kannst jetzt an jeder beliebigen Stelle einen Knotenpunkt hinzufügen und diesen verschieben. Schiebst du ihn hoch, beeinflusst das die Helligkeit der jeweiligen Tonwerte, schiebst du ihn runter, die Dunkelheiten. Und schiebst du den Knotenpunkt zur Seite, wirkt sich das auf den Kontrast aus. Bis zu elf Knotenpunkte sind möglich, durch Antippen lassen sich bestehende Knotenpunkte auch jederzeit wieder löschen.

**Abbildung 5.5** *Die Kurven geöffnet, noch ohne Veränderungen (links) und in den Rotkanal eingegriffen (rechts)*

Das Diagramm zeigt dir außerdem in einem Histogramm die Farbverteilung im Bild an. Wie viel Rot, Grün und Blau ist vorhanden und wo überlappen sich die Tonwerte? Dann mischen sich auch die Farben im Histogramm. Weiße Stellen bedeuten, dass in diesem Bildbereich alle drei Kanäle gleichermaßen aktiv sind.

Am einfachsten wirst du die Auswirkungen auf dein Bild sehen, wenn du ausprobierst, wie sich die Farbwerte bei einer Änderung verhalten. Bei jedem Motiv hat eine Änderung zum Beispiel im Rotkanal andere Auswirkungen, daher ist es schwer, im Vorfeld zu sagen, welche Anpassung zu welchem Ergebnis führt.

## Verlaufsumsetzung

Mit dieser Funktion bietet Procreate dir die Möglichkeit, einen Verlauf über dein Bild zu legen. Das bedeutet, dass alle Farben in die Verlaufsfarben geändert werden. Das kann eine schöne Sache sein, wenn man der Illustration einen Farbtouch geben will oder sie in eine reduzierte Farbpalette umwandeln möchte. Du kannst so auch deine in Graustufen angelegte Zeichnung einfärben.

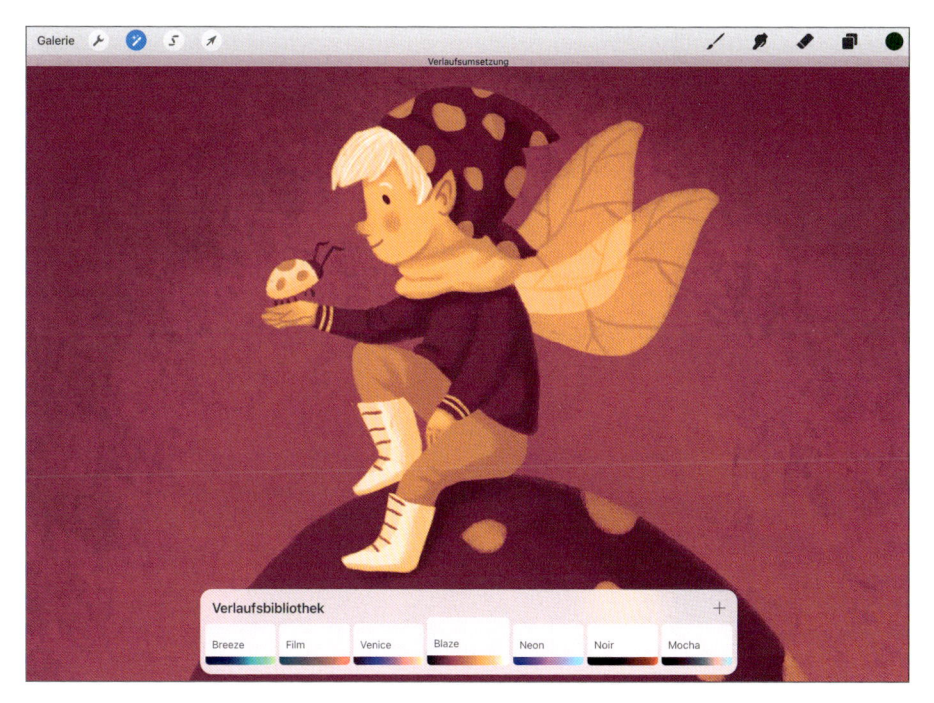

**Abbildung 5.6** *Im unteren Bereich werden dir voreinstellte Farbverläufe angeboten.*

Um einen Verlauf auszuwählen, scrollst du einfach unten durch die voreingestellten Verläufe in der Bibliothek, sie werden direkt auf das Bild angewendet. Mit einem Fingertipp auf den Bildschirm erscheint wieder das kleine Auswahlmenü mit dem Punkt Vorschau, hältst du den gedrückt, siehst du den Unterschied zu vorher.

Die Verläufe, die bereits voreingestellt sind, bieten dir schon viele sehr schöne Farbmischungen. Es gibt aber außerdem die Möglichkeit, den Verlauf selbst anzupassen. Indem du auf den entsprechenden Verlauf tippst, wird er dir unten als Balken angezeigt. Tippst du auf die zwei Quadrate zu Beginn und am Ende des Verlaufs ❶, öffnet sich die Farbpalette, und du kannst die Verlaufsfarben verändern. Tippst du einfach irgendwo auf den Verlauf, erhältst du ein weiteres Quadrat ❷, und eine neue Farbe lässt sich in den Verlauf einfügen. Hältst du eines der kleinen Quadrate länger gedrückt, kannst du es löschen. Bist du mit allen Änderungen zufrieden, tippe auf Fertig.

Hier siehst du auch, wie der Verlauf funktioniert: Die Farbe links im Balken zeigt dir an, wie deine dunkelsten Stellen und die Schwarztöne im Bild eingefärbt werden, ganz rechts ist die Farbe für die ganz hellen Bereiche. Die Farben dazwischen verteilen sich auf die Mitteltöne zwischen hell und dunkel.

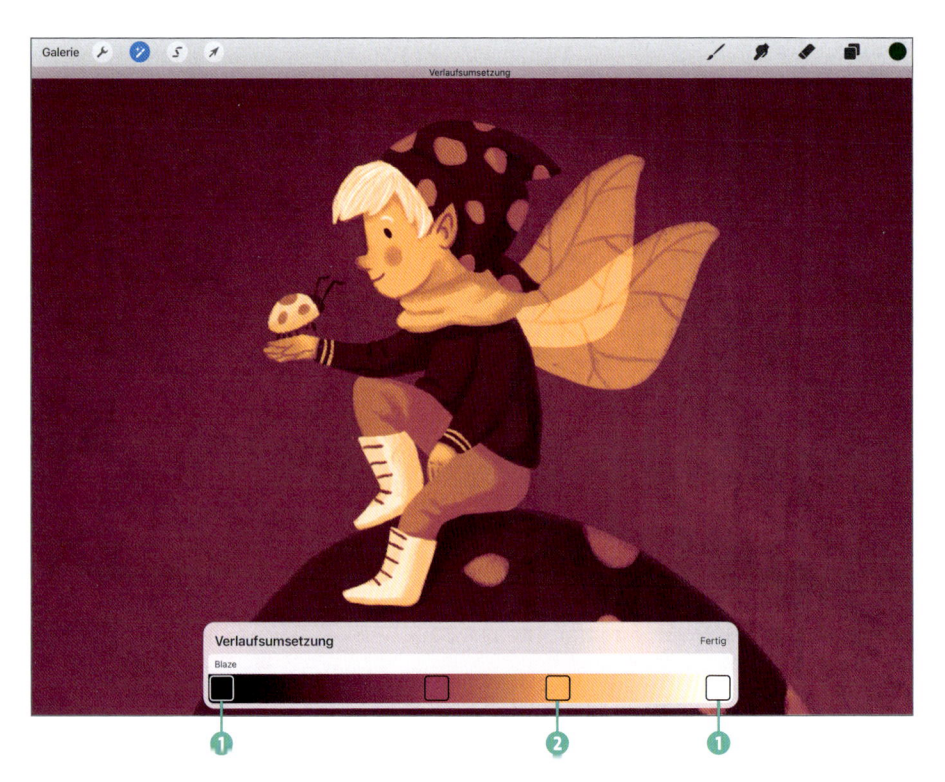

**Abbildung 5.7** *Ein Tippen auf den Verlauf fügt weitere Quadrate hinzu. Mit ihnen kannst du selbst die Farben und den Verlauf ändern und beeinflussen.*

**Abbildung 5.8** *Tippst du die Quadrate an, erscheint der Farbkreis für deine Farbauswahl.*

In der VERLAUFSBIBLIOTHEK darfst du über das Pluszeichen auch einen eigenen Verlauf erstellen. Füge in den Schwarzweißverlauf durch Tippen auf den Verlaufsbalken ein neues Farbkästchen hinzu, tippe es wieder an und wähle deine Farbe aus. So kannst du eine eigene Mischung erstellen. Ein Anwendungsbeispiel für die Verläufe findest du in Abschnitt 14.5.

## 5.3 Unschärfe-Effekte

In diesem Abschnitt geht es bei den Effekten darum, dein Bild unscharf erscheinen zu lassen. Das kann für unterschiedliche Einsatzgebiete interessant sein, bei der Darstellung von Bewegung zum Beispiel oder wenn Bildelemente weit im Vordergrund sind und etwas unscharf erscheinen sollen.

### Gauß'sche Unschärfe

Die Einstellung GAUSS'SCHE UNSCHÄRFE macht deine Zeichnung weicher und natürlich unscharf. Hier wischst du von links nach rechts über den Bildschirm und siehst direkt die Auswirkungen, zusätzlich zum blauen Balken am oberen Rand, der dir zusammen mit der Prozentangabe zeigt, wie viel Unschärfe du schon hinzugefügt hast. Diese Funktion kann sehr nützlich sein, wenn du zum Beispiel den Hintergrund im Bild etwas unscharf machen möchtest. Er erscheint so weiter weg. Aber übertreibe es nicht, schnell erkennt man gar nichts mehr.

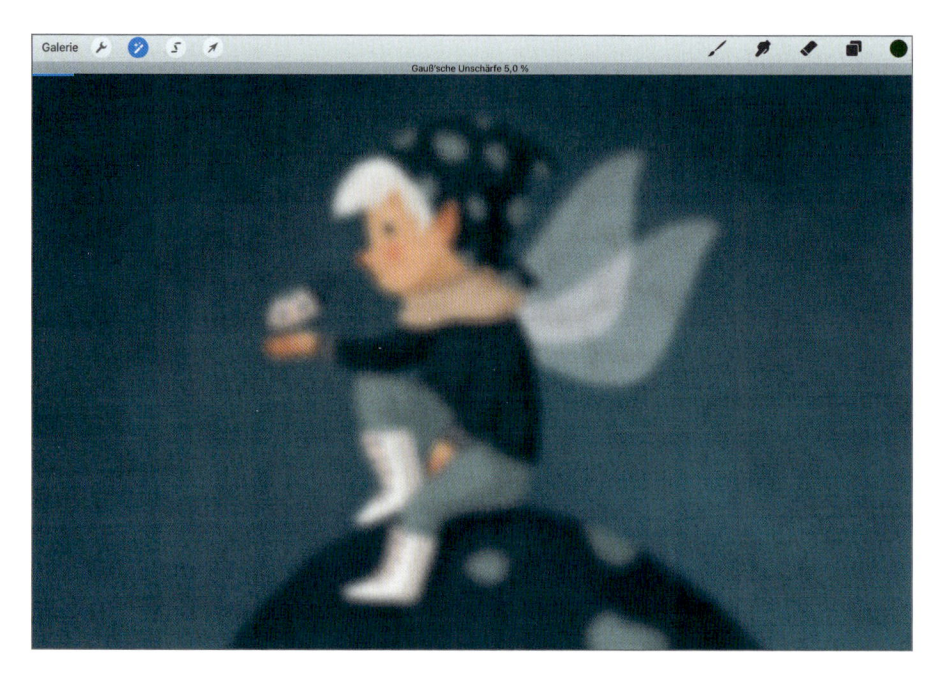

**Abbildung 5.9**  *Das gesamte Motiv wird weichgezeichnet.*

In meinem Beispiel wurde das gesamte Motiv unscharf, da sich alles auf einer Ebene befindet. Möchtest du, wie eben erwähnt, nur den Hintergrund unscharf machen, muss der sich auf einer einzelnen Ebene befinden. Oder du wählst mit dem Auswahlwerkzeug (Abschnitt 6.1) den Bereich aus, den du weichzeichnen möchtest. Diese Auswahl musst du aber gemacht haben, bevor du die Gauß'sche Unschärfe auswählst.

Wenn du nur Teile des Bildes unscharf machen möchtest, bietet sich wieder die Funktion Pencil an. Du kannst dann zum Beispiel mit einem weichen runden Pinsel nur die Bereiche markieren, die unscharf werden sollen. Dir steht wieder die gesamte Pinselsammlung zur Verfügung, um genau den gewünschten Bereich zu markieren, indem du mit dem Pinsel über ihn malst, wie in der nächsten Abbildung bei den Flügeln.

**Abbildung 5.10** *Nur die Flügel wurden mithilfe eines weichen Pinsels und Gauß'scher Unschärfe in Bewegung versetzt.*

## Bewegungsunschärfe

Diese Einstellung lässt dein Motiv verschwommen aussehen. Die Unschärfe bewegt sich auf der Linie, in der du mit dem Finger/Pencil über den Bildschirm streichst, also waagerecht zum Beispiel. Dabei bestimmt die Länge deines Wischs über den Bildschirm die Intensität des Effekts. Auch hier gilt, übertreibe es nicht, weniger ist oft mehr. Mit diesem Effekt kannst du dein Motiv sehr schön aufpeppen, wenn du etwas gezeichnet hast, das sich bewegt oder fliegt. Alles, was schnell ist, erhält so zusätzlichen Schwung und Dynamik.

**Abbildung 5.11** *Die Bewegung wird nur in eine Richtung erzeugt.*

### Perspektivische Unschärfe

Bei diesem Effekt kannst du die Unschärfe aus einer bestimmten Richtung kommen lassen. Der graue Kreis markiert dabei deinen Ausgangspunkt für die Unschärfe. Tippe und halte ihn, um ihn an die richtige Stelle im Bild zu verschieben. Du kannst außerdem noch die Richtung der Unschärfe einstellen und hast dafür zwei Möglichkeiten: Positionsgetreu oder Direktional.

Stellst du Positionsgetreu ein, bewegt sich die gesamte Unschärfe strahlenförmig vom Mittelpunkt weg: Je weiter weg, desto unschärfer wird es. Aber auch hier kommt noch hinzu, wie lang dein Wisch über den Bildschirm ist, um die Stärke der Unschärfe einzustellen.

Direktional bietet dir die Möglichkeit, die Ausdehnung der Unschärfe noch ein wenig genauer zu bestimmen, indem du an dem nun größeren Kreis die Richtung definierst. Die Unschärfe strahlt dann vom Mittelpunkt weg nur in diese Richtung.

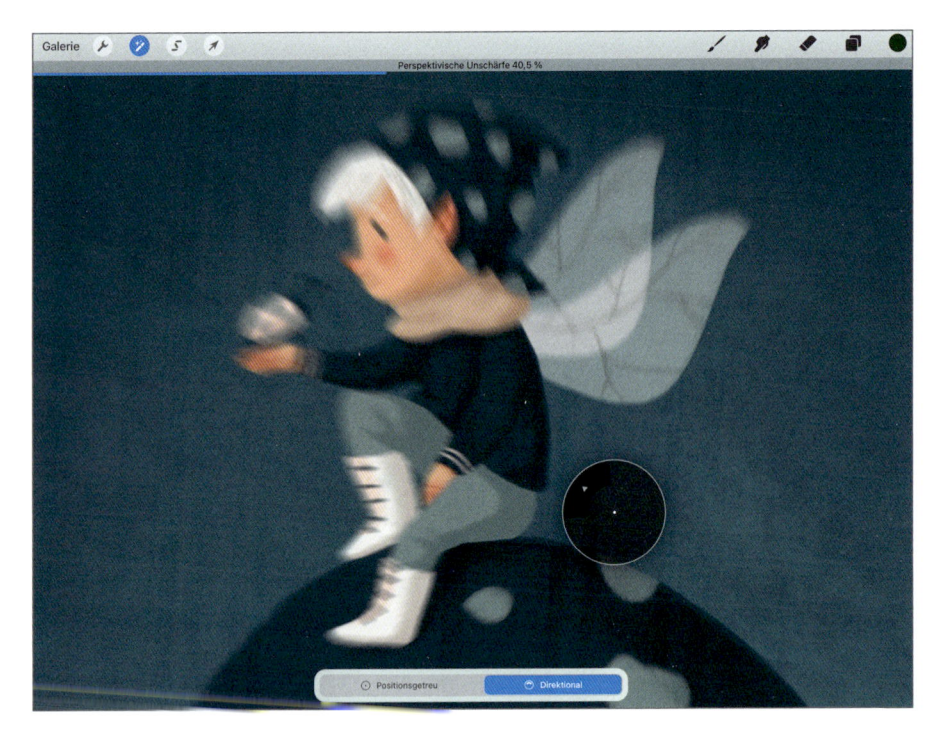

**Abbildung 5.12** *Ausgehend vom Kreis wird die Unschärfe in nur eine Richtung erzeugt.*

## 5.4 Effekte mit Störungen

Es klingt vielleicht erst einmal komisch, aber auch Störungen im Bild können sehr interessante Effekte bieten. In diesem Abschnitt der Anpassungen geht es deswegen gezielt um die unterschiedlichen Störungen.

### Rauschen

Wenn du diese Funktion auswählst, fügst du deinem Bild eine körnige Optik hinzu, die dein Motiv etwas krisseliger erscheinen lässt. Das kann für manche Zeichnungen ein interessanter Effekt sein, so kannst du beispielsweise glatte Flächen mit leichter Struktur versehen. An den verschiedenen Reglern unten stellst du die Körnung insgesamt, die Form der einzelnen Körner, die Größe und die Intensität ein. Hier musst du ausprobieren, was zum jeweiligen Motiv und deiner gewünschten Optik am besten passt.

Wieder wischst du mit dem Finger von links nach rechts über das Bildschirm, um die Intensität des Effekts insgesamt zu steuern. Am Bildschirmrand oben erscheint erneut der blaue Balken, der dir in Prozent anzeigt, wie intensiv du den Effekt gerade anwendest. Du bestimmst, wie das Rauschen ausfallen soll, und hast dazu in dem unteren Menü drei grundsätzliche Einstellungsmöglichkeiten zur Auswahl. WOLKEN lässt den Effekt relativ grobkörnig erscheinen, wenn du dir das gesamte Bild betrachtest. WELLEN erzeugt einen ähnlichen Effekt wie WOLKEN, das Rauschen erscheint aber etwas detaillierter, kleiner. Mit der Einstellung ZACKEN wird das Rauschen noch detaillierter und härter, durch die Körnung im Bild wird es oft auch gleichzeitig etwas dunkler.

**Abbildung 5.13** WOLKEN, WELLEN und ZACKEN *(von links) in der Gesamtansicht, die Regler sind identisch eingestellt:* GRÖSSE *27 %,* OKTAVEN *21 % und* TURBULENZ *16 %.*

Die drei unteren Regler regulieren unter anderem die Größe der einzelnen Körner. Mit Oktaven lässt du die Körnung/Struktur härter oder weicher erscheinen, und die Turbulenz bestimmt die Anordnung der einzelnen Körnchen zueinander, es wirkt, als würden die Strukturen ineinander verschwimmen, je höher du die Turbulenz setzt.

**Abbildung 5.14** *Wolken, Wellen und Zacken in der Detailansicht,* Oktaven *und* Turbulenz *sind nicht aktiv.*

**Abbildung 5.15** *Wellen mit* Oktaven *und* Turbulenz *auf* Keine *gestellt (links) und auf* Maximum *(rechts).*

In der unteren Leiste steht dir zu guter Letzt noch eine weitere Einstellmöglichkeit zur Verfügung, das Symbol ganz rechts öffnet ein kleines Fenster, in dem du Einstellungen bezüglich des Kanals vornehmen kannst. Alle meine Beispiele sind mit einer aktiven Einstellung bei Additiv entstanden. Der Effekt wird sozusagen transparent angewendet, du siehst die Farben des Bildes hindurch. Schaltest du Additiv aus, legt sich das Rauschen wie ein Grauschleier über das Bild, der Filter ist nicht mehr transparent und verdeckt jetzt die Farben des Bildes.

Du darfst außerdem wählen zwischen Einfach und Differenziert. Einfach erzeugt ein monochromatisches Rauschen in Schwarz und Weiß, du siehst also helle und dunkle Bereiche im Bild. Differenziert setzt das Rauschen auf mehrfarbig, die Strukturen erscheinen bunt.

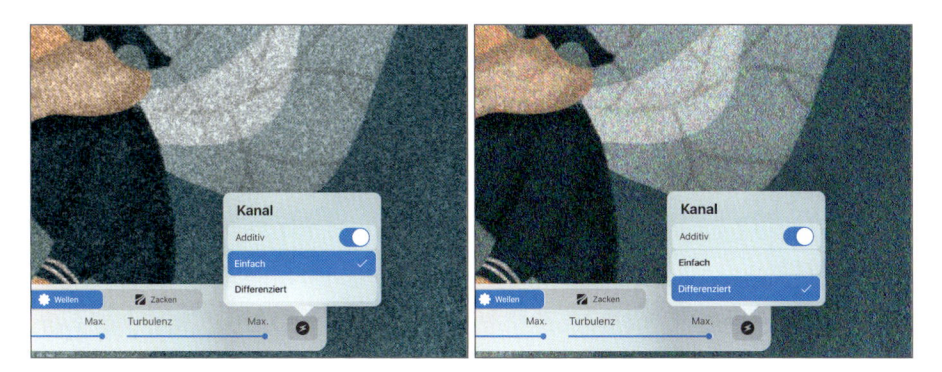

**Abbildung 5.16** Wellen *auf* Einfach *gestellt (links) und auf* Differenziert *(rechts). Man sieht hier eine leichte Farbigkeit in der Körnung.*

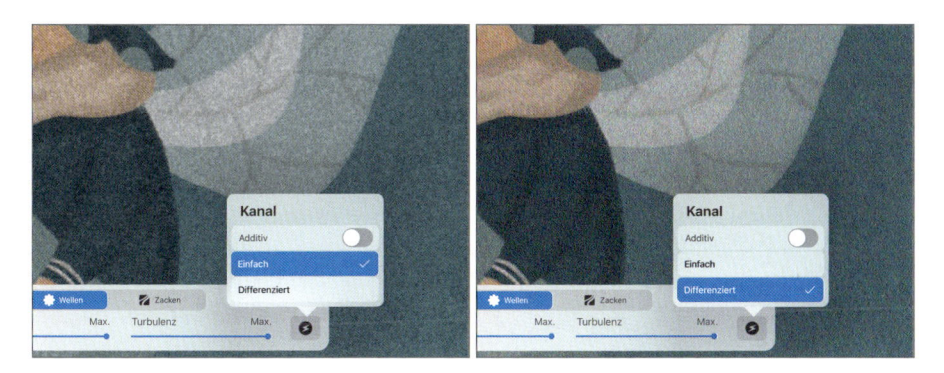

**Abbildung 5.17** *Hier wurde* Additiv *ausgestellt, und die Bilder wirken grau. Bei* Differenziert *ist auch hier eine leichte Farbigkeit in der Körnung zu erkennen.*

### Deinen Bildern mehr Struktur verleihen

Wenn du gemalten Flächen mehr Struktur geben möchtest, geht das auch so: Du kannst eine Struktur über das Motiv legen, also ein Bild mit einer Textur einfügen. Oder du nutzt raue und körnige Pinsel, die keine glatten Flächen erzeugen. Wenn du dabei schrittweise vorgehst, vielleicht auch mit geringer Deckkraft, lassen sich interessante Effekte erzeugen.

## Scharfzeichnen

Auch beim SCHARFZEICHNEN wischst du mit dem Finger von links nach rechts über den Bildschirm und erzeugst so den Effekt. Die Pixel in deinem Bild werden schärfer dargestellt. Das kann an manchen Stellen ein sinnvoller Effekt sein, wenn man das Bild etwas nachbearbeiten möchte. Du kannst so zum Beispiel Bereiche betonen und hervorheben. Sei aber auf jeden Fall sparsam mit der Funktion und übertreibe es nicht.

Auf der Leinwand oben erscheint wieder der blaue Balken, der dir die Intensität des Effekts in Prozent anzeigt. Du wirst schnell merken, wenn es zu viel war, dann wirkt die Zeichnung nicht mehr natürlich, sondern etwas zu glatt und fast schon hart in den Konturen und Übergängen.

Am ehesten eignet sich diese Funktion für die Arbeit mit Fotos, um diese etwas knackiger aussehen zu lassen. Bei Illustrationen wirst du sie vermutlich seltener einsetzen.

**Abbildung 5.18**  *Die scharfgezeichneten Bereiche im linken Bild wirken härter, mit klareren Kanten als rechts im Originalfoto.*

## Bloom

Die Funktion BLOOM lässt die hellen Bereiche im Bild noch stärker hervortreten. Du darfst hiermit also diese Bereiche betonen und ihnen sogar ein strahlendes Leuchten geben. Stelle unten in der Leiste GRÖSSE und INTENSITÄT ein sowie den ÜBERGANG zu den umliegenden Bildbereichen. Das bedeutet: Je weniger Prozent du bei ÜBERGANG einstellst, desto eher werden auch umliegende, ebenfalls helle Bereiche in das Leuchten mit einbezogen. Erhöhst du die GRÖSSE, wird auch der leuchtende Bereich immer größer, es entsteht ein richtiger Schein um den hellen Bereich herum. Und INTENSITÄT bedeutet genau das, du erhöhst die Intensität der Leuchtkraft von schwach bis sehr stark leuchtend.

**Abbildung 5.19** *Links der Effekt* BLOOM *mit geringem Übergang und Intensität, die Haare leuchten ein wenig. Rechts sieht man die erhöhte Intensität, der Bereich verliert Strukturen und wirkt überstrahlt. Die* GRÖSSE *regelt den strahlenden Bereich insgesamt.*

Auch bei BLOOM bestimmst du wieder grundsätzlich durch das Wischen über den Bildschirm nach rechts und links, wie stark der Effekt überhaupt eingesetzt werden soll. Du siehst das oben am blauen Balken. Die Regler unten sind dann für die Feinabstimmung gedacht.

Dieser Effekt bietet sich an, wenn du Bereiche im Bild zum Beispiel durch atmosphärisches Sonnenlicht oder mystisches Leuchten hervorheben und betonen möchtest. Du kannst sie erstrahlen lassen und so sehr einfach einen großen Effekt erzielen. Das ist praktisch, denn so musst du nicht händisch mit Pinseln ein Leuchten erzeugen.

### Störung

Bei dieser Funktion erzeugt Procreate ein zufällig erstelltes Raster und »zerstört« sozusagen das Bild teilweise. Es entsteht ein Look ähnlich wie bei alten Fernsehgeräten. Du hast bei diesem Effekt unten vier Einstellmöglichkeiten mit jeweils drei Reglern, um die Stärke und Ausprägung der Störung zu steuern.

Wählst du ARTEFAKT aus, erzeugt Procreate Quadrate und rechteckige Kästen, die die »Zerstörung« des Bildes erzeugen. Unten bestimmst du über BLOCKGRÖSSE, wie groß diese Kästen sein sollen. Wie stark sie eingesetzt werden, also wie viele davon zum Einsatz kommen und wie stark sichtbar sie sind, legst du über STÄRKE fest, und über ZOOMEN stellst du ein, wie nah du in den Effekt hineinzoomen willst. Sind wir nah dran, werden die Kästen größer und liegen weiter auseinander, umgekehrt werden sie entsprechend kleiner und liegen näher beieinander.

**Abbildung 5.20** *Störung* ARTEFAKT, *links etwas schwächer eingesetzt, rechts stärker, das Ganze bei gleichbleibender Effektstärke insgesamt (blauer Balken oben).*

Wählst du WELLE aus, bilden sich Störungsbalken über deinem Bild. Diese werden allerdings erst sichtbar, wenn du zusätzlich die AMPLITUDE erhöhst. Dann sind innerhalb der Kästen etwas versetzte Bildteile zu sehen. Je höher die AMPLITUDE, desto stärker der horizontale Versatz. Du musst außerdem auch die FREQUENZ erhöhen, diese regelt die Verzerrung dieser Bildteile in vertikaler Richtung. Diese Verzerrung ergibt bei hoher Frequenz eine Wellenform. ZOOMEN bestimmt, wie groß dir die Balken angezeigt werden, wie nah du also am Effekt dran bist.

## 5.4 Effekte mit Störungen

**Abbildung 5.21** *Störung* Welle, Frequenz *und* Zoomen *links gering eingesetzt, rechts sehr stark. Innerhalb der rechteckigen Verzerrung bilden sich wellenförmige Bildteile.*

Bei der Auswahl Signal erhältst du eine Mischung aus kleinen Blöcken und langen, schmalen Balken, die dein Bild verzerren und ganze Bildteile versetzt zeigen. Dazu kommt eine Farbveränderung innerhalb der Kästen, ähnlich wie bei der Einstellung Artefakt. Auch hier stehen dir die Einstellungen Stärke, Blockgrösse und Zoomen zur Verfügung. Wischst du nur über den Bildschirm, ohne die Regler zu erhöhen, siehst du keinen Effekt.

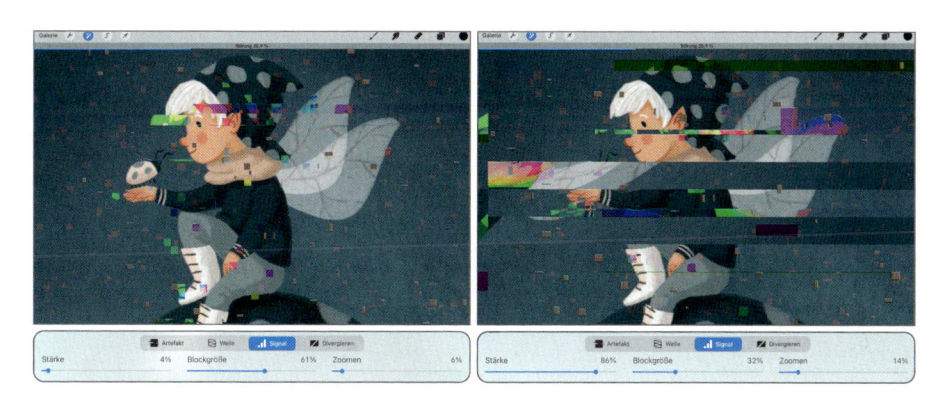

**Abbildung 5.22** *Wählst du* Signal *aus, werden je nach Stärke Kästen und Balken erzeugt, die dein Bild auch farbig verzerren und zerstören.*

Mit der Funktion Divergieren kannst du selbst die Farbverschiebungen innerhalb der Störung bestimmen und die Farben Rot, Grün und Blau in unterschiedliche Richtungen verschieben. Zoom zeigt dir den Effekt wieder entweder recht klein oder deutlich größer, weil näher herangezoomt, an.

**Abbildung 5.23** *Die Farbverschiebung innerhalb der Störung lässt sich mit* Divergieren *selbst bestimmen. Rechts siehst du viele Störungen, es wurde weniger stark hereingezoomt.*

Mit Störungen kannst du dein Bild also erheblich verändern und es im wahrsten Sinne zerstören. Gerade bei futuristischen Motiven oder Comics kann ich mir eine Anwendung gut vorstellen. Diese Optik kann, gezielt eingesetzt, einen durchaus interessanten Effekt bieten. Auch in Animationen kann dieser Effekt sehr gut verwendet werden. Wie du eine Animation erstellst, beschreibe ich in Kapitel 12.

### Streuraster

Diese Funktion erlaubt es dir, einen Rastereffekt auf dein Bild zu legen. Viele kleine, regelmäßige Punkte verteilen sich über dein Motiv. Hiermit wird der Eindruck eines groben Zeitungsrasters angedeutet. Das kann vor allem für Comiczeichner interessant sein.

Die Leiste unten bietet dir dazu drei Einstellmöglichkeiten. Bei Vollfarbig und Bildschirm als Druck werden farbige Rasterpunkte erzeugt, bei Zeitung nur schwarze.

Vollfarbig erzeugt dabei ein Streuraster, das den Ursprungsfarbton im Hintergrund behält, ähnlich wie beim Zeitschriftendruck. Bildschirm als Druck zeigt im Hintergrund des erzeugten Streurasters die Farbe Weiß an, ähnlich dem Siebdruck. Und Zeitung erzeugt ein Graustufen-Streuraster, es entsteht ein ähnlicher Effekt wie beim Zeitungsdruck.

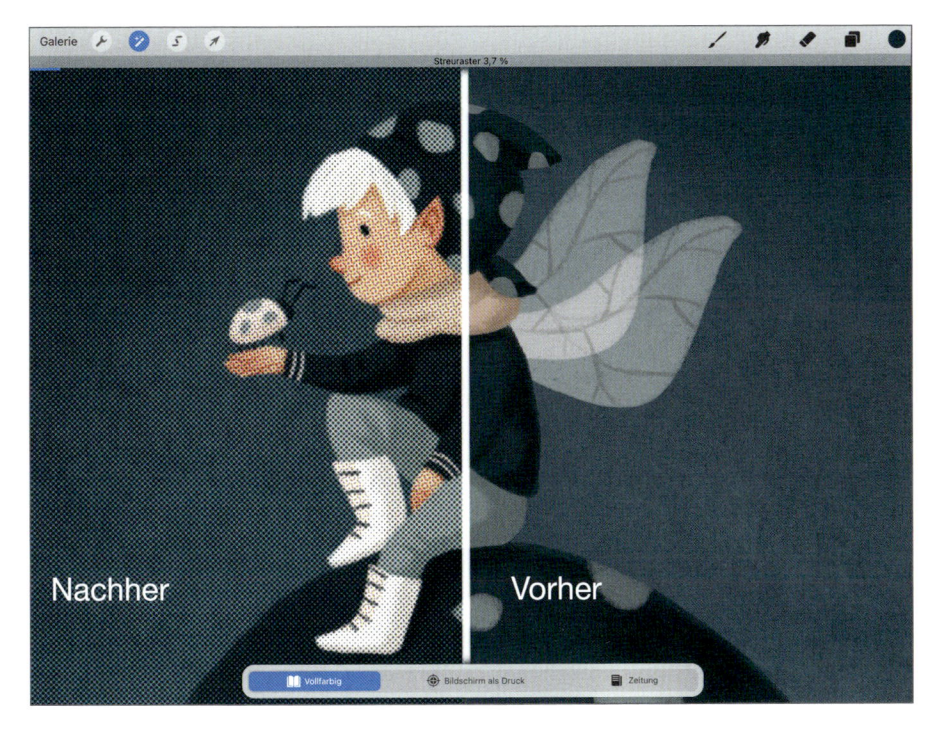

**Abbildung 5.24** *Hier siehst du das* Streuraster *im Einsatz, es erzeugt ein Punkteraster über deinem Bild.*

## Chromatische Aberration

Die Funktion Chromatische Aberration macht sich vor allem bei Übergängen von hellen zu dunkleren Bildbereichen bemerkbar, indem rote, grüne, gelbe und blaue Bereiche verschoben dargestellt werden. Dadurch entsteht eine Optik mit leichter Störung oder fast ein 3D-Effekt. Der Begriff kommt aus der Fotografie und bezeichnet einen Fehler in den optischen Linsen, der eine Farbverschiebung im Bild hervorruft.

Die Richtung wird durch den grauen Kreis bestimmt, hier legst du den Ursprung der Verschiebung fest. Den Kreis kannst du frei verschieben und platzieren, wo du möchtest, auch außerhalb der Leinwand. Anschließend wischst du mit dem Finger von links nach rechts über den Bildschirm, um die Intensität des Effekts zu bestimmen. Oben am Rand siehst du wieder den blauen Balken mit der Prozentangabe. Je länger der blaue Balken, desto stärker ist die farbige Verschiebung.

Du hast außerdem die Wahl zwischen den Einstellungen PERSPEKTIVE und VERSCHIEBEN. Bei ersterem verschieben sich die Farben – klar – perspektivisch, mit VERSCHIEBEN kannst du die Verschiebung frei festlegen.

Wählst du PERSPEKTIVE aus, stehen dir noch die zwei Regler ÜBERGANG und ABNAHME zur Verfügung. ÜBERGANG regelt zunächst, wie sich die aufgetrennten Farben zueinander verhalten, ob sie näher beieinanderliegen oder etwas mehr Abstand erhalten. Auch erscheinen sie bei wenig Überleitung unschärfer, das heißt bei einem hohen ÜBERGANG. Die ABNAHME wiederum regelt, auf welche Bildbereiche sich der Effekt bezieht. Erhöhst du die Abnahme, wird ausgehend vom Ursprung der Effekt nur auf die entfernteren Bildteile angewendet. Du steuerst also, ab welchem Abstand zum Ursprung die CHROMATISCHE ABERRATION beginnt.

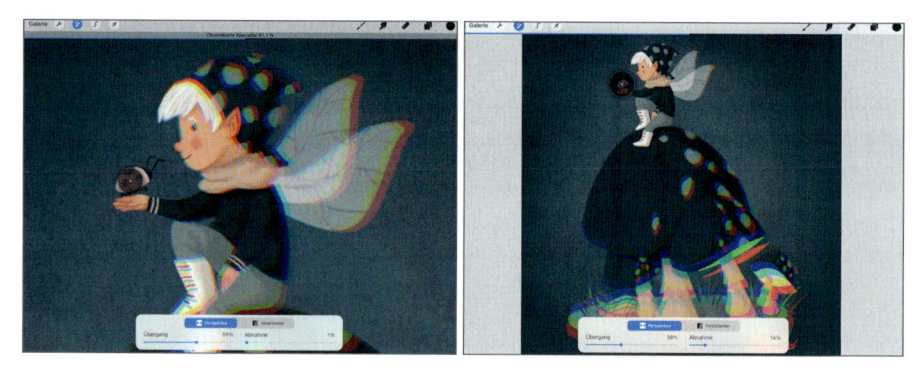

**Abbildung 5.25** *Der Ursprung der* CHROMATISCHEN ABERRATION *liegt auf dem Marienkäfer (links), rechts wurde die* ABNAHME *des Effekts etwas erhöht, er betrifft nun nur noch die weiter entfernten Bildbereiche und wird zum Ursprung hin immer weniger.*

Wählst du VERSCHIEBEN aus, kannst du die einzelnen Farben per Hand in jede Richtung verschieben, die Abstände der Farben zueinander bleiben dabei immer gleich. Wische einfach mit dem Finger über den Bildschirm. Du hast unten wieder zwei Regler zur Verfügung, die diesmal die TRANSPARENZ und die UNSCHÄRFE des Effekts definieren. So brauchst du den Effekt auch nur sehr dezent einzusetzen, indem du die TRANSPARENZ deutlich erhöhst.

Diesen Effekt kannst du gut zu einem Stilmittel umfunktionieren und deine Zeichnungen damit ein wenig interessanter gestalten. Das bietet sich zum Beispiel bei Porträtzeichnungen an.

**Abbildung 5.26** *Links wurde durch* Verschieben *eine gleichmäßige Verteilung erzielt, die im rechten Bild durch Erhöhung der* Transparenz *und der* Unschärfe *etwas reduziert und weicher gemacht wurde.*

Möchtest du nicht das komplette Bild mit dem Effekt überziehen, steht dir jederzeit auch die Möglichkeit zur Verfügung, nur einen Teil des Bildes mit dem Effekt zu versehen, indem du diese Bildbereiche mit dem Pinsel markierst.

## 5.5 Weitere Filter

Ganz unten in der Liste der Anpassungen findest du zwei Filter. Der Filter Verflüssigen ist dabei ein sehr mächtiges Tool, das unzählige Möglichkeiten bietet. Und Klonen hilft dir, wenn du Bildbereiche verdoppeln willst.

### Verflüssigen

Ein großartiges Tool, um in dein Bild einzugreifen. Du kannst dezente Veränderungen und Korrekturen vornehmen, indem du mit dem Finger oder Stift einfach etwas über den Bildschirm schiebst und ziehst. Es stehen dir unterschiedliche Möglichkeiten zur Verfügung, dein Bild zu bearbeiten: Schieben, Wirbel rechtsdrehend und Wirbel linksdrehend, Kneifen, Erweitern, Kristalle, Kante, Rekonstruieren und Anpassung.

Außerdem bieten dir die Regler unten zu jeder Bearbeitungsform eine Menge Einstellungsmöglichkeiten, was die Stärke der Verformung angeht, den Druck und die Größe. Stellst du Größe recht klein ein, ist dein Pinsel, mit dem du die Verflüssigung durchführst, klein. Entsprechend wird auch der verflüssigte

Bereich eher klein sein, die Auswirkungen sind also eher gering. Ist deine Pinselspitze dagegen recht groß, merkst du auch sofort große Auswirkungen auf dein Bild.

Auch über Druck kannst du regulieren, wie stark die Verflüssigung wirkt, wenn du den Stift leicht oder kräftig aufdrückst.

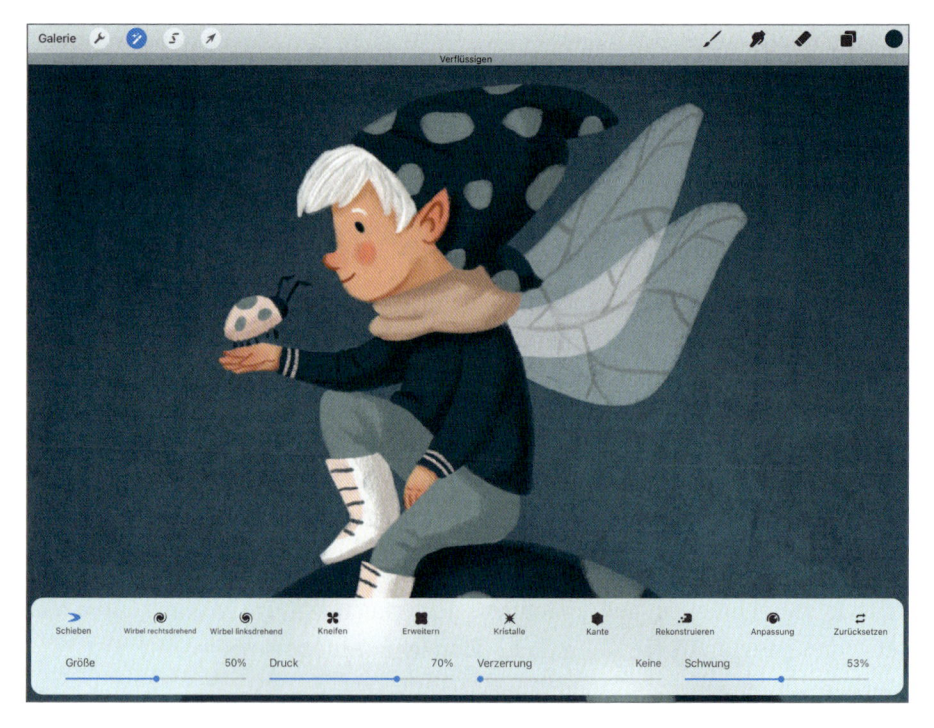

**Abbildung 5.27** *Hier wurde* Schieben *angewendet, und Mütze und Flügel wurden verändert und in die Länge »geschoben«.*

Kristalle beispielsweise lässt die Kanten und Farbübergänge spitz ausfransen, Erweitern bläht das Bild auf, alles scheint sich zu wölben. Mit Wirbel erzeugst du eine Drehbewegung, links- oder rechtsherum. Tippst du mit der Funktion Kneifen auf das Display, scheint sich das Bild an diesem Punkt zusammenzuziehen. Es erinnert an einen nur noch wenig gefüllten Luftballon, in den man mit dem Finger drückt.

Mit der Funktion Schieben verdrängst du Bildbereiche und machst damit Flächen größer oder kleiner. Kante beeinflusst vor allem die Farbübergänge, also die Ränder in deiner Zeichnung.

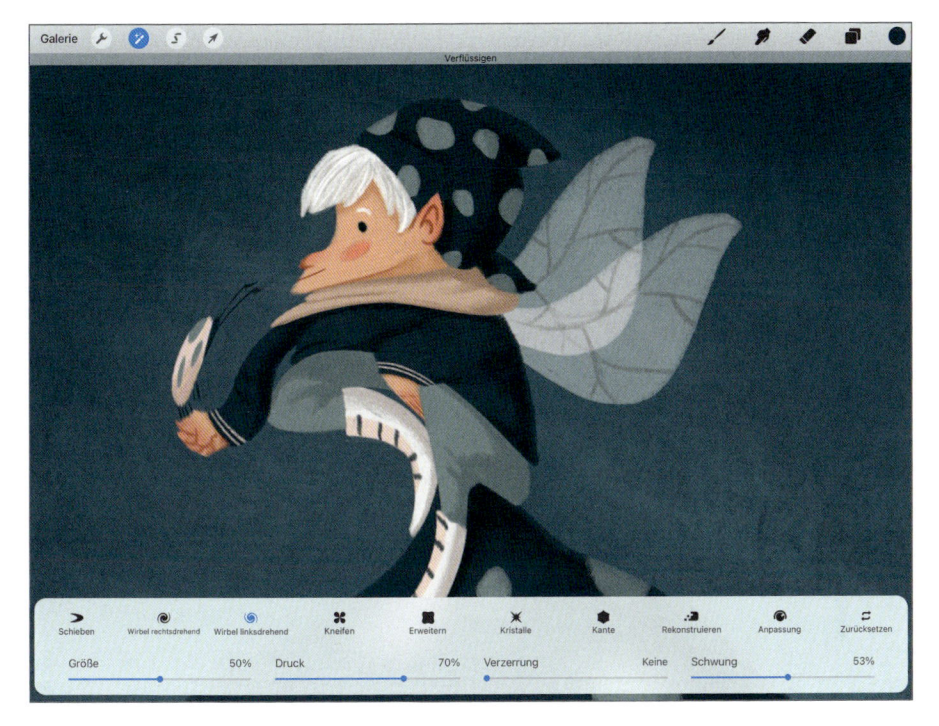

**Abbildung 5.28** Wirbel *erzeugt je nach Einstellung eine sehr massive Veränderung.*

Bei jeder der unterschiedlichen Verflüssigen-Methoden hast du die Möglichkeit, unter Anpassung die Stärke der Verflüssigung einzustellen. So kannst du auch darüber den eben gemachten Effekt noch einmal beeinflussen. Nutzt du mehrere unterschiedliche Einstellungen für die Verflüssigung, summieren diese sich auf, der Effekt wird also immer stärker, die Verflüssigung immer mehr, mal ein Wirbel, dann Kristalle und Kanten, je nachdem, was du alles einsetzt.

Unter Rekonstruieren kannst du mit dem Stift wieder langsam die ursprüngliche Form herstellen, die Verflüssigung also wieder rückgängig machen. Möchtest du alle Änderungen löschen, tippe auf Zurücksetzen. Bist du mit deiner Verflüssigung zufrieden, tippe wieder auf das Anpassen-Icon oben in der Leiste, um die Änderungen zu bestätigen. Es lässt sich auch einfach ein anderes Werkzeug auswählen.

Bei diesem Tool musst du ausprobieren, was am besten für deine Illustration funktioniert, natürlich immer abhängig davon, was du erreichen willst. Für kleine Änderungen bietet sich dieses Tool aber definitiv an, da du so einfach Formen und Linien veränderst, ohne alles neu zu zeichnen.

Ein schönes Einsatzgebiet des Verflüssigen-Tools sind freie Formen und Muster, ähnlich Batikmotiven auf Stoff oder Marmor. Hierfür bietet sich besonders die Einstellung WIRBEL an. Da immer auch der Zufall mit hineinspielt, entstehen sehr schöne Strudel und Kringel.

## Klonen

Beim KLONEN erzeugst du einen Bereich des Bildes noch einmal, du duplizierst/kopierst ihn also. Dafür schiebst du den kleinen Ring auf den Bereich, den du klonen möchtest, und zeichnest dann mit deinem Pinsel an anderer Stelle weiter. Dort erscheint wie von Zauberhand der Bereich, den du klonst, erneut.

Du kannst das Klonen mit jedem beliebigen Pinsel durchführen. Sobald du dabei den Stift absetzt und erneut beginnst, fängt auch ein neuer Klonvorgang an. Pass also auf, dass du deinen Bildbereich ohne Absetzen des Stifts in einem Rutsch klonst.

**Abbildung 5.29** *Der Marienkäfer wird geklont, der Ring bewegt sich über den Bereich, der geklont wird.*

Der Ring, der den zu klonenden Bereich anzeigt, lässt sich auch sperren. Normalerweise bewegt er sich mit deinem Stift über den Bereich, den du gerade klonst. Möchtest du das nicht, soll der Ring also an Ort und Stelle bleiben, tippe etwas länger auf den Ring. Oben wird kurz am Bildschirmrand angezeigt, dass er nun gesperrt ist. Du kannst ihn aber jederzeit mit dem Finger an eine neue Stelle im Bild schieben.

Die KLONEN-Funktion kann sich anbieten, wenn du in einem Bild Teile mehrfach einfügen möchtest, Laub oder die Bienen in einem Bienenschwarm zum Beispiel. Auch für Muster kann es hilfreich sein, Bereiche zu klonen.

Achte immer darauf, dass der geklonte Bereich nicht sofort als solcher erkannt wird, das Auge bleibt gerne an solchen Stellen im Bild hängen. Etwas Nacharbeit ist also von Vorteil.

### Vorsicht bei den Anpassungen

Bitte bedenke bei all diesen Einstellungen und Änderungen, dass sie direkt dein Bild verändern, das Original wird überschrieben. Im Zweifel mache dir vorher von der entsprechenden Ebene oder der gesamten Datei lieber ein Duplikat. Denn wenn dir die Farbänderungen oder die erzeugten Effekte nicht gefallen, kannst du zwar vieles durch Rückgängigmachen wiederherstellen, gehst du aber zurück in die Galerie-Ansicht oder schließt die App, lässt sich danach diese Funktion nicht mehr nutzen. Der dann aktuelle Stand wurde gespeichert.

# Kapitel 6
# Auswählen und Transformieren

*Die S-förmige Linie neben den Anpassungen markiert das Auswahlwerkzeug. Das S steht für das englische Wort »Selection«. Wenn du bestimmte Bildbereiche auswählen möchtest, kannst du das hiermit sehr einfach und auf verschiedene Arten tun. Auch kannst du Bildbereiche oder ganze Ebenen transformieren, also verschieben, größer oder kleiner machen und drehen. Das Werkzeug dafür findest du unter dem vierten Icon von links in der Werkzeugleiste (Pfeil).*

## 6.1 Das Auswahlwerkzeug

Um Bildbereiche auszuwählen, stellt dir das Auswahlwerkzeug vier Auswahlmethoden zur Verfügung: AUTOMATISCH, FREIHAND, RECHTECK und ELLIPSE.

Jede dieser Varianten besitzt im unteren Bereich des Bildschirms diverse Möglichkeiten, um die Auswahl genauer zu definieren. Du kannst den ausgewählten Bereich einer bereits bestehenden Auswahl hinzufügen oder ihn von der anderen Auswahl entfernen, die Auswahl umkehren, den ausgewählten Bereich kopieren und direkt auf einer neuen Ebene einfügen, der Auswahl weiche Kanten geben oder sie für später sichern. Auch eine direkte Farbfüllung ist möglich. Mit LÖSCHEN hebst du die Auswahl wieder auf. Diese acht Funktionen stehen dir bei allen vier Auswahlmethoden zur Verfügung. Sehen wir uns jetzt einmal die Möglichkeiten genauer an.

### Automatisch

Tippe mit dem Finger oder dem Stift in den Bereich, den du auswählen möchtest, und lasse den Finger/Stift auf der Oberfläche. Wenn du jetzt nach links oder rechts wischst, wird mehr oder weniger viel ausgewählt. Du erkennst die ausgewählten Bereiche daran, dass sie sich mit der Komplementärfarbe einfärben. Setze den Stift ab und beginne neu, so kannst du deiner Auswahl weitere ausgewählte Bereiche hinzufügen.

**Abbildung 6.1** *Die roten Beeren wurden mit der* Automatisch-*Funktion ausgewählt, sie erscheinen nun blau, bis du die Auswahl bestätigst.*

Nicht immer funktioniert die Auswahl über Automatisch ganz einwandfrei. Gerade bei Farbverläufen oder wenn die Umgebungsfarbe ähnlich der im auszuwählenden Bereich ist, kann es vorkommen, dass zu viel oder zu wenig ausgewählt wird und du nicht exakt die Bereiche erwischst, die du möchtest. Dann musst du mit der Freihand-Auswahl nachjustieren.

Nachdem du einen Bereich ausgewählt hast, wird dir der gesamte nicht ausgewählte Bereich schraffiert angezeigt, nur die ausgewählte Fläche ist deutlich erkennbar. In Abschnitt 4.5 wird erklärt, wie du die Stärke der Auswahlmaske einstellst. So erkennst du, welcher Bereich derzeit ausgewählt ist.

Bist du zufrieden mit deinem ausgewählten Bereich, kannst du einfach ein anderes Werkzeug auswählen, je nachdem, was du jetzt machen möchtest. Wähle zum Beispiel den Pinsel, wenn du die Auswahl nun farblich bearbeiten möchtest. Du zeichnest jetzt nur innerhalb der Auswahl.

Möchtest du die Auswahl umkehren, kannst du das mit Tippen auf den entsprechenden Button UMKEHREN im unteren Menü machen. Dann wäre in unserem Beispiel alles ausgewählt, nur nicht die Johannisbeeren.

## Freihand auswählen

Bei dieser Variante der Auswahl ziehst du einfach mit dem Finger oder dem Stift eine Auswahl um den gewünschten Bereich herum. Die Auswahl wird dir mit einer gestrichelten Linie um den ausgewählten Bereich angezeigt.

Tippst du am Ende der Auswahl auf den kleinen grauen Punkt am Anfang dieser Linie, wird die Auswahl geschlossen, und alles, was sich in diesem Bereich befindet, ist nun ausgewählt. Procreate zeigt dir das an, indem das, was nicht ausgewählt wurde, mit grauen Streifen verdeckt wird. Du siehst also wie eben beschrieben wieder die Auswahlmaske.

Du kannst beim Erstellen der Auswahl den Stift gerne absetzen und neu beginnen, Procreate verbindet die beiden Punkte dann miteinander und fügt sie der Auswahl hinzu. Solange du am Ende nicht auf den grauen Punkt tippst und Anfangs- und Endpunkt verbindest, wird alles Weitere dieser Auswahl hinzugefügt.

Möchtest du zwei Bereiche im Bild gleichzeitig auswählen, die aber nicht miteinander verbunden sein sollen, schließe die erste Auswahl und setze an der anderen Stelle neu an.

**Abbildung 6.2** FREIHAND *wird eine Auswahl erstellt, die gestrichelte Linie zeigt sie an (links), zu einer bestehenden Auswahl wird eine neue um die Schleife herum hinzugefügt (rechts).*

**Auswahl zoomen**

Während du deine Auswahl erstellst, kannst du auch mit zwei Fingern hinein- oder herauszoomen, die Ansicht drehen oder auch eine gerade Linie ziehen, indem du den Stift auf den Bildschirm tippst. Es wird eine Linie vom letzten Punkt zu diesem neuen gezogen.

**Abbildung 6.3**  *Per Hand wurde eine lockere Auswahl um die Beeren gezogen.*

Es ist außerdem möglich, eine durch Automatisch erstellte Auswahl durch eine Freihand-Auswahl zu ergänzen oder auch Rechteck und Ellipse zu wählen, du könntest also unten zwischen den vier Auswahlmethoden jederzeit wechseln. Und solange ganz links Hinzufügen blau ausgewählt ist, werden alle weiteren Auswahlen zur ersten hinzugefügt.

## Rechteck und Ellipse

Bei dieser Einstellung ziehst du mit dem Stift keine Freihand-Auswahl, sondern ein Rechteck oder wahlweise eine Ellipse auf, die dann den ausgewählten Bereich markiert.

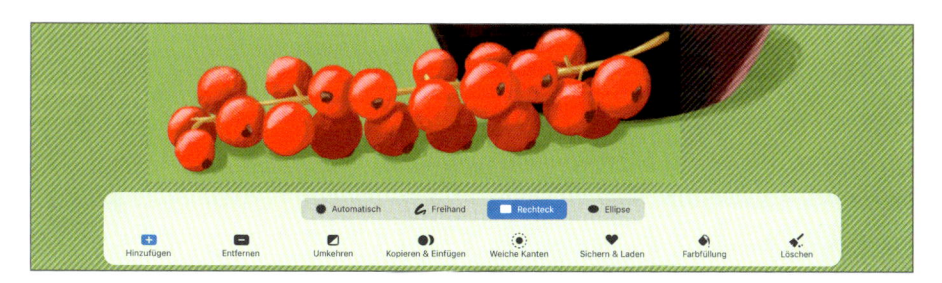

**Abbildung 6.4**  *Nutze als Auswahlwerkzeug* Rechteck *und ziehe eine eckige Auswahlmaske auf.*

Es lassen sich mehrere Rechtecke/Ellipsen zu einer Auswahl kombinieren, sobald sie sich überschneiden, verbindet Procreate die beiden Auswahlen miteinander.

## Kopieren & Einfügen

Die Auswahl kannst du über KOPIEREN & EINFÜGEN direkt auf eine neue Ebene kopieren. In der Ebenen-Palette siehst du dann auf einer weiteren Ebene deinen eben ausgewählten Bereich, in diesem Fall die Beeren.

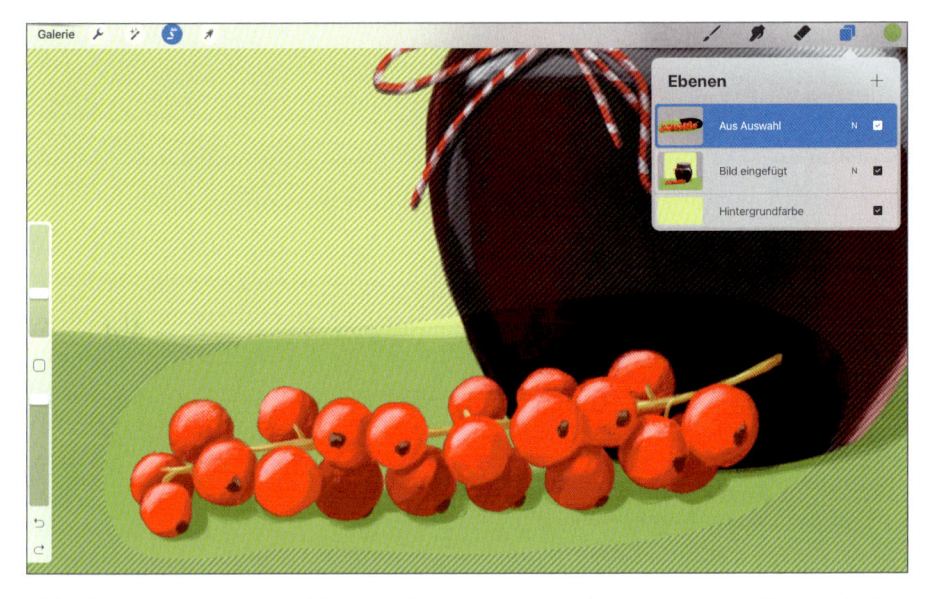

**Abbildung 6.5** *Der ausgewählte Bereich wird kopiert und auf einer neuen Ebene wieder eingesetzt.*

## Weiche Kante

Fügst du einer Auswahl eine weiche Kante hinzu, erscheint der Rand weichgezeichnet, ein wenig wie bei der Gauß'schen Unschärfe (Abschnitt 5.3). Das siehst du im Auswahlmodus schon ein wenig angedeutet, die Linien deiner Auswahlmaske werden zum ausgewählten Bereich hin transparenter. Auch beim Einstellen der weichen Kante mit dem Schieberegler siehst du den Bereich, der weichgezeichnet wird. Und wenn du die ausgewählte Fläche mit Farbe füllst, wird der weiche Rand sichtbar. Dabei ist es egal, mit welchem Pinsel du arbeitest, dieser Auswahl wurde eine weiche Kante gegeben, die sie auch behält.

Es ist auch möglich, Bereiche nachträglich weichzuzeichnen. Das würde über die Gauß'sche Unschärfe gehen, die ich in Abschnitt 5.3 beschreibe. Damit dann nicht das gesamte Motiv weichgezeichnet wird, sondern nur die Kante, kannst du dafür Pencil wählen anstatt Ebene, und nur die entsprechenden Bereiche markieren.

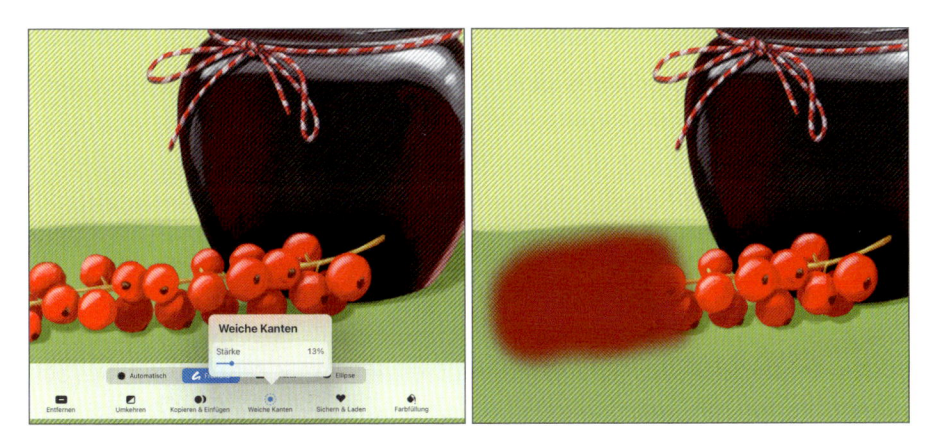

**Abbildung 6.6** *Mit dem Schieberegler wird die Stärke der weichen Kante eingestellt (links). Malst du mit dem Pinsel über die Auswahl, siehst du die weiche Außenkante (rechts).*

## Auswahl und Ebenen

Eine Auswahl bezieht sich immer auf die jeweilige Ebene, auf der du dich gerade befindest. Schau also, dass du die richtige Ebene ausgewählt hast. Wichtig ist, dass du deine Ebene auswählst, bevor du die Auswahl aufziehst. Machst du es hingegen erst im Anschluss und möchtest dann unten wieder auf das kleine Menü zum Verfeinern der Auswahl zugreifen, ist dieses nicht mehr da. Also: Erst die richtige Ebene wählen, dann die Auswahl erstellen.

Möchtest du Bereiche auf unterschiedlichen Ebenen auswählen und dann zum Beispiel verschieben, musst du alle entsprechenden Ebenen vorher auswählen. Dann bezieht sich die Auswahl auf mehrere Ebenen zugleich. Das funktioniert auch, wenn sich mehrere Ebenen in einer Gruppe befinden. Alles zu Ebenen und Gruppen findest du in Kapitel 8.

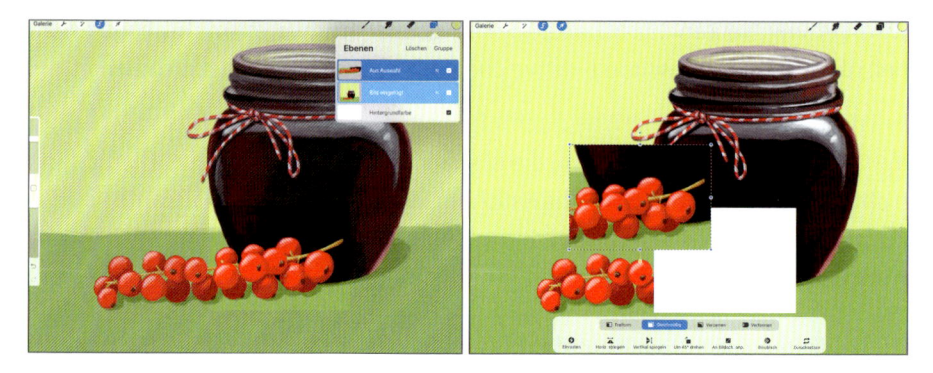

**Abbildung 6.7** *Zwei Ebenen sind markiert, die Auswahl bezieht sich auf beide (links) und beide können nun zusammen bewegt werden (rechts).*

## Auswahl speichern

Eine Auswahl lässt sich speichern und später wieder abrufen. Dafür tippst du unten in der Werkzeugpalette auf Sichern & Laden. Es erscheint ein kleines Pop-up-Fenster, dort tippst du auf das Pluszeichen. Deine Auswahl wird gespeichert. Gehst du nun später wieder in das Auswahlwerkzeug und öffnest unter Sichern & Laden das kleine Fenster, kannst du die gespeicherte Auswahl erneut abrufen. Leider ist es nicht möglich, die gespeicherte Auswahl zu benennen.

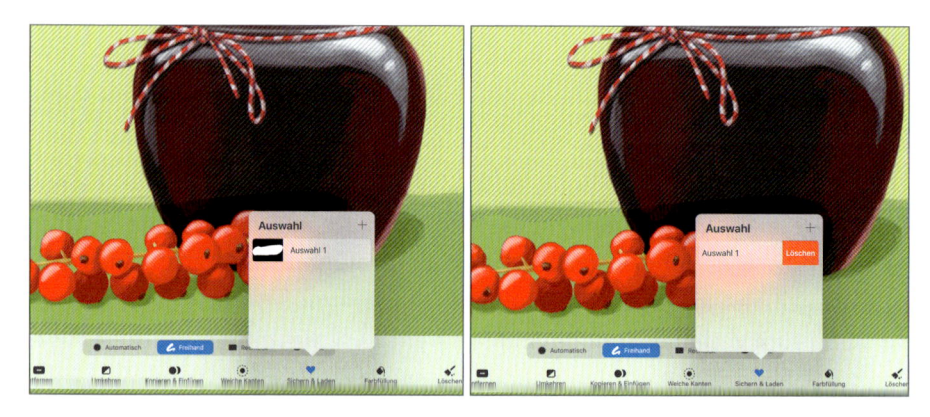

**Abbildung 6.8** *Die aktive Auswahl wurde gespeichert (links) und kann auch wieder gelöscht werden (rechts).*

Über das Pluszeichen kannst du jederzeit weitere Auswahlen speichern und später abrufen. Möchtest du deine gespeicherte Auswahl aus dem Menü löschen, weil sie nicht mehr gebraucht wird, schiebe sie in dem kleinen Menü nach links, und sie wird gelöscht.

## Letzte Auswahl wiederholen

Es ist auch möglich, etwas länger auf das S-Icon oben in der Leiste zu drücken, und deine zuletzt gemachte Auswahl wird erneut erzeugt. Procreate hat sich diese also gemerkt und ruft sie wieder ab.

## Farbfüllung

Deine Auswahl kann auch direkt mit Farbe gefüllt werden. Dafür machst du eine Auswahl und tippst dann unten im kleinen Menü auf FARBFÜLLUNG. Sofort wird deine Auswahl mit der aktuell gewählten Farbe eingefärbt. Welche Farbe das ist, wo du das sehen kannst und wie du Farben auswählst und änderst, erfährst du in Abschnitt 9.1.

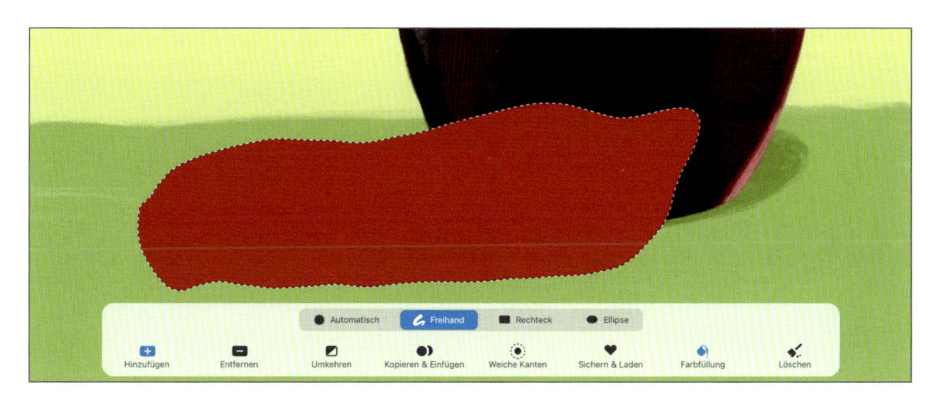

**Abbildung 6.9** *Die Auswahl wurde mit Farbe gefüllt,* FARBFÜLLUNG *ist aktiv (blau).*

Du kannst auch erst FARBFÜLLUNG auswählen und ziehst dann deine Auswahl auf, das Ergebnis ist das gleiche. Sobald du die Auswahl schließt, füllt sie sich mit Farbe. Lasse ich die Auswahl bestehen und ändere die Farbe nachträglich, verändert sich auch die eben ausgefüllte Farbfläche entsprechend.

Wichtig ist zu wissen, dass diese Farbfüllungen auf der aktuell ausgewählten Ebene gemacht werden. Ist auf dieser Ebene also dein Bild, färbst du es komplett ein. Erstelle dir dafür also lieber vorher eine neue Ebene.

Wenn du deine Auswahl aufheben möchtest, weil du sie nicht mehr benötigst, kannst du das entweder unten im Menü über LÖSCHEN machen, oder du wählst einfach erneut das S-förmige Werkzeug an. Dann wird alles deaktiviert.

**Ebene auswählen**

Möchtest du den gesamten Inhalt einer Ebene auswählen, musst du mit zwei Fingern auf die betreffende Ebene in der Ebenen-Palette tippen, halten und alles wird ausgewählt.

## 6.2  Das Transformieren-Werkzeug

Möchtest du deine Zeichnung verändern, vergrößern, verkleinern oder verschieben, dann nutzt du das Transformieren-Werkzeug, den kleinen Pfeil, das vierte Werkzeug-Icon von links in der Leiste. Dieses Werkzeug ist im täglichen Gebrauch sehr nützlich.

**Abbildung 6.10**  *Der Transformationsrahmen*

Um etwas transformieren zu können, muss entweder vorher eine Auswahl gemacht worden sein, oder du transformierst den gesamten Inhalt einer Ebene. Tippst du auf den kleinen Pfeil, bildet sich ein Rahmen um das ausgewählte Objekt, so siehst du, dass dieses Werkzeug aktiv ist und was genau ausgewählt wurde.

Im unteren Bereich wird dir ein Menü eingeblendet, das verschiedene Möglichkeiten der Transformation enthält. Du findest vier unterschiedliche Varianten, wie du transformieren kannst. Und jeweils dazu stehen dir weitere Einstellungsmöglichkeiten zur Verfügung. Gleich schauen wir uns die vier Methoden Freiform, Gleichmässig, Verzerren und Verformen genauer an.

An den Ecken der Auswahl sowie jeweils mittig findest du blaue Anfasserpunkte, oben einen grünen Punkt und unten ein gelbes Quadrat. Das ist der Auswahlrahmen.

## Transformationsauswahl verschieben

Um einen ausgewählten Bildbereich zu verschieben, kannst du innerhalb oder auch außerhalb der Auswahl mit dem Stift oder einem Finger halten und dann das Objekt einfach über den Bildschirm schieben.

Möchtest du in ganz kleinen Schritten etwas um wenige Pixel verschieben, tippe einfach nur auf den Bildschirm. Hast du links vom ausgewählten Objekt dreimal getippt, verschiebt sich die Auswahl um drei Pixel nach links.

Benutzt du zwei Finger auf dem Bildschirm, vergrößerst und verkleinerst du die Auswahl oder kannst sie drehen. Dabei musst du unterscheiden, ob du außerhalb der Auswahl zwei Finger auseinander- oder zusammenschiebst, dann zoomst du nämlich hinein oder heraus, veränderst die Auswahl aber nicht. Machst du das innerhalb der Auswahl, vergrößerst oder verkleinerst du den ausgewählten Bereich.

### Objekte nicht über den Rand legen

Achte aber darauf, dass du keine Bildinhalte über die Leinwand hinaus schiebst und anschließend die Auswahl aufhebst. Dann wird alles beschnitten, was über den Rand reicht, und dein Motiv ist nicht mehr vollständig.

Hast du so weit hineingezoomt, dass du die Auswahlkanten nicht mehr sehen kannst, und möchtest wieder herauszoomen, geht das nicht. Du würdest dabei den ausgewählten Bereich verkleinern, weil du zwangsläufig innerhalb der Auswahl mit den Fingern agierst. Daher musst du in diesem Fall die Auswahl aufheben (durch ein Tippen auf den blauen Pfeil oben in der Leiste), dann herauszoomen und dann die Auswahl erneut tätigen. Mehr zur Gestensteuerung findest du in Kapitel 13.

### Einrasten und Magnetisch

Wählst du zusätzlich die Funktion EINRASTEN ganz links im unteren Menü aus, dockt deine Auswahl an bestimmten Hilfslinien und Achsen an. Also zum Beispiel am Rand der Leinwand, an den Kanten anderer Objekte oder genau in der Mitte der Leinwand. So kannst du dein Objekt sehr genau positionieren oder eben bis zu einer bestimmten Achse verziehen oder verschieben.

Tippst du auf EINRASTEN, steht dir auch noch die Funktion MAGNETISCH zur Verfügung. Dann rastet das Objekt außerdem an Hilfslinien ein, die sich waagerecht, senkrecht oder in voreingestellten Winkeln bewegen. ABSTAND bestimmt dabei, wie nah deine Auswahl einer Hilfslinie sein muss, bevor die Auswahl einrastet. GESCHWINDIGKEIT beeinflusst, wie schnell die Einrastfunktion aktiviert wird.

**Abbildung 6.11** *Frei transformiert, aber zusätzlich wurde* EINRASTEN *gewählt. Hier siehst du zwei Beispiele mit den blauen Hilfslinien.*

## Freiform

Kommen wir nun zur ersten Tranformationsmethode FREIFORM. Ziehst du im Modus FREIFORM an einer der Ecken oder auch mittig am Auswahlrahmen, verzerrt sich die Auswahl frei in die entsprechende Richtung, also unproportional.

Hältst du einen der blauen Anfasserpunkte einen Moment gedrückt, kannst du nur diesen Punkt verschieben und erhältst so eine Verzerrung. Das Gleiche machst du auch unter dem Punkt VERZERREN.

**Abbildung 6.12** *Die* FREIFORM *erlaubt dir ein freies Transformieren.*

## Gleichmäßig

Unter diesem Punkt verzerrst du den Auswahlrahmen nicht, du skalierst gleichmäßig: Die Proportionen bleiben also erhalten. Es wird dir außerdem eine kleine Information mit der Höhe und der Breite des Auswahlrahmens angezeigt, an der du dich orientieren solltest. Auch hier kannst du dir wieder mit einem Tipp auf EINRASTEN behelfen, so dass sich dein Objekt an gewissen Hilfslinien und Achsen orientiert. So ist ein genaues Ausrichten viel besser möglich.

**Abbildung 6.13** *Gleichmäßige Transformation mit Hilfslinien durch* Einrasten

### Verzerren

Beim Verzerren kannst du die Auswahl wirklich verziehen, indem du die Eckpunkte anfasst und verschiebst. Dann ändert sich nur dieser Punkt und verzerrt damit das gesamte Motiv. Wählst du zusätzlich noch Magnetisch oder Einrasten aus, bilden sich wieder die entsprechenden Achsen, an denen sich die Auswahl ausrichtet.

**Abbildung 6.14** *Die Auswahl wird stark verzerrt, indem an nur einer Ecke gezogen wird.*

### Verformen

Bei dieser Option bildet sich ein Gitter über dem Motiv, du kannst nun an jedem Punkt auch innerhalb der Form anfassen und sie verzerren.

Bei dieser Transformationsmethode lässt sich ein Erweitertes Gitter anlegen, wenn du genauer arbeiten möchtest. An jedem Kreuzungspunkt bilden sich weitere blaue Anfasser, die sich in alle Richtungen ziehen lassen. So hast du noch mehr Möglichkeiten der Verzerrung. Der Punkt Einrasten steht dir beim Verzerren nicht mehr zur Verfügung.

**Abbildung 6.15** Verzerren *legt ein Gitter über die Auswahl (links).* Erweitertes Gitter *erstellt blaue Anfasser an den Knotenpunkten (rechts).*

## Nummerische Transformation

Hast du den Auswahlrahmen vor dir, tippe einmal auf einen der blauen Knotenpunkte, und es erscheint ein kleines Zahlenfeld. Hier lassen sich die nummerischen Werte eingeben, um die sich dein Objekt vergrößern soll.

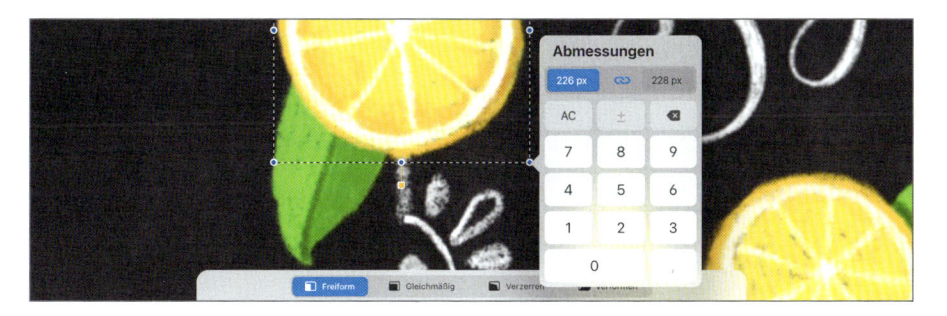

**Abbildung 6.16** *Mit dem Tastenfeld gibst du nummerische Werte ein.*

Dabei vergrößert es sich jeweils in die Richtung, in der du den blauen Knotenpunkt gewählt hast. Also die untere rechte Ecke bewirkt eine Vergrößerung in diese Richtung. So kannst du um nur ein oder zwei Pixel vergrößern. Diese Funktion gibt es nicht bei Verformen.

## Horizontal und vertikal spiegeln

Die gesamte Auswahl wird bei diesen beiden Buttons horizontal oder auch vertikal gespiegelt. Du kannst dafür auch unter FREIFORM an einem der mittleren Punkte anfassen und die Auswahl in die entsprechende Richtung ziehen, bis sie sich einmal »umdreht«, aber ganz exakt gespiegelt wird es mit dieser Funktion.

## Drehen

Tippst und verschiebst du den grünen Kreis oben am Auswahlrahmen ❶, drehst du die Auswahl freihand nach links oder rechts. Es ist aber auch möglich, den Button UM 45° DREHEN unten im Menü zu nutzen und die Auswahl so in 45-Grad-Schritten im Uhrzeigersinn zu drehen. Dabei dreht sich deine Auswahl jeweils um den Mittelpunkt.

Du hast außerdem die Möglichkeit, nur den Auswahlrahmen um dein Motiv herum zu drehen. Dafür nutzt du das gelbe Quadrat unten am Rahmen ❷. Das kann hilfreich sein, wenn sich der Rahmen anders an die ausgewählte Form anpassen soll.

**Abbildung 6.17** *Die Auswahl wird am grünen Punkt gedreht (links), am gelben Quadrat dreht sich nur der Rahmen um die Auswahl herum (rechts).*

## An Bildschirm anpassen

Wählst du AN BILDSCHIRM ANPASSEN aus, wird deine Auswahl vergrößert, bis sie in Höhe oder Breite an den Bildschirmrand heranreicht. Sie wird also so groß angezeigt wie möglich.

## Nächster Nachbar, Bilinear, Bikubisch

Unter allen vier Transformationsmethoden steht dir mit einem Tippen auf BIKUBISCH (oder auch NÄCHSTER NACHBAR oder BILINEAR, je nachdem, was gerade ausgewählt ist) ein kleines Auswahlmenü zur Interpolation zur Verfügung. Die Interpolation beschreibt, wie das Programm mit den neu entstehenden Pixeln umgeht, wenn du eine Zeichnung vergrößerst. Procreate arbeitet pixelbasiert, das Bild erzeugt also kleine Quadrate auf dem Bildschirm. Vergrößerst du deine Zeichnung jetzt, werden weitere Pixel benötigt, um die größere Fläche zu füllen.

- Die Einstellung BIKUBISCH bedeutet, dass die App die neuen Pixel mit den benachbarten Pixeln genau analysiert und so weiche Tonabstufungen erzeugt. Die Übergänge und Ränder wirken weich, teilweise schon fast zu weich und damit etwas unscharf.
- BILINEAR arbeitet etwas gröber, es werden Pixel ergänzt, die durch Mittel der benachbarten Farbwerte erzeugt werden.
- Die Methode NÄCHSTER NACHBAR verlangt am wenigstens Rechenleistung von der App, bringt dabei aber auch häufig Qualitätsverluste mit sich. Im Bild kann es zu sogenannten »Treppchenbildungen« kommen. Es werden also in den Bildpixeln Stufen sichtbar, weil Bildinformationen fehlen. Teilweise wirkt diese Methode aber für das Auge schärfer, als es zum Beispiel die Methode BIKUBISCH tut.

**Abbildung 6.18** *Links wurde mit der Interpolation* BIKUBISCH *vergrößert, rechts mit* NÄCHSTER NACHBAR. *Die linke Zitrone wirkt weicher, unschärfer, die rechte etwas gröber.*

## Zurücksetzen

Möchtest du alle von dir gemachten Transformieren-Einstellungen zurücksetzen, hast du dafür unten den entsprechenden Button zur Verfügung. Du kommst also jederzeit zum Ausgangspunkt zurück.

Solltest du deine Transformation beenden, indem du wieder auf den blauen Pfeil tippst oder einfach ein anderes Werkzeug auswählst, und möchtest dann doch noch etwas rückgängig machen, kannst du immer noch einige Schritte rückwärtsgehen, und zwar mit dem kleinen Pfeil unten in der Seitenleiste oder per Fingergeste. Es ist auch möglich, während der Transformation Schritte zurückzugehen.

## Grundsätzliches zum Transformieren

Die Möglichkeiten sind zahlreich, wie du dein Bild nachträglich noch verändern, drehen, verzerren oder skalieren kannst. Allerdings stelle ich fest, dass Procreate viel anbietet, das Bild dabei aber leidet. Du wirst sehen, dass das Motiv schnell etwas unscharf aussieht, sobald es größer oder auch kleiner skaliert wurde. Auch Verzerrungen bringen oft eine gewisse Unschärfe mit sich. Du solltest dem etwas entgegenwirken, indem du die Interpolationsmethode wechselst und damit ein wenig herumprobierst.

Deswegen würde ich auf jeden Fall empfehlen, vor allem möglichst wenig zu skalieren. Lege deine Motive in der Größe an, in der du sie auch benötigst, und vergrößere/verkleinere sie nicht nachträglich. Die Qualität leidet sehr.

Es ist grundsätzlich bei pixelbasierten Programmen so, dass vor allem mit Vergrößerungen immer auch ein gewisser Qualitätsverlust einhergeht. Die neu hinzugewonnenen Pixel müssen vom Rechner »aufgefüllt« werden, die Information war ursprünglich nicht da. Je nach Zeichenstil und gewünschter Optik fallen diese Unschärfen mehr oder weniger auf.

## Anwendungsbeispiel

Ich habe das Bild mit den Johannisbeeren genommen und nur diese ausgewählt. Das habe ich über AUTOMATISCH gemacht und zusätzlich einige Bereiche, die ich nicht direkt erwischt habe, über FREIHAND hinzugefügt. In diesem Fall waren das der Stiel der Johannisbeeren und die dunklen Punkte.

## 6.2 Das Transformieren-Werkzeug

Diese Auswahl habe ich dann kopiert und eingefügt, so dass jetzt auf einer neuen Ebene nur die Beeren liegen. Diese konnte ich dann mit dem Transformieren-Werkzeug auswählen und sie horizontal spiegeln, etwas verkleinern, weil sie ein Stückchen weiter hinten liegen sollen, und neu auf dem Glas positionieren. Schon habe ich mit wenigen Handgriffen ein weiteres Bildelement ergänzt.

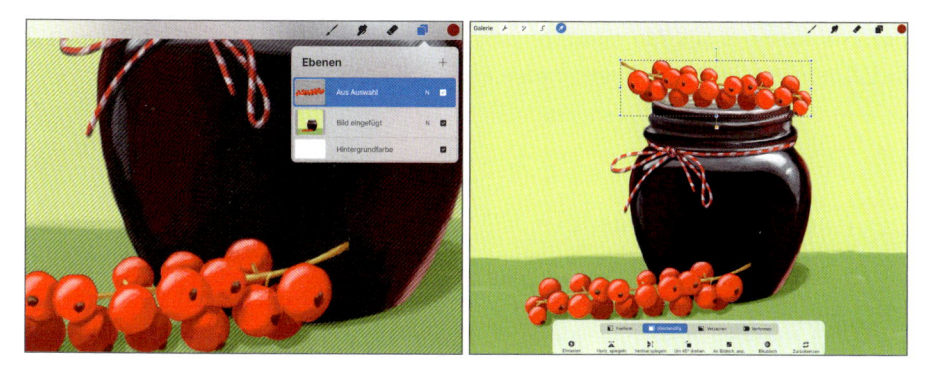

**Abbildung 6.19** *Die Beeren wurden ausgewählt, kopiert und auf einer neuen Ebene eingefügt (links), um sie anschließend zu transformieren und neu zu positionieren (rechts).*

# Kapitel 7
# Pinsel, Wischfinger und Radiergummi

*In diesem Kapitel geht es um dein Hauptarbeitswerkzeug, den Pinsel. Und dazu passend auch um das Radiergummi und den Wischfinger, damit du so flexibel wie möglich in Procreate zeichnen, malen und schreiben kannst.*

Den Pinsel findest du unter dem kleinen Pinselsymbol in der rechten oberen Werkzeugleiste ❶. Hier lässt sich aus über 200 voreingestellten Pinselspitzen wählen. Procreate bietet dir die Möglichkeit, mit einem Bleistift zu zeichnen, eine dicke Kreide oder den Airbrush zu verwenden. Probiere dich durch die unterschiedlichen Pinsel, um deine Lieblinge zu finden. Stell dir den Wischfinger ❷ wie deinen Finger vor, der den Bleistift auf dem Papier verwischt. Er blendet zwei Striche oder Farbflächen ineinander, schafft weiche Übergänge. Dafür stehen dir dieselben Pinselspitzen zur Verfügung wie zum Zeichnen. Die Sammlung ist genauso organisiert und bietet dir eine große Auswahl an Pinseln, mit denen du wischen kannst. Das Radiergummi ❸ tut genau das, was sein analoges Pendant auch macht: deine Striche wieder wegradieren. Manchmal möchte man einen ganzen Bereich freiradieren oder der fehlerhafte Strich liegt schon zu lange zurück, um alle Schritte rückgängig zu machen. Dann ist das Radiergummi die richtige Wahl.

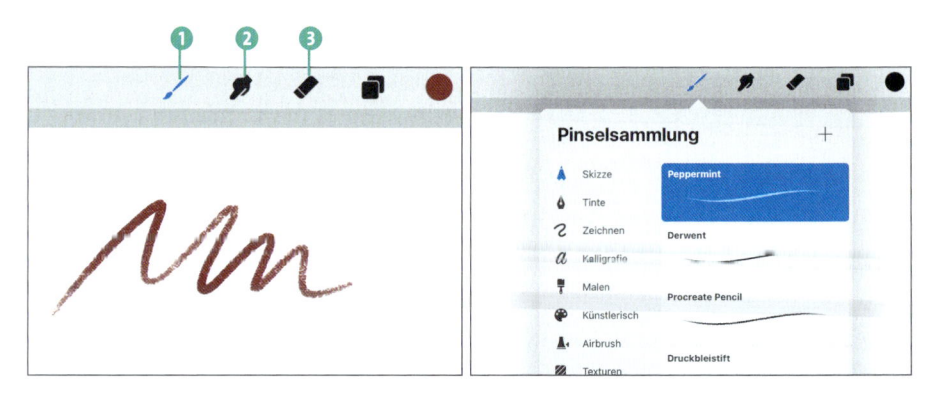

**Abbildung 7.1** *Die Werkzeuge* Pinsel ❶, Wischfinger ❷ *und* Radiergummi ❸ *(links). Tippst du auf den Pinsel, öffnet sich die umfangreiche Pinselsammlung (rechts).*

## 7.1 Die Pinselsammlung

Die Pinselsammlung öffnet sich, wenn du auf das Pinselsymbol oben rechts in der Werkzeugleiste tippst. Sortiert in Kategorien, die du in der linken Spalte siehst, findest du hier alle deine Pinsel (die vorinstallierten und auch die, die du vielleicht später einmal hinzukaufst oder selbst erstellst). Tippe einfach einen Pinsel an, und er wird ausgewählt. Du erkennst die Auswahl daran, dass sich der Pinsel in der Sammlung blau einfärbt.

Jeden dieser Pinsel kannst du außerdem noch bearbeiten, wenn du seine Eigenschaften wie Druckempfindlichkeit, Schwung oder Körnung verändern möchtest. Mit einem weiteren Tippen auf den Pinsel öffnet sich ein Fenster voll mit unterschiedlichen Einstellmöglichkeiten: das Pinselstudio. Die Einstellmöglichkeiten dort schauen wir uns gleich sehr genau an.

### Pinselkategorien

Die voreingestellten Pinsel sind in 18 Kategorien einsortiert, die ich dir hier kurz vorstellen möchte. Es ist wirklich wichtig, den Fundus an Pinseln gut zu kennen, denn nur so weißt du, welche Möglichkeiten dir für deine Zeichnung zur Verfügung stehen. Also probiere dich immer wieder durch die Pinsel.

1. **Die Kategorie Skizze**

   Es geht los mit den Pinseln der Kategorie Skizze. Die Pinsel hier sind dafür gedacht, feine Striche zu erzeugen, mit leichten Texturen im Strich, ähnlich einem Bleistift oder einem Fallminenstift. Und du wirst hier wirklich attraktive Pinsel für genau diesen Zweck finden. Mein Favorit, mit dem ich alle Skizzen und Vorzeichnungen für meine Illustrationen mache, ist der 6B Stift. Allerdings habe ich ihn ein klein wenig modifiziert, das erkläre ich dir in Abschnitt 7.3. Denn du kannst ja jeden dieser Pinsel noch individuell im Pinselstudio anpassen. Mir gefällt aber auch die Bonobo-Kreide sehr gut, damit erzeugst du körnige Strukturen innerhalb deiner Flächen.

2. **Die Kategorie Tinte**

   In diese Kategorie findest du Pinsel, die an Tusche erinnern, mit Feder gezogen oder auch etwas wässriger. Die Ränder laufen teilweise etwas aus, es gibt feine Spitzen und etwas gröbere. Die Pinsel dieser Kategorie sind wunderbar dafür geeignet, zum Beispiel einen Comic zu zeichnen.

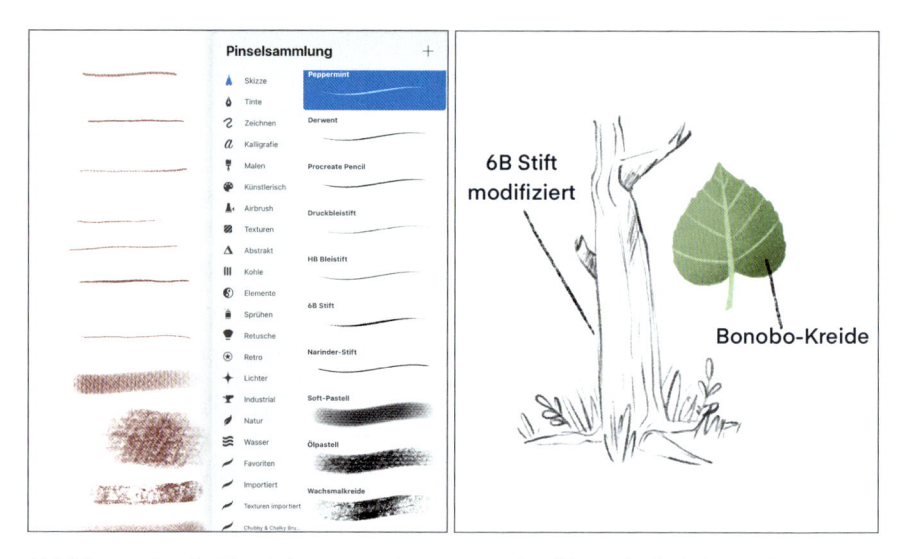

**Abbildung 7.2**  *Alle Pinsel der Kategorie* Skizze *in der Übersicht (links). Die Skizze wurde mit dem* 6B Stift *erstellt, das Blatt mit der* Bonobo-Kreide *(rechts).*

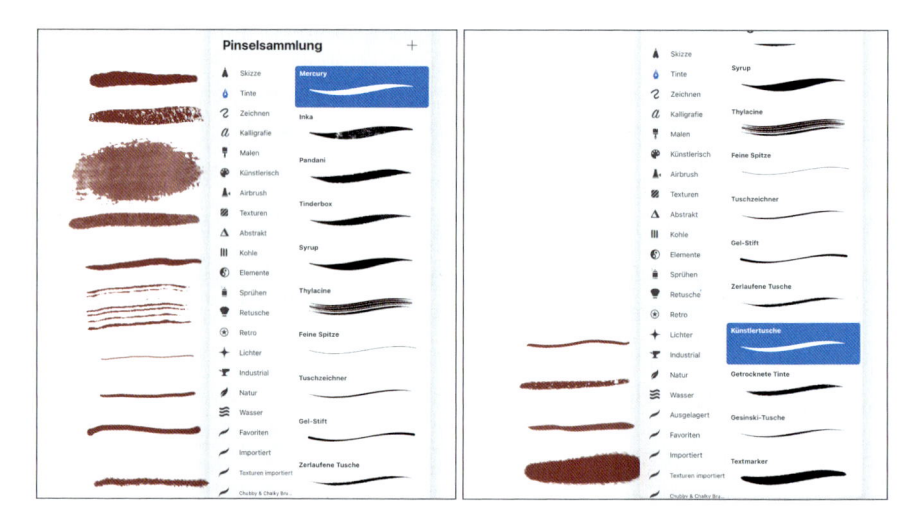

**Abbildung 7.3**  *Alle Pinsel der Kategorie* Tinte *in der Übersicht*

### 3. Die Kategorie Zeichnen

Weiter geht es mit der Kategorie Zeichnen, die Pinsel hier sind deutlich gröber als bei Tinte und erinnern von der Linie an wässrige Farbe, mal feiner, mal eher grob. Sie eignen sich beispielsweise gut für schnelle lockere Skizzen.

## 4. Die Kategorie Kalligrafie

In der Kategorie KALLIGRAFIE findest du Pinsel, die eine im Handlettering gern verwendete Schrägung enthalten. So wechseln sich deine Auf- und Abstriche beim Schreiben in ihrer Dicke ab, und es entsteht eine schöne Dynamik. Auch findest du hier wieder eher wässrige Pinsel und solche wie MONOLINE oder SCHRIFT, die sehr klare Linien erzeugen. STREAMLINE ist bei diesem Pinsel aktiviert, was dazu führt, dass der Strich sich nachträglich noch einmal glättet, perfekt also fürs Handlettering. Mehr zur STREAMLINE erfährst du in Abschnitt 7.2.

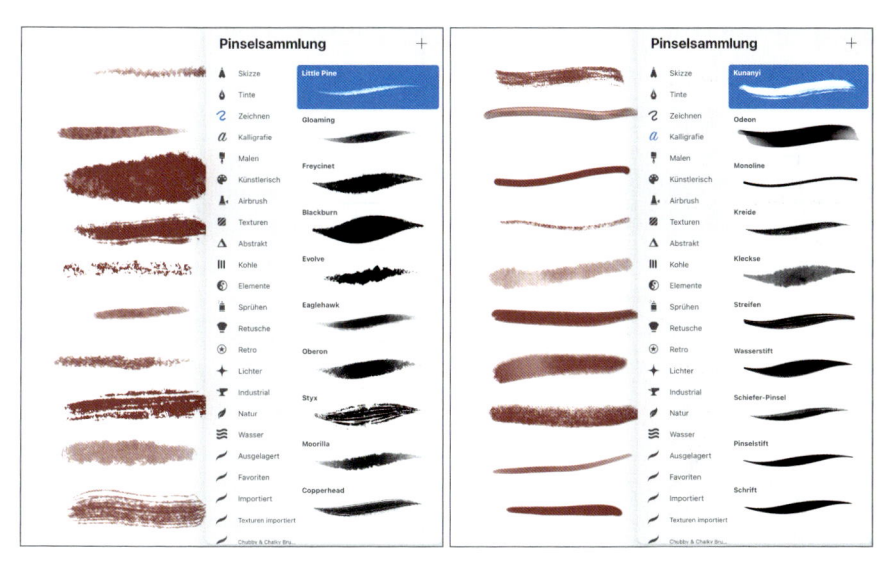

**Abbildung 7.4**  *Hier siehst du die Pinsel der Kategorien* ZEICHNEN *(links) und* KALLIGRAFIE *(rechts).*

## 5. Die Kategorie Malen

Öffnest du die Kategorie MALEN, findest du dort sehr viele Pinsel, die wirklich an breite Borstenpinsel und Rundpinsel erinnern. Mit schönen Strukturen kannst du mit diesen Pinseln sehr malerisch arbeiten und mehrere Schichten auftragen. Die rauen Kanten und Texturen geben deiner Zeichnung einen sehr analogen Look. Mir persönlich gefällt hier beispielsweise der Pinsel NIKKO RULL ausnehmend gut. Da ich gerne mit etwas Textur im Strich arbeite und es mag, wenn die Fläche nicht glatt, sondern eher rau aussieht, gibt er ein schönes Bild ab.

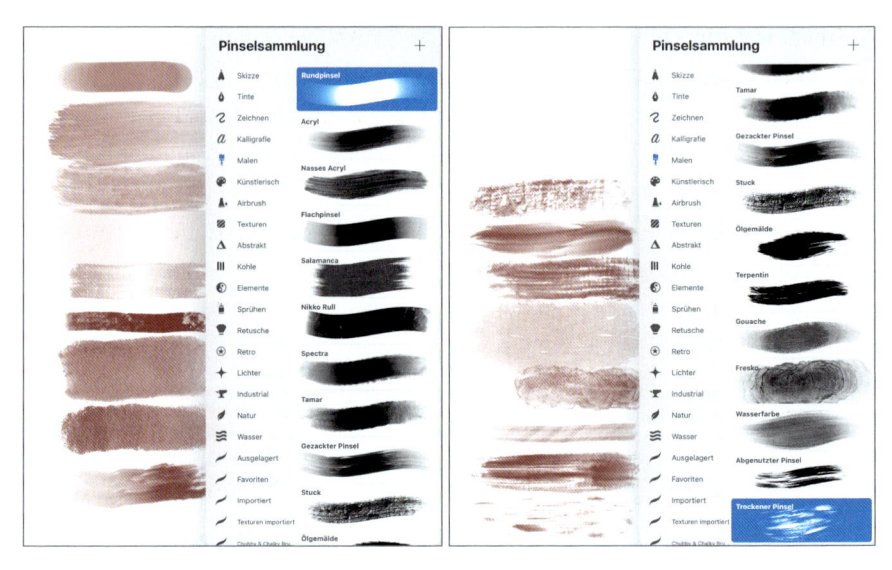

**Abbildung 7.5** *Alle Pinsel in der Kategorie* MALEN

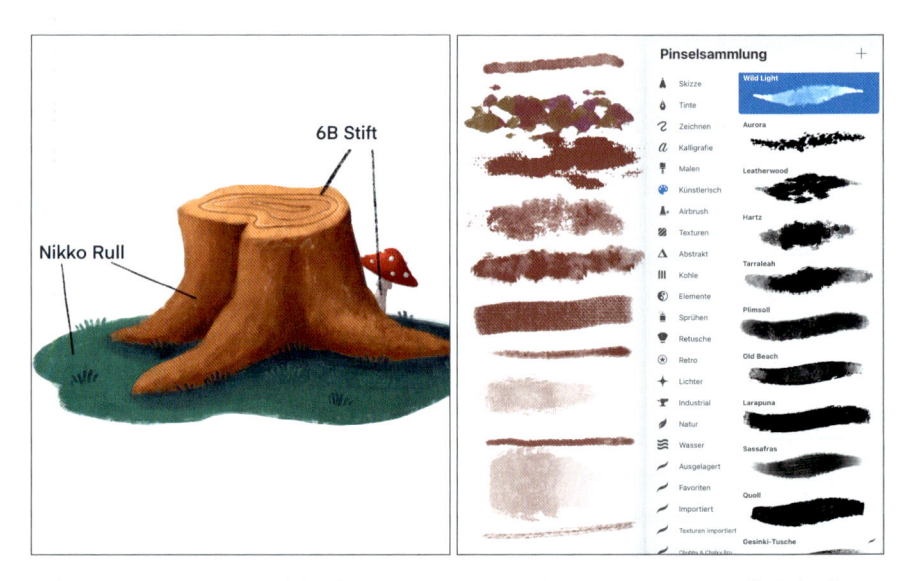

**Abbildung 7.6** *Ein Beispiel für den* NIKKO RULL *aus der Kategorie* MALEN *(links). Alle Pinsel aus der Kategorie* KÜNSTLERISCH *(rechts).*

## 6. Die Kategorie Künstlerisch

Möchtest du Pinsel, die ein wenig in eine Aquarelloptik gehen, dann findest du sie unter KÜNSTLERISCH. Dort sind verschiedene, sehr stark verlaufende

Pinsel enthalten, die überraschende Effekte erzeugen. Bei einer Aquarelltechnik kannst du auch sehr gut zusätzlich mit dem Wischfinger arbeiten, um die Übergänge noch mehr ineinanderlaufen zu lassen. Über den Wischfinger erfährst du mehr in Abschnitt 7.5.

7. **Die Kategorie Airbrush**

   AIRBRUSH ist die nächste Kategorie und eigentlich selbsterklärend. Du findest hier Pinsel, die an Sprühdosen erinnern und mehr oder weniger stark decken und weich auslaufen. Für weiche Übergänge sind diese Airbrush-Pinsel sehr gut geeignet. Wenn du sie ganz groß einstellst, deckst du schnell die ganze Leinwand ab und kannst so zum Beispiel mit zwei oder mehr Farben Verläufe erzeugen.

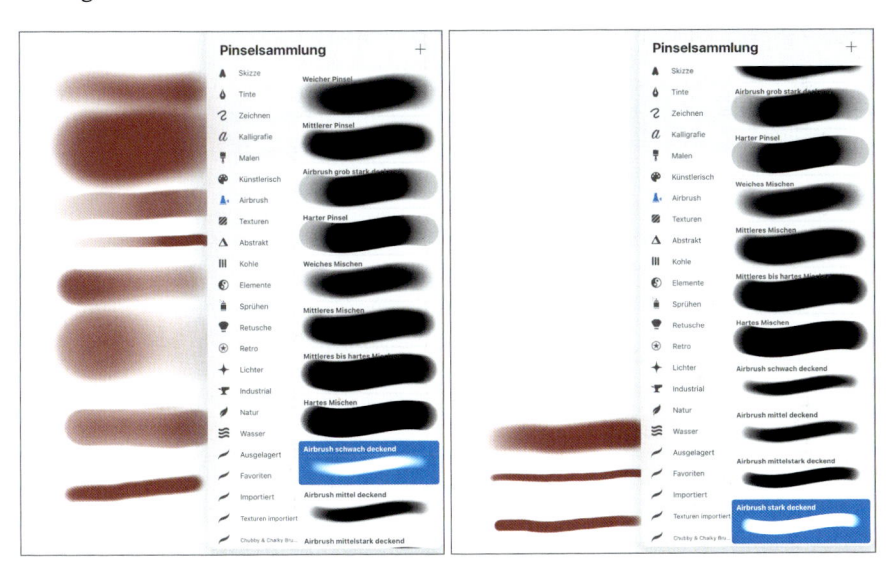

**Abbildung 7.7** *Viele Airbrush-Pinsel*

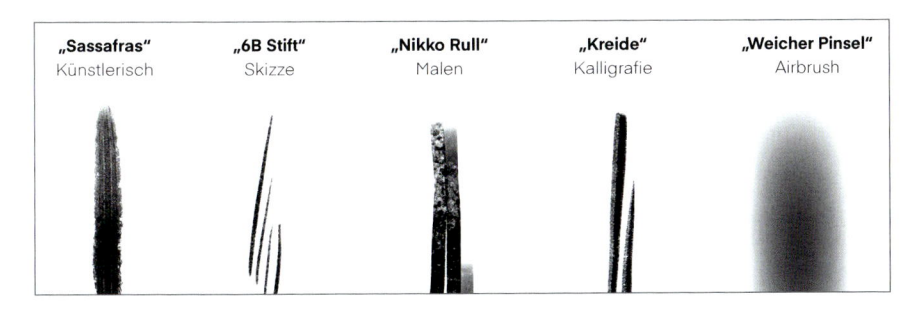

**Abbildung 7.8** *Beispiele für einige Pinselstriche im Vergleich*

## 8. Die Kategorie Texturen

Unter dem Punkt Texturen findest du allerlei voreingestellte Strukturen, die deinen Flächen Leben einhauchen oder sogar eine Holzstruktur simulieren. Das kann auch für zum Beispiel Tapeten interessant sein, weil du mit wenigen Strichen der Wand in deinem Bild eine Struktur gibst.

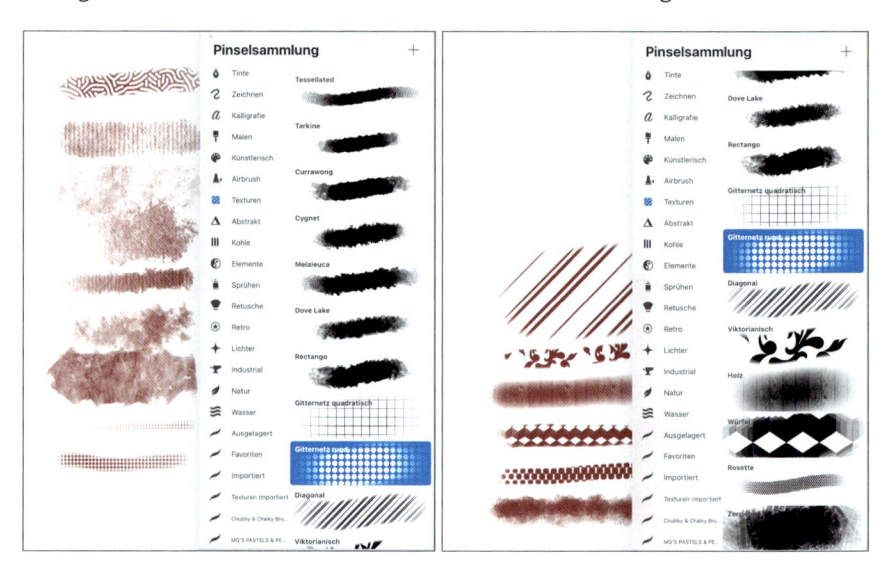

*Abbildung 7.9  Es stehen viele unterschiedliche Texturen zur Verfügung.*

## 9. Die Kategorie Abstrakt

Bei den Pinseln in der Kategorie Abstrakt geht es im wahrsten Sinne des Wortes sehr abstrakt zu, aus geometrischen Formen wurden Pinsel, die interessante Effekte erzeugen. Auch nimmt der Pinsel teilweise eine zweite Farbe auf und mischt sie mit deiner ausgewählten, so dass zufällige Farbeffekte entstehen. Sicherlich sind das keine Pinsel, mit denen man das gesamte Bild erstellt, aber für den ein oder anderen Effekt eignen sie sich in jedem Fall. Gerade wenn es etwas futuristischer zugeht, kann ich mir den Einsatz gut vorstellen.

## 10. Die Kategorie Kohle

Ebenfalls eindrucksvolle Texturen bekommst du, wenn du einen Pinsel aus der Kategorie Kohle verwendest. Wie Zeichenkohle beim analogen Arbeiten kannst du hier mit Textur und teilweise weichen Kanten deine Zeichnung erstellen oder bereits vorhandene Flächen mit diesen Texturen auflockern. Mir gefallen besonders die beiden Naturkohle-Pinsel und der Karbon-

Kohlestift sehr gut. Zum Einsatz kommen könnten diese Kohle-Pinsel zum Beispiel bei Skizzen, Aktzeichnungen oder bei deinen Studien von Gegenständen oder der Natur. Auch bei Rötel-Zeichnungen kommen sie gut zur Geltung.

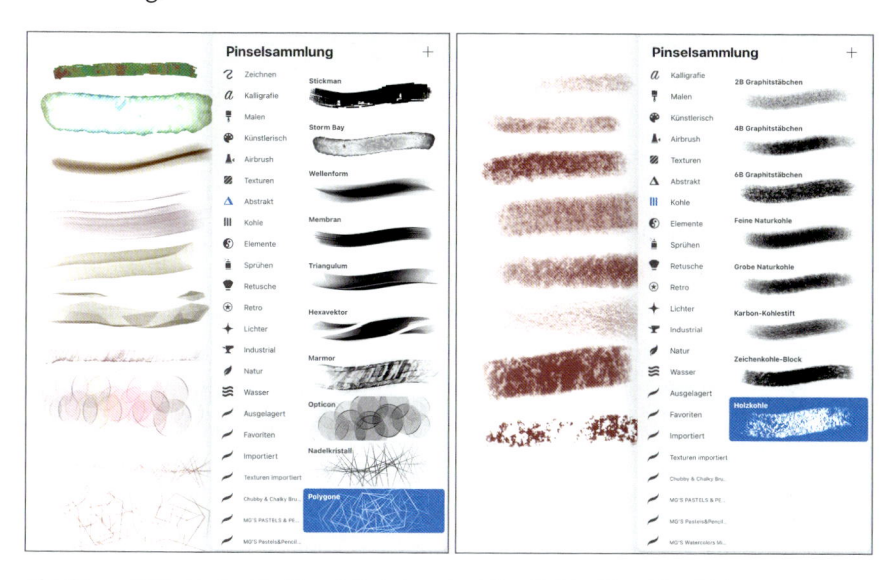

**Abbildung 7.10** *Abstrakte Pinsel (links) und schöne Kohle-Pinsel (rechts)*

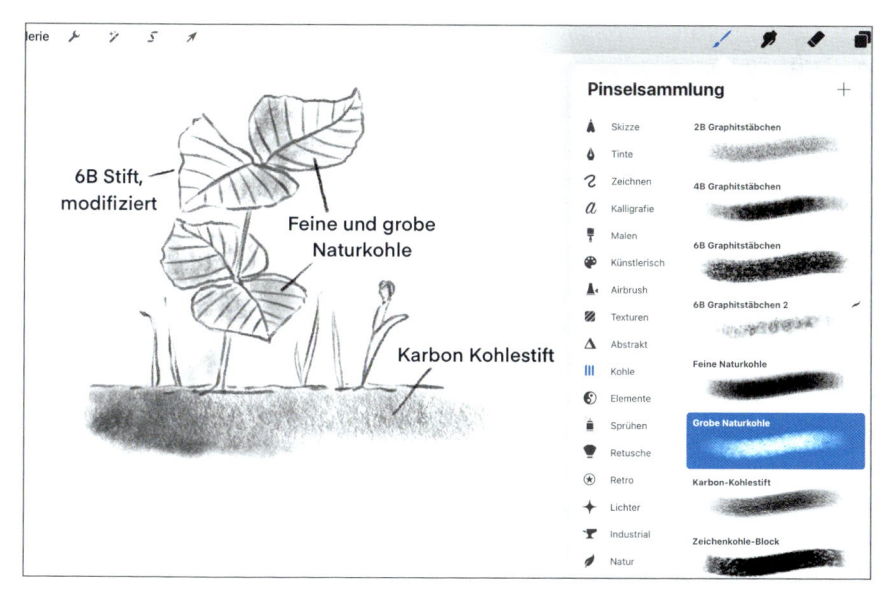

**Abbildung 7.11** *Ein Beispiel für den Einsatz von Kohle-Pinseln*

## 11. Die Kategorie Elemente

Unter Elemente findest du Strukturen, die Rauch, Feuer oder Wasser simulieren. Auch unregelmäßige Tupfen wie das Schneegestöber können für schöne Effekte im Bild sorgen. Die Wolken erinnern wieder an weiche Aquarellflächen.

### Pinsel kombinieren

Oft ergeben sich auch erst außergewöhnliche Effekte, wenn du mehrere Pinsel innerhalb einer Fläche oder Zeichnung miteinander kombinierst und sie sich überlagern lässt. Es macht das Bild lebendig, wenn nicht alles mit ein und demselben Pinsel erstellt wird.

## 12. Die Kategorie Sprühen

Mit den Pinseln aus der Kategorie Sprühen kannst du ähnlich wie mit einer Spraydose arbeiten, also mehr oder weniger groß eingestellt ganze Flächen füllen, auffällige Effekte erzeugen oder sogar Kleckse. Auch findest du hier einen Pinsel, der unregelmäßige Spritzer erzeugt. Das kann man gut für kleine Lichtpunkte, flirrendes Licht oder im Dunkeln leuchtende Partikel einsetzen.

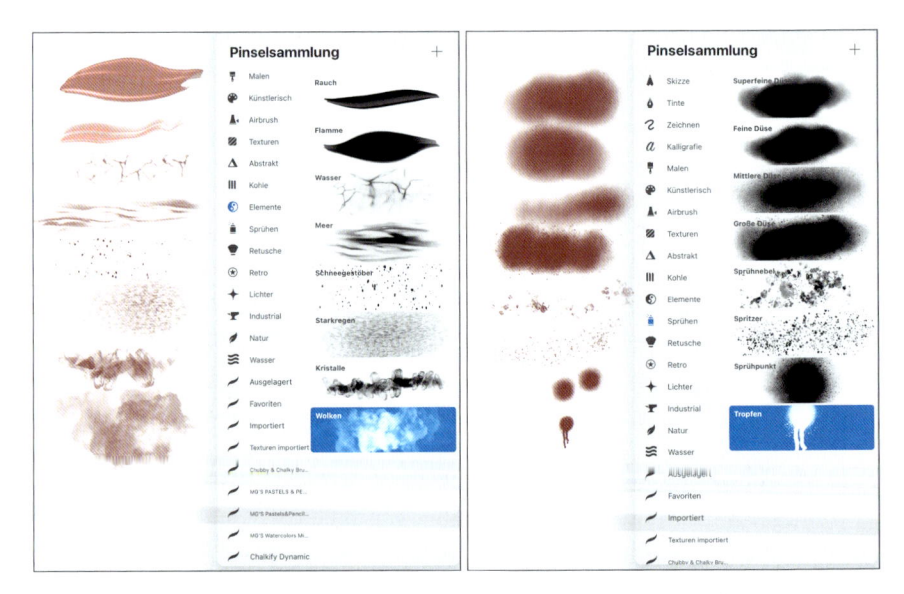

**Abbildung 7.12** Elemente *simulieren Rauch oder Schneegestöber (links) und viele Sprüh-Pinsel stehen ebenfalls zur Verfügung (rechts).*

### 13. Die Kategorie Retusche

Als Nächstes folgt die Kategorie Retusche, in der du Pinsel für Haare oder Fell findest, aber auch für unterschiedliche Hautoberflächen. Alte Haut erinnert an Leder, Feine Haut wiederum ist eine schöne unregelmäßige Struktur für Flächen, die du etwas auflockern möchtest. Auch hier handelt es sich eher um Effekt-Pinsel.

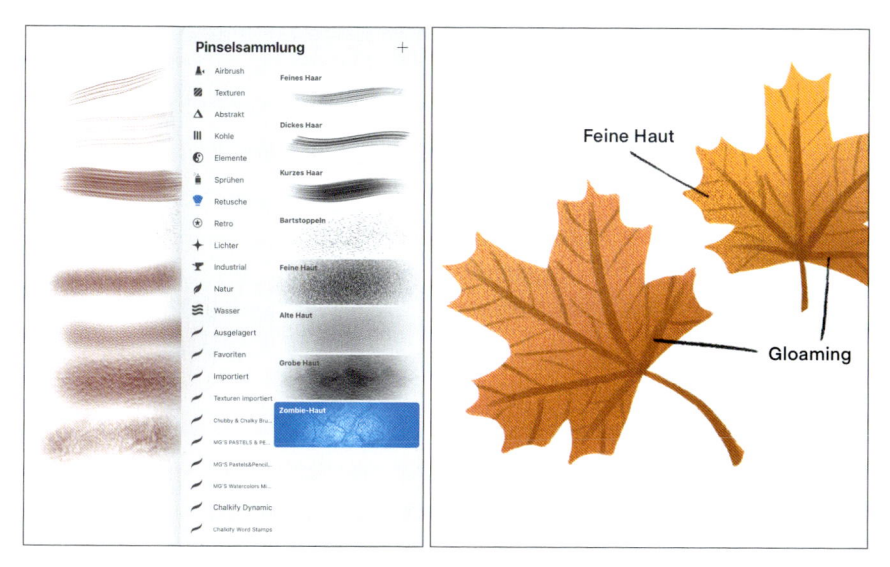

**Abbildung 7.13** *Die Retusche-Pinsel geben Oberflächen Struktur (links), hier ein Beispiel mit den Pinseln* Feine Haut *und* Gloaming *(Kategorie* Zeichnen*) (rechts).*

### 14. Die Kategorie Retro

Die Pinsel aus der Kategorie Retro kommen mit allerlei Strukturen daher, die an ein grobes Zeitungsraster erinnern (Siebdruck) oder auch etwas abgeschrammt erscheinen, also einen altertümlichen Look mitbringen. Auch eher »fancy« Pinsel wie Blasen oder wild gestreute Blumen sind hier zu finden.

### 15. Die Kategorie Lichter

Unter Lichter sind Pinsel versammelt, die einen Lichteffekt simulieren, sei es als Pinsel oder eher als Stempel wie der Lichtblitz. Die Bokeh-Effekte erzeugen unregelmäßig gestreute Lichtkreise. Auch bei den Licht-Pinseln werden wieder häufig zwei Farben gemischt, die Pinsel reagieren auf den Stiftdruck und scheinen tatsächlich zu leuchten, sind also mit entsprechenden Effekten versehen.

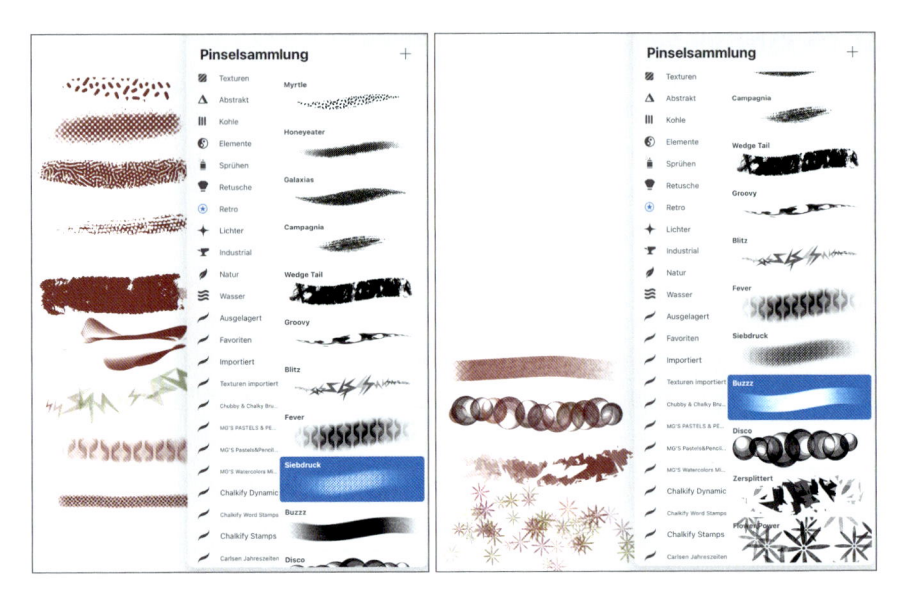

**Abbildung 7.14** *Diverse Pinsel aus der Kategorie* Retro, *teilweise mit wilden Effekten und Texturen*

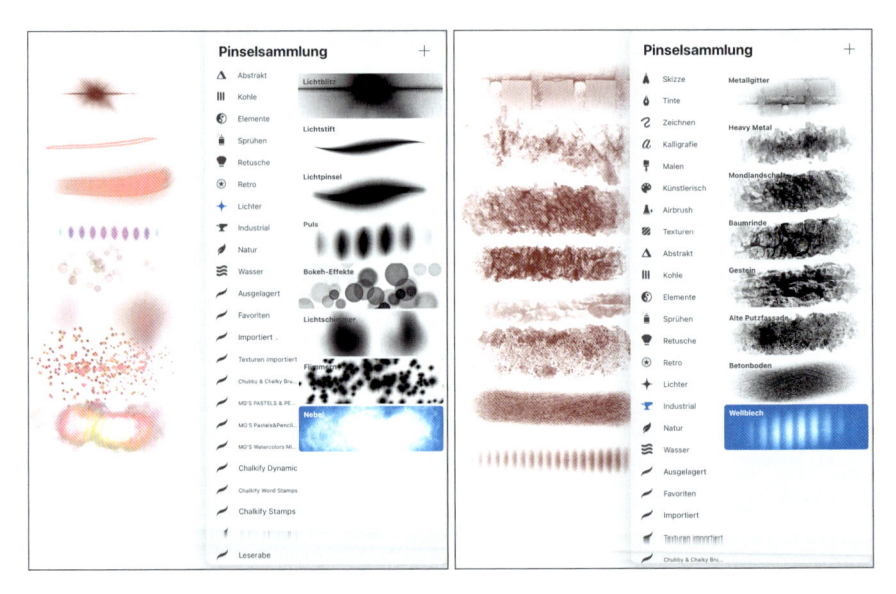

**Abbildung 7.15** *Eine Übersicht über die Pinsel der Kategorie* Lichter *(links) und* Industrial *(rechts)*

**16. Die Kategorie Industrial**

Die Pinsel aus der Kategorie INDUSTRIAL erzeugen wunderbare Texturen, die du bei deinen Landschaftsbildern oder bei Architekturelementen sicherlich gut nutzen kannst. So erhalten Oberflächen genau diesen Look von Stein, Rost oder Rinde. Probiere die Pinsel immer wieder aus, ob sie gut in dein Motiv passen.

**17. Die Kategorie Natur**

In der Kategorie NATUR findest du vorgefertigte Pinsel für Gras, Zweige und Blätter. Sie sind teilweise wirklich eher als Stempel zu gebrauchen und mit klaren, sich wiederholenden Formen in der Formquelle hinterlegt. Du bekommst Pinsel angeboten, die sich an Naturfasern und Naturstrukturen orientieren.

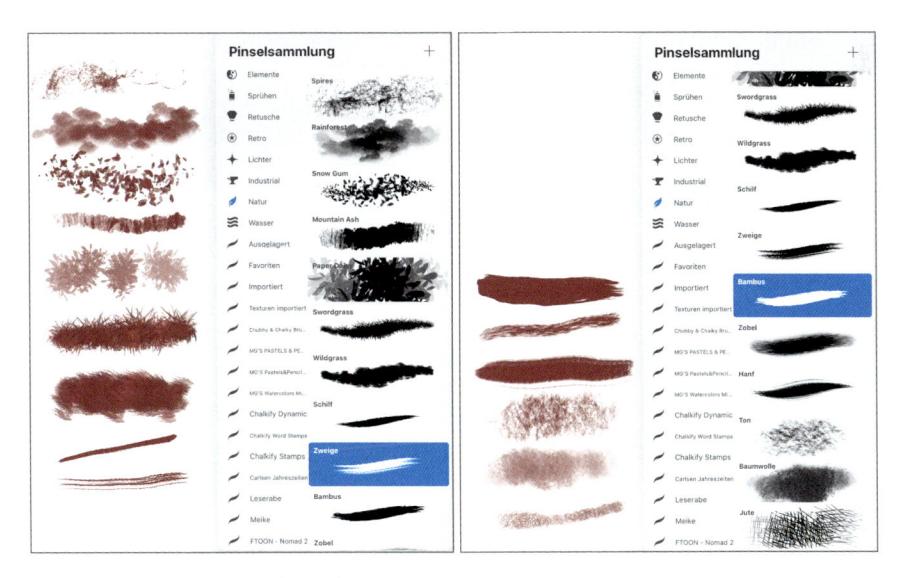

*Abbildung 7.16  Alle Pinsel aus der Kategorie* NATUR

**Pinsel aus Fotos**

Wenn Pinselformen als Foto hinterlegt sind, bleibt das Foto, das die Form definiert (zum Beispiel die Blätter beim Pinsel PAPER DAISY) immer als solches sichtbar erhalten. Du kannst entweder nur einmal auf die Leinwand tippen oder auch einen Strich ziehen. Der Strich wird sich dann aus mehreren dieser Formen zusammensetzen, sie werden aber weiterhin als Form erkennbar bleiben und nicht zu einem Strich verschmelzen.

## 18. Die Kategorie Wasser

Unter der letzten Kategorie WASSER findest du Pinsel, die entweder Tropfen und Kleckse zeigen oder sich ähnlich verhalten wie ein nasser Pinsel oder Schwamm. Mit diesen Pinseln kannst du zum Beispiel deine Aquarellbilder gestalten, sie lassen sich auch mit dem Wischfinger einsetzen und so wässrige Übergänge schaffen. Die Tropfen werden entlang deines Strichs wahllos verteilt, so dass sie immer zufällig angeordnet sind.

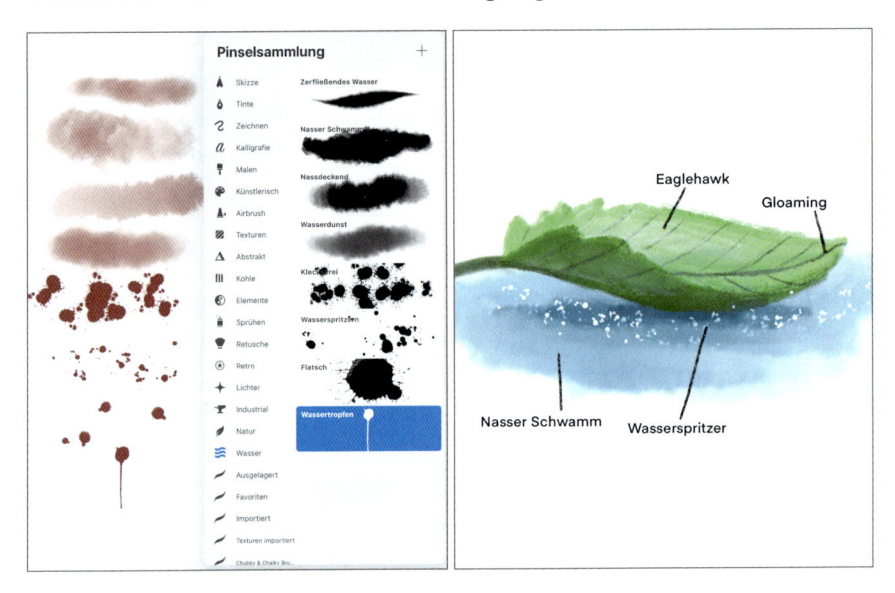

**Abbildung 7.17** *Hier siehst du die Pinsel der Kategorie* WASSER *(links). Rechts ein Beispiel für die Kombination von zwei Pinseln der Kategorie* ZEICHNEN, *dazu* NASSER SCHWAMM *und einige Wasserspritzer aus der Kategorie* WASSER.

### Pinsel duplizieren, löschen oder bereitstellen

Wischst du auf dem Pinsel in der Pinselsammlung nach links, bekommst du drei Aktionen angezeigt. Du kannst den Pinsel duplizieren, was sehr sinnvoll ist, wenn du die Änderungen über das Pinselstudio nicht auf den Originalpinsel anwenden möchtest. Dieser Pinsel wird sonst mit deinen Änderungen überschrieben.

Natürlich lässt sich der Pinsel auch löschen. Lösche aber nur Pinsel, bei denen du dir sicher bist, dass du sie nicht mehr nutzen möchtest, denn danach sind sie unwiderruflich entfernt. Die voreingestellten Pinsel kannst du nicht löschen, hier wird dir die Möglichkeit angeboten, gemachte Änderungen wieder zurückzusetzen. So kommst du also wieder an den Originalpinsel und darfst deine am Pinsel vorgenommenen Änderungen zurücksetzen. Als dritte Möglichkeit kannst du den Pinsel bereitstellen, ihn also exportieren und so auch anderen zugänglich machen, oder ihn abspeichern. So kannst du dir als Backup beispielsweise deine Lieblingspinsel sichern.

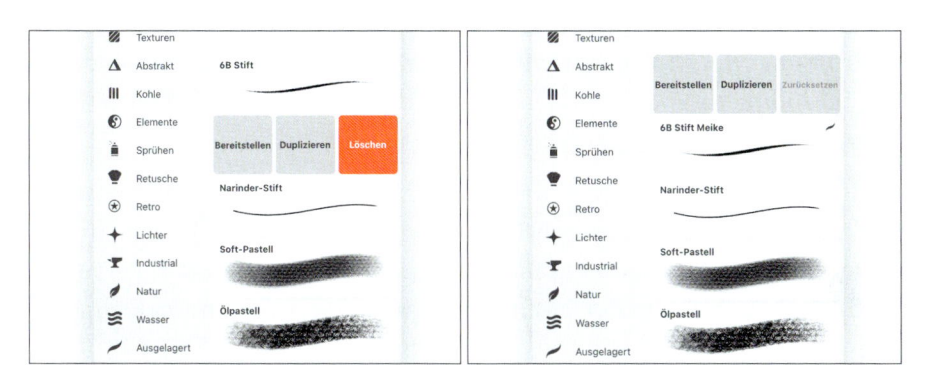

**Abbildung 7.18**  *Selbst erstellte Pinsel kannst du löschen (links), voreingestellte Pinsel kannst du zurücksetzen, wenn Änderungen gemacht wurden (rechts).*

## Pinsel importieren

Im Pinselstudio hast du oben rechts die Möglichkeit, Pinsel zu importieren. Im Internet findest du viele schöne Pinsel, auch Brushes genannt, die du kostenlos oder kostenpflichtig nutzen kannst. Navigiere zu dem Speicherort, an dem du die Pinsel nach dem Kauf abgelegt hast, und Procreate wird sie direkt als neue Kategorie in die Liste übernehmen.

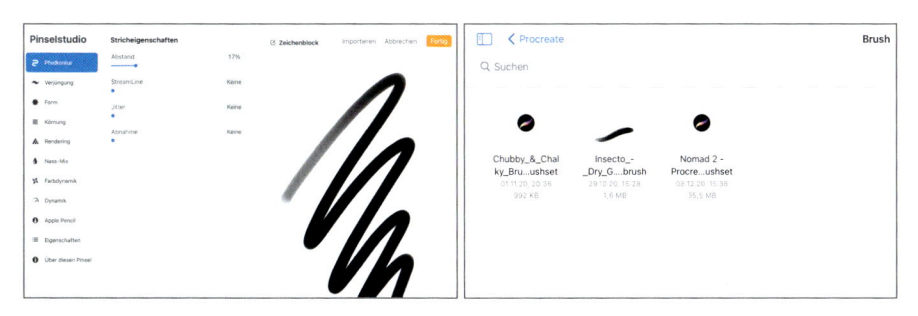

**Abbildung 7.19**  *Tippst du auf das Pluszeichen, öffnet sich das Pinselstudio, dort gehst du auf* Importieren *(links), dann wählst du deinen zu importierenden Pinsel aus (rechts).*

Du kannst deine Pinseldatei, die auf .brush, .brushset (bei einem Pinselset) oder .abr endet, auch anders importieren. Hast du vielleicht beim Kauf deiner neuen Pinsel eine Mail bekommen und dort sind die Pinsel hinterlegt? Oder dein Pinsel liegt auf dem iPad in den Dateien? Dann tippe ihn einfach direkt dort an, und Procreate importiert ihn direkt. In der Pinselsammlung legt Procreate dir die neue Kategorie IMPORTIERT an, dort findest du dann deinen Pinsel.

Ein dritter Weg für den Import wäre der per Drag & Drop. Dazu ist es notwendig, dass du zwei Apps gleichzeitig geöffnet hast, einmal Procreate und eine zweite, zum Beispiel deine Dateien, wenn dort die zu importierenden Pinsel abgelegt wurden. Das Ganze nennt sich SPLIT VIEW.

Wenn du also Procreate offen hast und eine zweite App dazu öffnen willst, wischst du vom unteren Bildschirmrand ein kleines Stück nach oben, und es öffnet sich das Dock. Jetzt kannst du deine gewünschte App von dort herausziehen und an den rechten oder linken Bildschirmrand verschieben. Der Bildschirm wird dann geteilt, und beide Apps öffnen sich.

Mittig zwischen den Apps ist ein kleiner grauer Anfasser an der Trennlinie, damit kannst du eine App ein Stück schmaler machen. Willst du die App wieder schließen, schiebst du eine App an dem Anfasser bis an den Bildschirmrand, dann bleibt nur noch eine geöffnet App zurück.

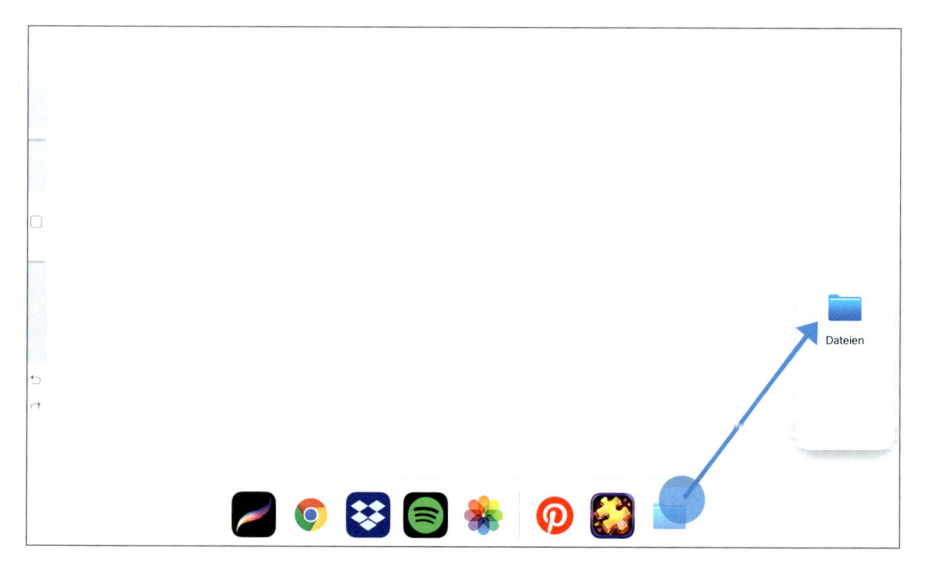

**Abbildung 7.20** *Das Dock wurde geöffnet, und du kannst deine Dateien neben Procreate ziehen.*

Hast du also Procreate und deinen Dateiordner nebeneinander offen, kannst du dort bei den Dateien deinen neuen Pinsel antippen und einfach zu Procreate hinüberschieben. Dabei muss nicht einmal die Pinselsammlung offen sein, du brauchst den Pinsel einfach nur auf deine Leinwand zu ziehen und loszulassen. Procreate importiert ihn dann automatisch und legt ihn entweder in der Kategorie IMPORTIERT ab oder erstellt eine neue, wenn du ein ganzes Set an Pinseln importiert hast.

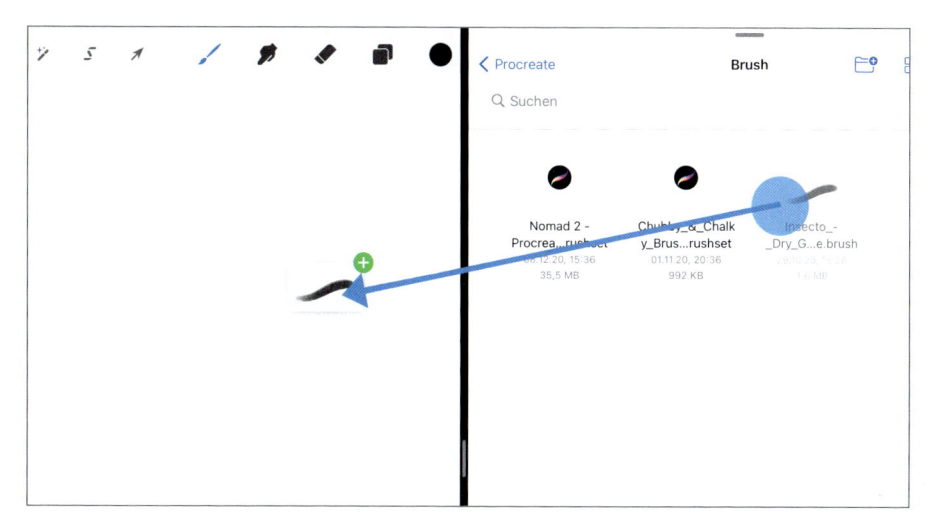

**Abbildung 7.21** *Ziehe den neuen Pinsel per Drag & Drog auf die Leinwand. Das Plus zeigt dir an, dass er gleich importiert wird. Mittig siehst du den grauen Anfasser zwischen den Apps.*

Hast du die Pinselsammlung allerdings bereits geöffnet, kannst du den Pinsel auch direkt auf die von dir gewünschte Kategorie ziehen, dort kurz halten und ihn loslassen, wenn sich die Kategorie öffnet. Dann hast du ihn gleich richtig einsortiert und musst das nicht nachträglich machen.

### App legt sich über Procreate?

Es kann passieren, dass du mit deiner zweiten App nicht die richtige Position neben der bereits geöffneten App triffst oder sie etwas zu früh loslässt. Dann legt sie sich einfach über die bereits offene App, in diesem Fall Procreate. Das macht aber nichts, der weitere Vorgang funktioniert anschließend ansonsten genauso.

**Abbildung 7.22** *Die Dateien liegen über Procreate im Vordergrund.*

Pinsel, die für Adobe Photoshop konzipiert wurden, lassen sich in Procreate öffnen und nutzen. Sie haben die Endung .abr. Es kann allerdings passieren, dass nicht alle Eigenschaften für Photoshop auch in Procreate verfügbar sind.

Auf dem gleichen Weg lassen sich auch Pinsel bereitstellen, also exportieren. Ich hatte bereits beschrieben, dass das auch über den Pinsel selbst geht, wenn du auf ihm nach links wischst, erscheint der Button BEREITSTELLEN. Du kannst den Pinsel aber auch einfach in der Pinselsammlung greifen und zum Beispiel per Drag & Drop in deinen Dateien-Ordner schieben.

### Pinsel organisieren

Auf die Dauer wird es in deiner Pinselsammlung sicherlich etwas unübersichtlich. Spätestens jetzt ist es Zeit, deine Pinselsammlung zu sortieren. Dazu lässt sich eine Pinselkategorie duplizieren, oder du erstellst eine neue Kategorie und sortierst dort deine veränderten Pinsel ein. Schauen wir uns das genauer an.

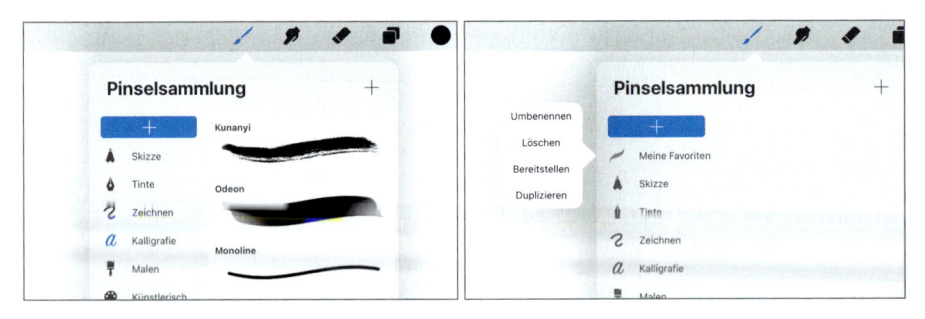

**Abbildung 7.23** *Über das Plus kannst du eine neue Kategorie erstellen (links), mit einem Wisch nach links auf der Kategorie stehen dir weitere Optionen zur Verfügung (rechts).*

Um eine neue Kategorie zu erstellen, wischst du einmal auf der Liste mit den Namen nach unten, dann erscheint oben ein blaues Pluszeichen. Vergib einen Namen, und anschließend wird die neue Kategorie ganz oben in deiner Liste angelegt.

Tippst du auf den Namen, hast du bei deinen eigenen Kategorien vier Handlungen zur Auswahl (Abbildung 7.23): Du kannst die ganze Kategorie umbenennen, löschen, sie bereitstellen (und sie somit anderen zur Verfügung stellen oder sie auch nur für dich speichern) oder auch duplizieren, also kopieren. Die bestehenden Kategorien kannst du nur duplizieren.

Um jetzt einen Pinsel in diese neue, noch leere Kategorie zu verschieben, wählst du den Pinsel aus, lässt deinen Finger aber auf dem Pinsel und wartest, bis er sich etwas von den anderen abhebt. Jetzt kannst du ihn bewegen, schiebst ihn also auf die eben neu erstellte Kategorie und wartest so lange, bis sich diese dunkelgrau einfärbt und öffnet. Dann lässt du den Pinsel los.

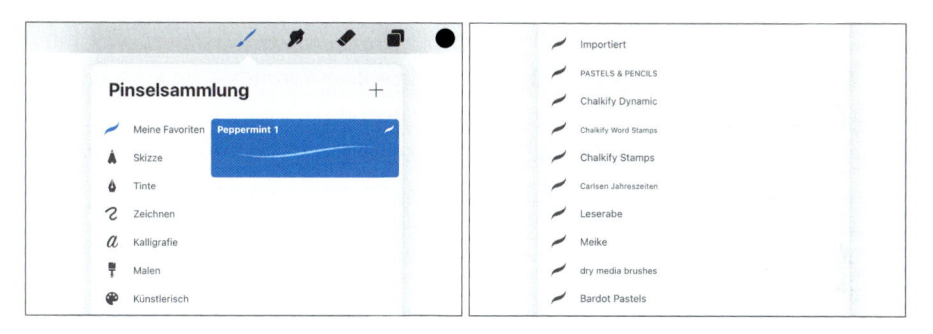

**Abbildung 7.24** *Ein erster Pinsel wurde in die neue Kategorie verschoben (links). Du hast die Möglichkeit, viele eigene Kategorien mit Pinseln anzulegen (rechts).*

Auch die Reihenfolge der Kategorien und der Pinsel innerhalb einer Kategorie lässt sich auf diese Weise verändern. Ich habe zum Beispiel schon einen ganzen Schwung Pinsel zusätzlich gekauft, die ich unter den bereits voreingestellten Kategorien angeordnet habe. Wenn du sie sinnvoll benennst, behältst du auch immer den Überblick. Ich habe mir beispielsweise eine Kategorie aller meiner Pinselfavoriten zum schnelleren Auffinden angelegt. Du könntest dir auch Pinsel nach Projekten sortieren. Dafür duplizierst du deine verwendeten Pinsel, legst dir eine neue Kategorie an und verschiebst sie dort hin. So hast du auch später alle Pinsel griffbereit, denn leider merkt sich Procreate nicht, mit welchen Pinseln du welches Element erstellt hast. Es ist also zu empfehlen, die Pinsel so zu organisieren, dass du es nicht vergisst. Oder du machst dir in der jeweiligen Leinwand auf einer gesonderten Ebene eine kurze Notiz. Versprochen, du wirst dich später freuen, wenn du direkt wieder weißt, mit welchen Pinseln du den schönen Effekt erzeugt hattest oder die Figur gemalt wurde.

**Pinsel im Netz**

Im Netz findest du Unmengen an Pinseln für Procreate. Gib als Suchbegriff »Brush Procreate« ein. Achte darauf, dass die Pinsel auch wirklich für die App sind. Eine große Anzahl an schönen Pinseln findest du direkt bei Procreate unter *www.procreate.brushes.work*. Ich kann besonders die Pinselpakete von Marco Guadalupi empfehlen: *www.gumroad.com/guadalupimarco*. Auch ein Blick zu Lisa Bardot lohnt sich für schöne Pinsel: *www.bardotbrush.com/shop*. Und du wirst außerdem bei Creative Market fündig werden: *www.creativemarket.com/search?q=brush+procreate*.

## 7.2 Das Pinselstudio

Tippst du auf einen Pinsel doppelt oder erstellst einen neuen, öffnet sich das sehr umfangreiche Pinselstudio. Das Studio ist in drei Bereiche aufgeteilt:

1. Links findest du eine Liste mit den unterschiedlichen Einstellkategorien ❶, die dir zur Verfügung stehen.
2. Bei jeder dieser Kategorien hast du im Bereich daneben ❷ die Möglichkeit, die Feinjustierung vorzunehmen. Tippst du auf die ovalen Buttons an jedem Regler ❸, kannst du nummerische Werte eingeben und so genauer arbeiten.
3. Rechts im Fenster wird dir der aktuelle Pinselstrich angezeigt ❹. Es lässt sich auf dieser Fläche auch selbst mit dem Stift eine Linie ziehen, um die Eigenschaften des Pinsels zu testen. Sobald du an den vielen Reglern links ziehst, wird dir die Änderung direkt rechts am Pinselstrich angezeigt. Dieser Bereich heißt Zeichenblock.

Mit einem Tippen auf das Wort ZEICHENBLOCK oben soll man einige Einstellungen vornehmen, zum Beispiel die Farbe ändern, mit der du zeichnen möchtest. Du kannst außerdem den Zeichenblock löschen, wenn du ihn bemalt hast, oder alle gemachten Änderungen auf den Ursprungszustand zurücksetzen. Den

Block löschen kannst du auch mit einem schnellen Hin- und Herwischen mit drei Fingern auf der Zeichenfläche. Dann ist wieder Platz für neue Teststriche.

Bei allen Änderungen, die du hier durchführst, kannst du oben rechts immer auf ABBRECHEN ❺ tippen. Sobald du auf FERTIG tippst, wird der ursprüngliche Pinsel mit diesen Änderungen überschrieben. Du solltest also besser erst deinen Pinsel duplizieren, damit der ursprüngliche Pinsel erhalten bleibt.

### Aufbau des Pinsels

Ein Pinsel besteht grundsätzlich aus einer Form und einer Körnung. Die Form wird mithilfe der Formquelle definiert, analog dazu gibt es die Kornquelle. Das sind die Grundbausteine für den Pinsel. Die Form kann zum Beispiel ein Rechteck oder ein Kreis sein, aber auch komplexer aufgebaut sein und dein Rechteck ist nicht ganz rechteckig, sondern am Rand rau und unregelmäßig.

Die Körnung kommt von ganz glatt, also einer einzigen ebenen Fläche, bis hin zu sehr rau, strukturiert oder grob gerastert daher. Sie definiert die Körnung innerhalb deines Strichs. Unter FORM und KÖRNUNG im Pinselstudio findest du dann alle weiteren Einstellmöglichkeiten, mit denen du diese beiden Grundbausteine des Pinsels noch individuell anpassen kannst. Soll die Körnung beispielsweise regelmäßig sein oder sich eher unregelmäßig verhalten und so den Strich interessanter machen?

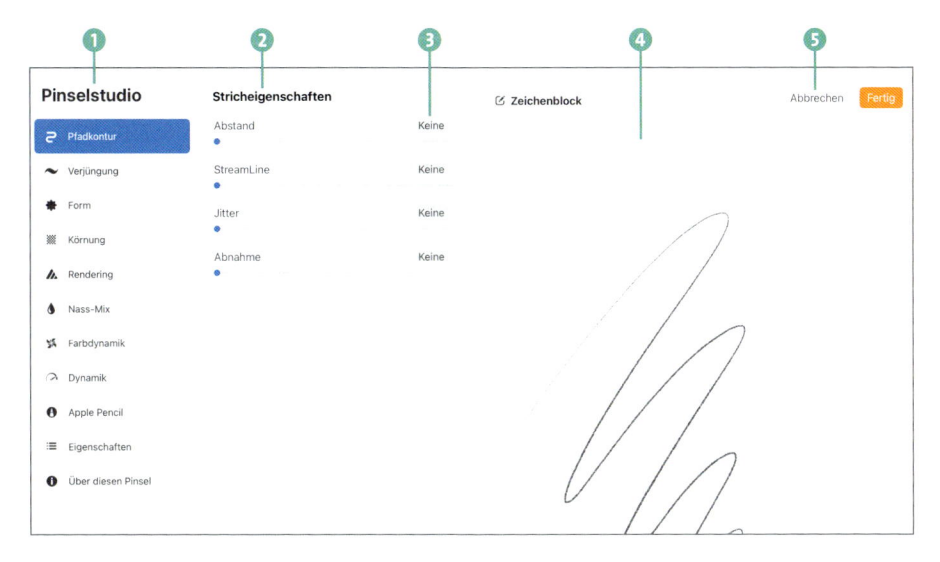

**Abbildung 7.25** *Das Pinselstudio mit seinen Einstellmöglichkeiten, hier die* PFADKONTUR

Neben der Form und der Körnung sind auch das Verhalten des Apple Pencil und die Eigenschaften wichtige Kategorien, in denen du die grundlegenden Einstellungen deines Pinsels festlegst. Und auch die Pfadkontur hält spannende Einstellmöglichkeiten bereit. Diese drei beeinflussen das gesamte Verhalten des Pinsels maßgeblich, aber auch alle weiteren Einstellungskategorien im Pinselstudio haben mehr oder weniger starke Auswirkungen auf den Strich, den der Pinsel erstellt. Sehen wir uns die Kategorien jetzt im Detail an.

## Pfadkontur

Hier legst du die Kontur deines Pinsels fest, also den Abstand der einzelnen Punkte zueinander, die StreamLine, den Jitter und die Abnahme.

Abstand definiert die Entfernung der Punkte zueinander, die die Linie erstellen. Kein Abstand bedeutet eine durchgezogene Linie, viel Abstand lässt die Linie gepunktet/unterbrochen aussehen.

Der Punkt StreamLine ist vor allem interessant, wenn du geschwungene Linien benötigst, wie sie im Handlettering gewünscht sind. Je höher du den Regler ziehst, desto mehr wird dein Strich automatisch geglättet. Hast du also eine etwas krakelige Schrift zustande gebracht, glättet die StreamLine deine Bögen und macht das ganze Erscheinungsbild damit sehr viel harmonischer. Zeichne einmal eine neue Linie rechts auf dem Zeichenblock, du wirst sofort den Unterschied sehen, wenn die Streamline erhöht wurde. Mit einer hohen StreamLine wirst du beim Zeichnen direkt sehen, wie sich die Bögen glätten und schön schwungvoll wirken. Diese Anpassung passiert, während du zeichnest.

**Abbildung 7.26** *Der* Abstand *in der Pfadkontur wurde erhöht (links) und die* StreamLine *angehoben (rechts).*

Der Einsatz von Streamline ist unter Illustratoren umstritten, denn hier wird sehr stark in deine Schrift eingegriffen. Daher musst du selbst ausprobieren, was für deine Arbeit sinnvoll ist. Schon kleine Einstellungen haben bei STREAM-LINE eine große Auswirkung.

JITTER kannst du grob mit Zufall übersetzen, also wie zufällig etwas passiert, in diesem Fall bezogen auf die einzelnen Punkte, die deinen Strich ergeben. Setze hier den Regler einmal hoch, du wirst direkt auf der rechten Seite am Strich einen Unterschied merken. Hebst du den Jitter etwas an, wirkt dein Strich rau, steht der Jitter bei KEINE, ist die Linie glatt.

ABNAHME definiert, ob der Pinselstrich zum Ende hin zarter wird oder ob eine gleichbleibende Linie entsteht.

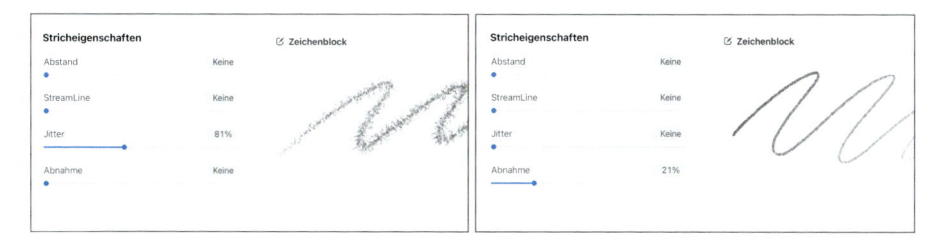

**Abbildung 7.27** JITTER *verteilt die Punkte, die den Strich bilden, zufällig und mit mehr oder weniger Abstand (links),* ABNAHME *lässt den Strich zum Ende hin blasser werden (rechts).*

## Verjüngung

Dieser Punkt teilt sich in zwei Positionen, die VERJÜNGUNG BEI DRUCK und VERJÜNGUNG BEI BERÜHRUNG. Grundsätzlich stellst du unter VERJÜNGUNG ein, wie sich der Anfang und das Ende deines Strichs verhalten sollen.

Bei der GRÖSSE stellst du ein, wie stark die Verjüngung von dünn zu dick wechselt. Die DECKKRAFT bestimmt, wie transparent die Linie zu Beginn und wieder zum Ende hin wird. Über DRUCK regulierst du, wie sich der Strich bei mehr oder weniger starkem Druck des Apple Pencils verhält, immer bezogen auf die Verjüngung zu Beginn und am Ende der Linie. Läuft der Strich elegant sich immer weiter verjüngend aus oder endet er, ohne sich zu verschmälern?

Bei SPITZE stellst du ein, ob sich der Pinsel eher wie ein feiner, zarter Stift verhält (wenn die Werte niedrig sind) oder eher wie ein etwas dickerer Stift, der sogar eine abgerundete Endung des Strichs erzeugen kann (den Regler ganz nach rechts geschoben).

Dazu kannst du auch oben im Diagramm die Spitzengrößen einstellen. Entweder du bearbeitest beide Spitzen separat oder du verbindest sie (Spitzengrössen verbinden) und verschiebst sie gemeinsam. Dann verhalten sich Anfang und Ende der Linie gleich.

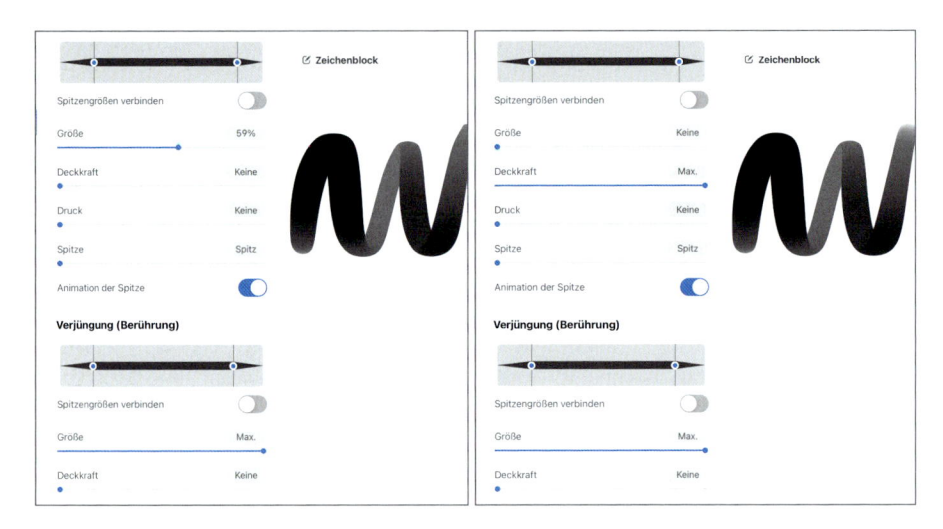

**Abbildung 7.28** *Die Änderungen sind oft nur minimal, hier siehst du die schmaler werdende Endung des Strichs durch Veränderung der* Grösse *(links) und eine transparentere Endung durch eine sehr hohe* Deckkraft *(rechts).*

Unter Verjüngung (Berührung) nimmst du dieselben Einstellungen vor, diese beziehen sich dann aber auf die Striche, die du mit dem Finger ziehst, nicht mit dem Apple Pencil. Deswegen fehlt hier auch der Punkt Druck, da dein iPad nicht drucksensibel auf den Finger reagiert.

Mit den Verjüngungseigenschaften unten kannst du festlegen, ob Procreate die Verjüngung des Strichs wie in älteren Versionen der App behandeln soll, da es mittlerweile Änderungen durch Updates gab. Probiere die Unterschiede einmal aus und schalte die klassische (alte) Umsetzung an und wieder aus.

### Animation der Spitze
Schaltest du Animation der Spitze an und zeichnest dann einen neuen Strich auf den Zeichenblock, siehst du direkt beim Zeichnen, wie Procreate deine Linie animiert und die Anpassungen vornimmt.

## Form

Diese wichtige Eigenschaft eines jeden Pinsels habe ich eingangs schon kurz erwähnt. Hier legst du fest, welche Ausgangsform dein Pinsel haben soll: ist es ein Kreis, ein Rechteck, ein Fleck mit grober, körniger Struktur und so fort. Der Bereich ist in FORMQUELLE und FORMVERHALTEN geteilt.

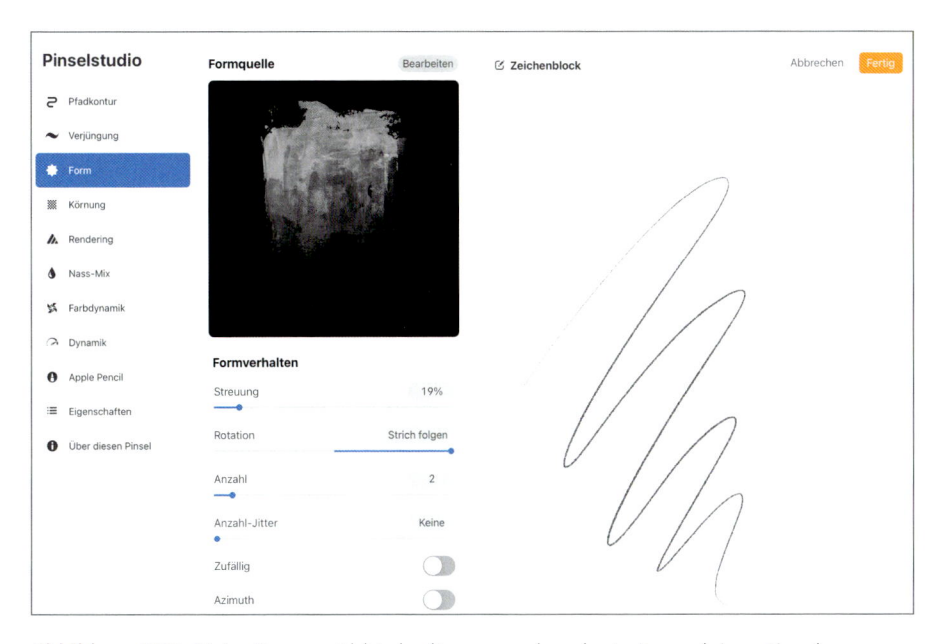

**Abbildung 7.29** *Unter* FORM *wählst du die zugrunde gelegte Form deines Pinsels aus.*

Eine neue Form wählst du aus, indem du oben auf FORMQUELLE BEARBEITEN tippst. Im Formquelle-Fenster stehen dann vier unterschiedliche Wege zur Verfügung, eine neue Form einzufügen. Tippe dazu auf IMPORTIEREN: Deine neue Form kannst du aus einem FOTO IMPORTIEREN, aus einer DATEI IMPORTIEREN oder die voreingestellten Formen aus der QUELLBIBLIOTHEK nutzen. Wenn du eine Form in die Zwischenablage kopiert hast, musst du sie jetzt EINFÜGEN.

In der Quellbibliothek werden dir alle von Procreate mitgelieferten Quellen zur Verfügung gestellt. Probiere aus, wie sich die unterschiedlichen Formen auf deinen Pinsel auswirken. Du kannst hier sowohl eine Formquelle als auch eine Kornquelle auswählen (alles zur Körnung im nächsten Abschnitt). Es stehen die unterschiedlichsten Pinselstrukturen zur Verfügung, außerdem geometrische Formen und einige Fotos. Diese Formquellen lassen sich mit einer ebenso großen Bibliothek für die Körnung kombinieren, es stehen dir also viele Kombinationsmöglichkeiten und somit verschiedene Pinsel zur Verfügung.

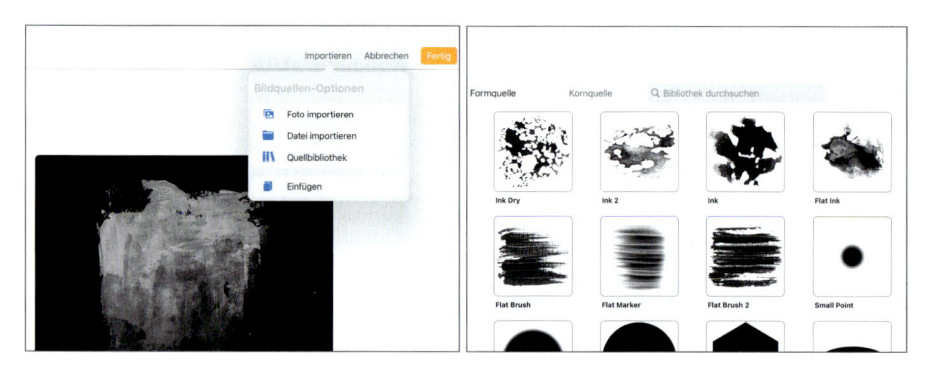

**Abbildung 7.30** *Lege die Pinselform unter* BEARBEITEN *fest (links). Die Quellbibliothek zeigt alle mitgelieferten Pinsel (rechts).*

Um zu verstehen, was die Formquelle für Auswirkungen auf deinen Pinsel hat, zeige ich dir hier vier Beispiele. Es wurde nur die Formquelle geändert, alle anderen Einstellungen sind bei allen vier Pinseln identisch geblieben. Da die Form aber einen entscheidenden Teil deines Pinsels ausmacht, sind die Änderungen teilweise enorm.

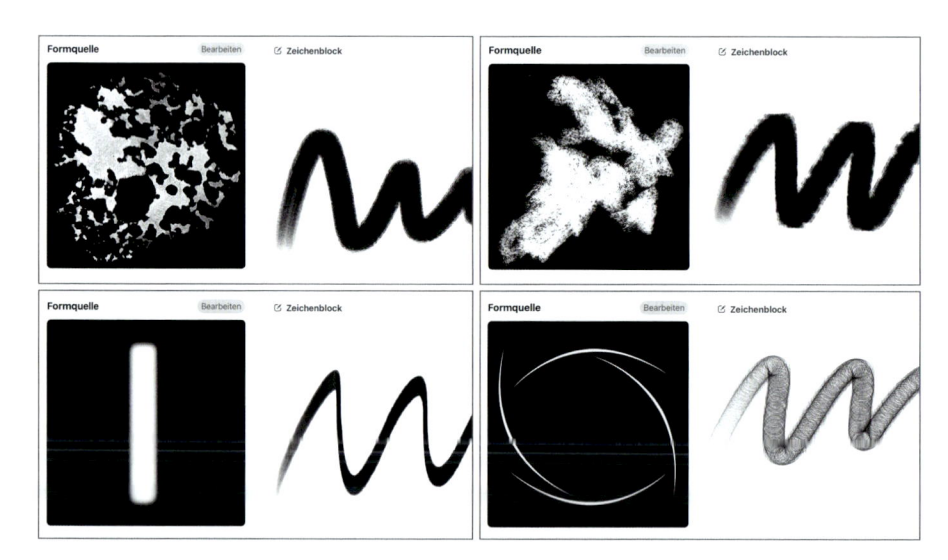

**Abbildung 7.31** *Vier unterschiedliche Formquellen und ihre erzeugten Striche. Alle anderen Einstellungen blieben gleich.*

Es ist auch möglich, einen ganz eigenen Pinsel mit einer von dir erstellten Form oder einem Foto zu kreieren. Ich zeige dir hier zwei Beispiele, wie so etwas aussehen kann. Den Stern habe ich auf einer weißen Leinwand in Schwarz in Procreate gezeichnet, den Hintergrund dann ausgeblendet und den Stern weiß gefärbt. Dein Motiv muss sozusagen negativ vorliegen, also Weiß auf Schwarz, damit es als Formquelle funktioniert. Abschließend speicherst du dein Motiv als PNG auf dem iPad.

Bei FORMQUELLE BEARBEITEN kannst du dann FOTO IMPORTIEREN antippen und dein PNG auswählen. Damit du im Pinselstudio die Einzelform gut sehen und beurteilen kannst, setzt du den Regler in der Kategorie PFADKONTUR bei ABSTAND ganz hoch. Das erzeugt dann einen Effekt wie bei einem Stempel, also du siehst die Einzelform. Das lässt sich später wieder rückgängig machen, wenn du einen fließenden Strich möchtest.

Zeichnest du jetzt auf dem ZEICHENBLOCK, siehst du deine eigene Form, die sich entlang deines Strichs wie ein Stempel verteilt.

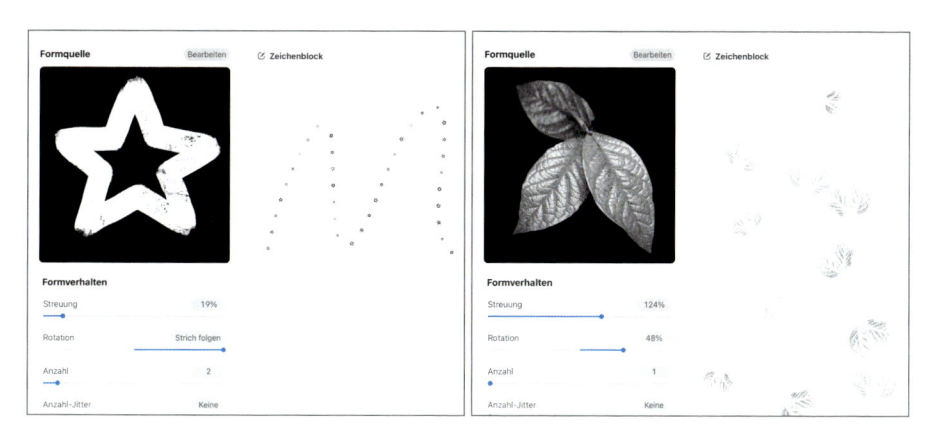

**Abbildung 7.32** *Beispiel für einen Pinsel mit Stern- oder Blattform, einmal selbst gemalt (links) und als Foto (rechts). Dazu siehst du die Verteilung entlang deines Strichs auf dem Zeichenblock.*

### Negativ

Du kannst dein Motiv auch erst nach dem Importieren als Formquelle in ein Negativ umwandeln, indem du mit zwei Fingern im Formen-Editor auf das Vorschaubild tippst. Dann wird deine Form invertiert.

Dein Motiv lässt sich auch in anderen Programmen erstellen und auf dein iPad laden. Oder du nutzt andere Apps auf deinem iPad dafür. Wichtig ist, dass dein Motiv freigestellt vorliegt, also ohne Hintergrund. Sonst wird der auch Teil des Pinsels. Das Gleiche geht auch mit einem Foto. Auch hier muss es negativ vorliegen. Das Blatt in meinem Beispiel ist aus der Quellbibliothek entnommen.

Wieder zurück im eigentlichen Pinselstudio, folgen die Einstellungen unter FORMVERHALTEN. Zunächst kannst du deine Form drehen, indem du mit zwei Fingern auf der Abbildung der Form switchst. Darunter folgt ein Regler für die STREUUNG, dieser bestimmt, wie deine Form entlang des Strichs ausgerichtet wird: Immer in dieselbe Richtung, oder soll sie sich drehen? Diese Drehung wird dann zufällig erzeugt.

Bei ROTATION stellst du ein, wie sich die Drehung in Bezug auf den Strich auswirkt. Bleibt der Regler in der Mitte, findet keine an den Strich angepasste Rotation statt. Schiebst du ihn nach rechts, dreht sich die Form in die Richtung, die auch dein Strich macht. Sie folgt dem Strich also. Schiebst du den Regler dagegen nach links, dreht sich die Form entgegengesetzt zu deiner Strichrichtung.

Die ANZAHL bestimmt, wie oft die Form an jedem Punkt des Strichs »gestempelt« wird. Möglich sind bis zu 16-mal, der Strich erscheint dadurch viel deckender, dichter, einfach weil an jedem Punkt des Strichs die Form nicht nur einmal auftaucht, sondern mehrfach übereinanderliegt. Möchtest du allerdings eine Textur innerhalb des Strichs sehen, geht diese etwas verloren, je öfter du die Form übereinanderlegst.

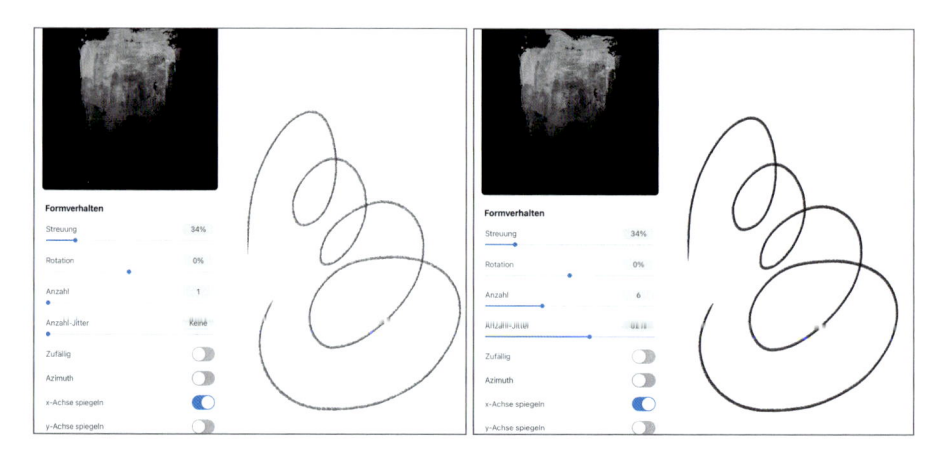

**Abbildung 7.33** ANZAHL *auf 1 gestellt (links) und derselbe Strich mit* ANZAHL *6 und einem recht hohen* ANZAHL-JITTER *(rechts)*

Mit Anzahl-Jitter bestimmst du, wie häufig die eben von dir festgelegte Anzahl eingesetzt wird. Hast du also zum Beispiel »7« festgelegt, legt der Jitter in zufälliger Weise die Menge von 1 bis 7 fest. So kannst du die Anmutung des Strichs weiter verfeinern und es dem Zufall überlassen, wie dicht der Strich sein soll.

Wählst du Zufällig aus, wird auf zufällige Weise die Drehung jeder ersten Form, also jedes Anfangs eines Strichs, generiert, sie sehen also alle ein wenig anders aus.

Azimuth kannst du auswählen, wenn du mit dem Apple Pencil arbeitest. Die Form wird dann in Abhängigkeit zur Neigung des Stifts ebenfalls geneigt. Der Effekt erinnert ein wenig an eine Kalligrafiefeder, ist aber gar nicht immer mit bloßem Auge sichtbar. Dabei wird bei dieser Funktion die Drehung überschrieben.

Die Funktionen x-Achse spiegeln und y-Achse spiegeln bringen noch mehr Abwechslung in den Strich, die Form wird also auch immer noch entsprechend gespiegelt.

Am Drehrad, das jetzt folgt, kannst du die Basisdrehung deiner Grundform einstellen, indem du an dem grünen Anfasser den Kreis drehst. Die blauen Anfasser drücken deine Form zusammen.

Die Punkte Druckrundung und Neigungsrundung beeinflussen, wie sehr deine Form in Abhängigkeit des Stiftdrucks oder der Stiftneigung zusammengedrückt wird.

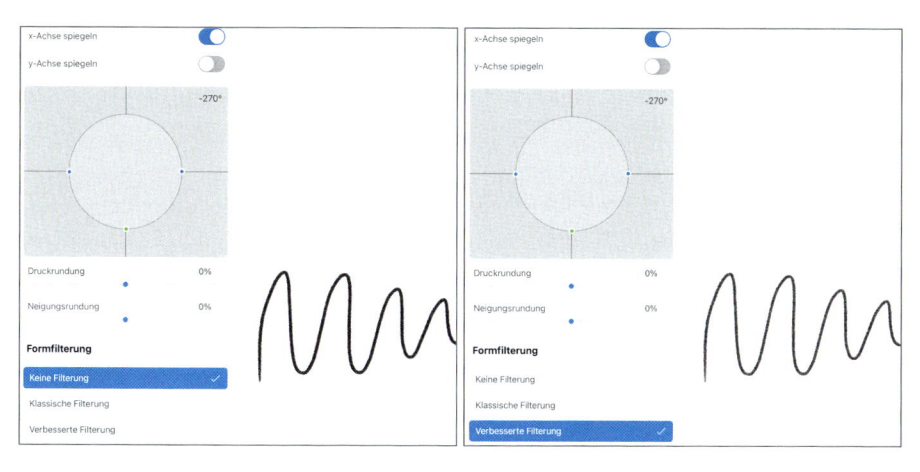

**Abbildung 7.34** Keine Filterung *ausgewählt (links) im Vergleich zu* Verbessserte Filterung *(rechts)*

Und zu guter Letzt kannst du noch bestimmen, wie die FORMFILTERUNG sein soll. Dabei glättet Procreate die Kanten deines Strichs mehr oder weniger stark. Bei KEINE FILTERUNG bleiben die Kanten unter Umständen etwas gezackt und rau, aber es wird auch die ursprünglich zugrunde liegende Form erhalten. KLASSISCHE FILTERUNG nutzt die Einstellungen aus früheren Versionen von Procreate, und VERBESSERTE FILTERUNG arbeitet mit den neuesten Möglichkeiten der Glättung.

## Körnung

Unter KÖRNUNG wird die Textur des Pinsels festgelegt, die bestimmt, wie grob gekörnt oder wenig gekörnt dein Strich sein soll. Auch hier kannst du die Quelle der Körnung noch verändern und aus der Quellbibliothek eine andere Körnung einfügen oder eine eigene importieren.

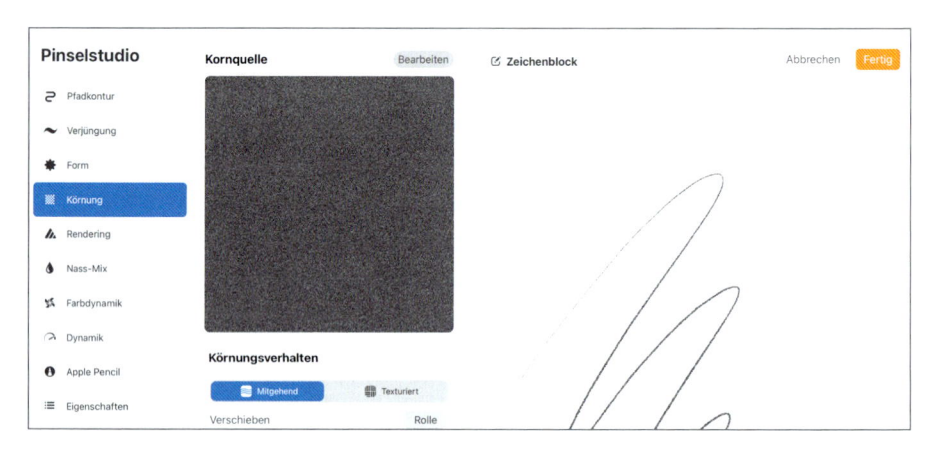

**Abbildung 7.35** *Unter* KÖRNUNG *stellst du die Textur des Pinsels ein.*

Beim KÖRNUNGSVERHALTEN hast du grundsätzlich zwei unterschiedliche Möglichkeiten, wie sich die Körnung verhalten soll, MITGEHEND und TEXTURIERT. Je nach dem, was du auswählst, stehen dir verschiedene Regler und Einstellmöglichkeiten zur Verfügung.

- MITGEHEND meint, dass deine Körnung mit dem Strich mitgeht, ihm folgt und so einen streifigen Effekt erzeugt. Procreate selbst benutzt dafür als Beispiel eine Farbrolle mit Muster drauf, bei der man das Muster festgestellt hat. Das Muster wird also sozusagen mit der Rolle mitgezogen und zieht eher

Schlieren hinterher, als dass man die Form erkennt. Die Optik in Procreate mutet pinselartig an, du erzeugst mit dieser Einstellung also Pinsel mit eher malerischer Textur.

- Anders bei Texturiert, hier bleibt die eingestellte Körnung/Struktur sichtbar stehen, sie wird nicht mit dem Pinsel »mitgezogen«. Die komplette, gemalte Fläche erhält ähnlich wie ein Stempel die hinterlegte Textur. Du erzielst mit dieser Unterteilung in die beiden Bereiche also schon einen gänzlich anderen Effekt.

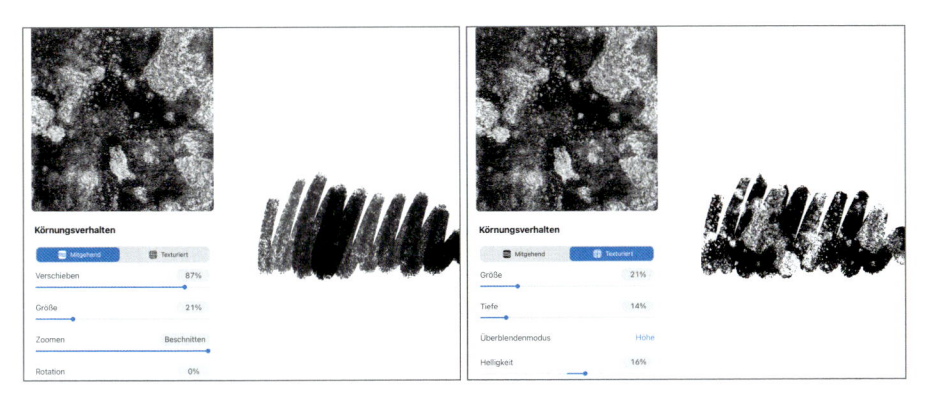

**Abbildung 7.36** *Dieselbe Körnung, derselbe Strich, einmal* Mitgehend *(links) und* Texturiert *(rechts).*

Schauen wir uns zunächst die unterschiedlichen Einstellungen des Reiters Mitgehend an. Mit dem Regler Verschieben legst du fest, wie sehr die Körnung dem Strich folgt, also verschoben wird. Der Strich sieht damit mehr oder weniger »verschmiert« aus.

Grösse legt die Korngröße innerhalb der Form fest. Der Regler Zoomen bestimmt, ob die Körnung der Größe des Pinsels folgt (je weiter du den Regler nach links Richtung Grösse folgen schiebst) oder ob sie immer in derselben Größe wie jetzt voreingestellt bestehen bleibt (den Regler nach rechts geschoben Richtung Beschnitten), egal wie groß du den Pinsel später nutzt.

Rotation erzeugt einen ähnlichen Effekt wie Verschieben, die Textur des Strichs wirkt etwas verschmiert. Du stellst hier ein, wie die Körnung entlang deines Strichs gedreht wird. Schiebst du den Regler auf −100 %, dreht sich die Körnung entgegen deiner Strichrichtung, bei 0 % bleibt alles fixiert, und schiebst du den Regler nach rechts auf Strich folgen, erfolgt die Drehung in Richtung deiner Strichrichtung.

Tiefe bestimmt, wie stark man die Körnung überhaupt sieht, nur sehr leicht oder sehr stark, je nach Position des Reglers. Je stärker man sie sieht, desto dunkler wird auch der Strich. Minimale Tiefe legt den Minimalkontrast fest, der nicht unterschritten werden darf. Das geschieht in Abhängigkeit vom Druck, den du mit dem Apple Pencil erzeugst.

Der Tiefen-Jitter wechselt zufällig zwischen der Struktur des Pinsels und der zugrunde gelegten Farbe deines Pinsels ab. Gehe anschließend in die Kategorie Farbdynamik, und stelle dort ein, wie der Pinsel mit Farben arbeiten soll.

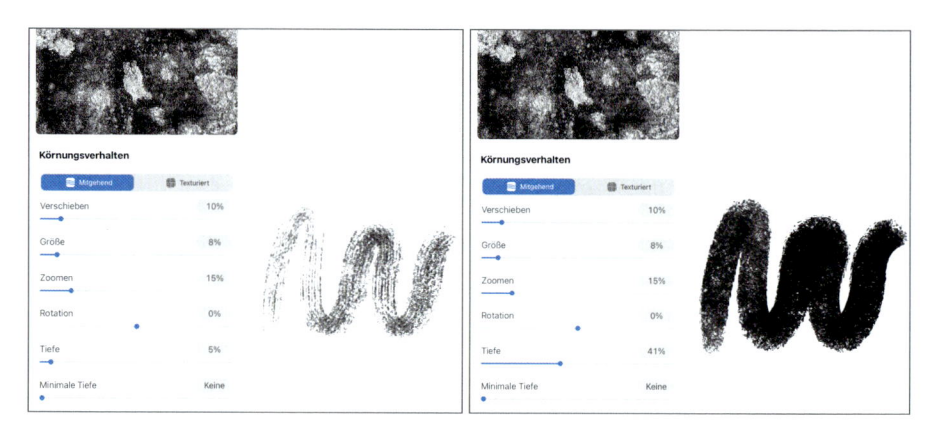

**Abbildung 7.37** *Hier wurde nur die* Tiefe *erhöht von sehr wenig (links) zu stärker (rechts)*

Der Offset-Jitter meint den Versatz, mit dem die Textur bei jedem neuen Strich begonnen wird. Ist er eingeschaltet, startet also jeder Strich etwas anders. Du solltest ihn aber deaktivieren, wenn du beispielsweise eine gleichmäßige Rasterstruktur haben möchtest.

Beim Überblendenmodus kannst du die Mischmethode wählen, mit der die Textur mit der zugrunde liegenden Farbe des Pinsels interagiert. Tippe auf das Wort in Blau und wähle aus der Liste einen der vielen Modi aus. Alle Informationen zu den Überblendmodi erhältst du in Abschnitt 8.3.

Helligkeit und Kontrast legen fest, ob die Körnung heller oder dunkler wird und wie stark der Kontrast zwischen den hellen und dunklen Bereichen innerhalb der Körnung sein soll.

Und auch bei der Körnung darfst du am Ende wieder zwischen den drei Methoden der Kornfilterung (Keine, Klassisch, Verbessert) wählen. Die habe ich dir bereits unter dem Punkt Form erklärt.

**Abbildung 7.38** *Alle Einstellungen blieben identisch, oben im Überblendenmodus* Aufhellen, *unten auf* Höhe *gestellt.*

Die Einstellmöglichkeiten unter Texturiert sind etwas geringer. Hier hast du zum einen wieder einen Regler für die Grösse, zum anderen lässt sich die Tiefe der Körnung bestimmen. Dir steht auch hier der Überblendenmodus zur Verfügung und du kannst die Helligkeit sowie den Kontrast einstellen. Außerdem hast du die Wahl zwischen den drei Kornfilterung-Methoden Keine Filterung, Klassische Filterung und Verbesserte Filterung ganz unten (siehe unter Form).

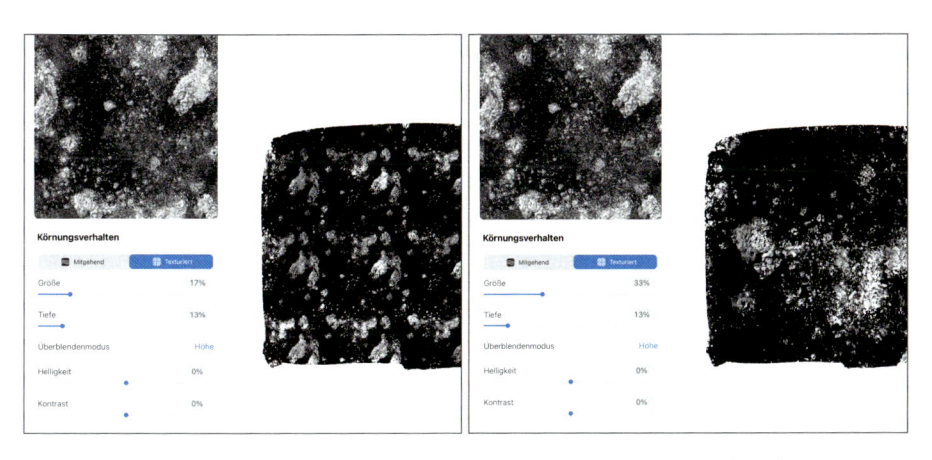

**Abbildung 7.39** *Hier siehst du den Unterschied zwischen einer kleinen (links) und größeren Einstellung der Körnung (rechts).*

Kommen wir abschließend noch zur Kornquelle. Tippst du oben neben Kornquelle auf Bearbeiten, öffnet sich der Körnungs-Editor, der ähnlich dem Editor der Formquelle funktioniert. Hier kannst du mit dem Button Importieren dein eigenes Foto oder deine Datei hochladen, etwas aus der Zwischenablage einfügen oder du öffnest die Quellbibliothek und wählst aus den voreingestellten Strukturen eine aus, genau wie du es schon von der Form kennst.

Du kannst außerdem den Button Auto-Wiederholung aktivieren und Procreate erzeugt aus der ausgewählten Kornquelle ein sich wiederholendes Muster. Unten am Rand erscheint ein kleines Menü mit Einstellmöglichkeiten, wie sich dieses Muster verhalten soll.

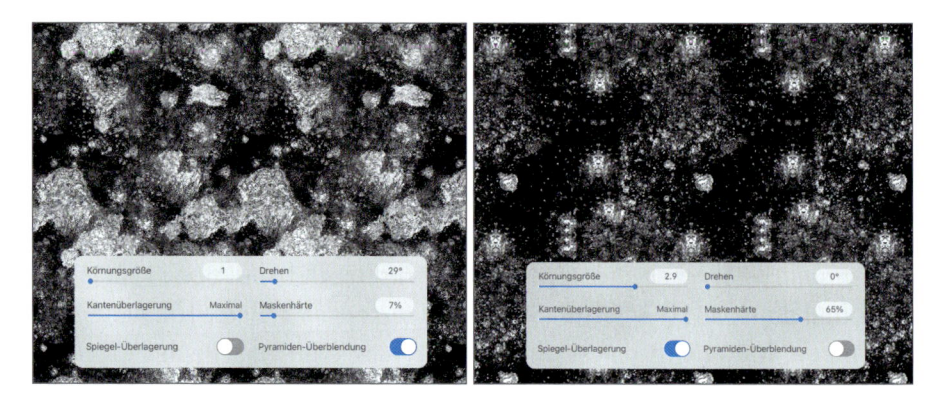

**Abbildung 7.40**  *Die* Auto-Wiederholung *erlaubt dir das Gestalten von nahtlosen Texturen. Dieselbe Körnung einmal mit geringer* Körnungsgrösse, *keiner* Spiegel-Überlagerung *und wenig* Maskenhärte *(links) im Gegensatz zu einer großen* Grösse, Spiegel-Überlagerung *und einer recht hohen* Maskenhärte *(rechts)*

Für jede Kachel des Musters kannst du die Körnungsgrösse bestimmen und über die Kantenüberlagerung festlegen, wie sehr sich die einzelnen Kacheln überlappen sollen. Über Drehen legst du den Winkel der Textur innerhalb der Kacheln fest. Maskenhärte bestimmt die Unschärfe, mit der sich die Kacheln ineinandermischen.

Eine aktivierte Spiegel-Überlagerung hilft dabei, die Übergänge möglichst unauffällig zu gestalten, indem die Strukturen an den Kachelrändern an die benachbarte Kachel angepasst werden.

Die Pyramiden-Überblendung passt den Detailgrad der Strukturen am Rand der Kacheln an, um ebenfalls die Übergänge möglichst unauffällig erscheinen zu lassen. Jede dieser Änderungen wird dir live angezeigt.

Der Einsatz der Auto-Wiederholung und dabei die aktivierte Pyramiden-Überblendung eignen sich gut für natürliche Texturen wie Holz oder Stein. Aber auch für kontrastreiche Muster ist die Auto-Wiederholung interessant.

## Rendering

Beim Rendering musst du den Renderingmodus einstellen und das Überblenden, also bestimmen, wie sich der Pinsel mit der Umgebung verhält, mit dem, was unter dem Pinselstrich liegt oder wie die Kanten deines Strichs beschaffen sein sollen.

Unter Renderingmodus hast du die Wahl zwischen sechs verschiedenen Methoden, wie der Strich interagieren soll. Leicht deckend lässt ihn sehr hell und luftig erscheinen. Gleichmässig deckend macht den Strich etwas deckender und damit auch etwas stärker in der Textur, dunkler.

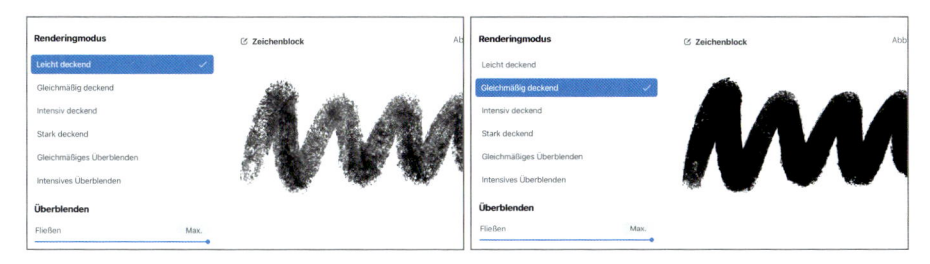

**Abbildung 7.41** *Renderingmodus* Leicht deckend *(links) im Vergleich zu* Gleichmässig deckend *(rechts)*

Stellst du Intensiv deckend ein, verlierst du teilweise deine Textur schon ein wenig, weil dein Strich so stark deckend aufgetragen wird. Stell ihn dir vor wie mit einem Pinsel auf der Leinwand gezogen. Stark deckend ist wieder ein wenig gemäßigter als Intensiv deckend.

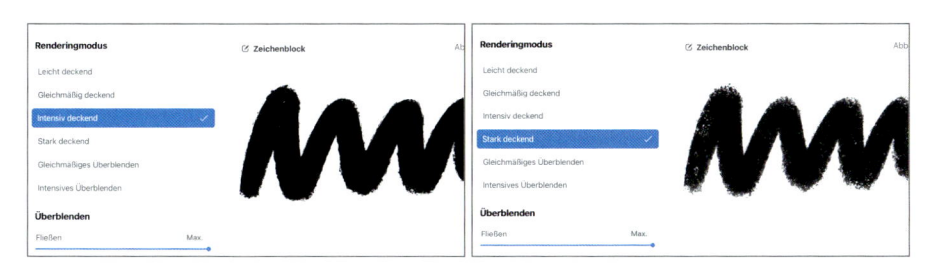

**Abbildung 7.42** *Hier einmal* Intensiv deckend *(links) und* Stark deckend *(rechts)*

Gleichmässiges Überblenden und Intensives Überblenden sind gut geeignet für nasse Pinsel, also Aquarell, wo Farben ineinanderlaufen sollen. Dazu passen gut die Einstellungen aus der nächsten Kategorie Nass-Mix.

**Abbildung 7.43** *Von oben nach unten alle sechs Renderingmodi in der Übersicht:* Leicht deckend, Gleichmässig deckend, Intensiv deckend, Stark deckend, Gleichmässiges Überblenden, Intensives Überblenden

Unter der Überschrift Überblenden findest du drei Schieberegler. Der erste definiert das Fliessen, also wie viel Farbe von deinem Pinsel auf die Leinwand fließt/aufgetragen wird. Stell es dir wieder wie beim analogen Malen mit Pinsel auf Leinwand vor.

Der Regler Nasse Kanten erzeugt etwas verwässerte, auslaufende Kanten ähnlich Aquarellfarbe, die flüssig und wässrig aufgetragen wird.

Und die Brandkanten erzeugen eher dunkle Ränder, vor allem, wenn sich Striche überlagern. Du kannst außerdem über Modus Brandkanten bestimmen, wie sich nur diese Kanten verhalten sollen, wie sie also mit benachbarten, überlappenden Farben interagieren sollen. Stell dir diesen Modus immer als Mischmodus vor, zwei Farben werden auf eine bestimmte Weise miteinander vermischt. Du wirst noch mehr zu den Modi in Abschnitt 8.3 erfahren.

Der Überblendenmodus reguliert, wie der gesamte Strich, also nicht nur die Kanten, mit der Umgebung, anderen Farben und Pinselstrichen interagieren soll. Standardmäßig steht er auf Normal. Diese Mischmodi wirken sich immer auf die Farbwerte aus, aus zwei Farben wird je nach Mischmodus, ein neuer Farbwert kombiniert. Schaltest du aber den Luminanzeffekt an, reagieren die Mischmodi stattdessen auf die Helligkeitswerte und kombinieren diese miteinander.

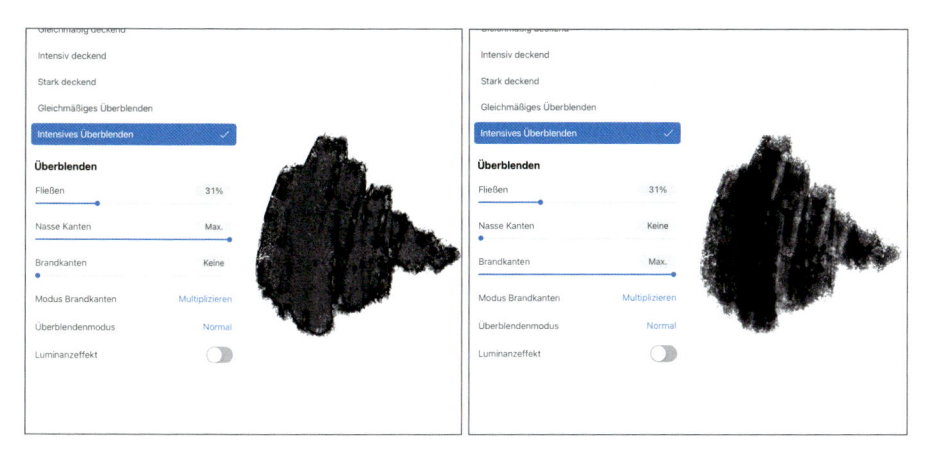

**Abbildung 7.44** Nasse Kanten *auf* Max. *gestellt (links) im Vergleich zu* Brandkanten *auf* Max. *erhöht (rechts). Links wirkt der Überlappungsbereich zwischen den Strichen verwässert, rechts stark verdunkelt.*

## Nass-Mix

Der Nass-Mix bietet dir die Möglichkeit, beim Zeichnen des Strichs direkt die Farbe zu beeinflussen, und zwar die Farbe, die dein Strich selbst hat, in Kombination mit den Farben, die darunter liegen. Stell dir den Nass-Mix wie feuchte Farbe an deinem Pinsel vor, die du auch in einer weiteren Schicht mit einer zweite mischen kannst. Beide Farben verbinden sich und interagieren.

Wenn du mit den Einstellungen spielst, kannst du dem Pinsel ein sehr realistisches, analoges Verhalten geben. Das passt nicht zu jeder gewünschten Optik, kann aber gerade bei pastos aufgetragenen Farbschichten (denke dabei an Ölfarbe) einen beeindruckenden Effekt bieten. Oder natürlich auch bei Aquarell. Wähle dir beispielsweise einen Aquarellpinsel aus und schaue dort einmal in die Nass-Mix-Einstellungen, dann lässt sich ableiten, was sie bedeuten. Nutze sie dann für deinen eigenen Pinsel.

Verwässerung stellt ein, wie viel Wasser sich mit der Farbe am Pinsel befindet, wie verdünnt die Farbe also aufgetragen wird. Verdünnt bedeutet gleichzeitig natürlich auch heller. Hier verschwinden sehr schnell auch die Strukturen, die der Pinsel einmal hatte. Aufladen stellt ein, wie viel Farbe der Pinsel enthält, wenn du einen Strich machst, wie intensiv dieser also ist. Auch hier kannst du es dir wie bei einem echten Pinsel vorstellen, der eine gewisse Menge Farbe enthält. Je länger du den Strich ziehst, desto weniger Farbe enthält er zum Ende hin, der Strich wird blasser. Das passiert auch hier. Zu Beginn des Strichs ist die Farbmenge deutlich höher, also intensiver. Du kannst dann absetzen, einen neuen Strich beginnen und dieser fängt wieder mit viel Farbe an und wird immer blasser, gerade so, als hättest du den echten Pinsel neu in die Farbe getaucht. Am deutlichsten sichtbar wird dieser Effekt, wenn du ihn mit einer etwas höheren VERWÄSSERUNG kombinierst.

Der Regler ATTACK reguliert die Farbmenge, die aufgetragen wird. Je höher der Regler, umso mehr Farbe wird an die Leinwand abgegeben, und umso deckender wird der Strich in seiner gesamten Länge.

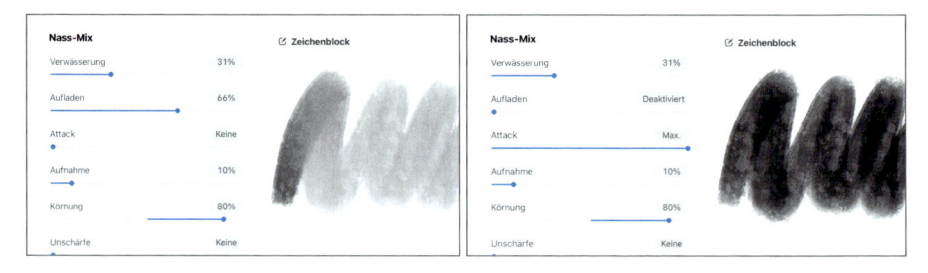

**Abbildung 7.45**  *Der Regler* AUFLADEN *wurde erhöht, die meiste Farbe wird zu Beginn des Strichs abgegeben (links). Hier siehst du den Unterschied zu* ATTACK, *wenn du dies erhöhst, wird die Farbmenge deutlich erhöht und der Strich erscheint kräftiger (rechts).*

AUFNAHME reguliert die Farbaufnahme durch deinen Pinsel von bereits vorhandener Farbe auf der Leinwand. Hier stellst du ein, wie stark sich zwei Striche vermischen und wie viel der unteren Farbe »mitgenommen« wird.

**Abbildung 7.46**  AUFNAHME *nimmt auch Farben im Strich ein wenig mit, die bereits auf der Leinwand sind, es entsteht ein Mischeffekt (links). Hohe und eher niedrige Körnung im Vergleich, bei niedriger Körnung bildet sich ein Wolkeneffekt, und die Farbe verliert an Kraft (rechts).*

Die Körnung definiert, wie sichtbar die Texturen und Kontraste im Pinselstrich sind. Stellst du sie negativ ein, verliert der Pinsel deutlich an Deckkraft, wird also zarter, und es bildet sich eine leichte Wolkenstruktur im Strich.

Mit dem Regler Unschärfe passt du den Bereich an, in dem zwei Farben miteinander vermischt werden. Das bedeutet: Je höher du diesen Regler ziehst, desto stärker verwischen zwei Farben auf der Leinwand miteinander. Der Unschärfen-Jitter lässt das Ganze wieder etwas zufälliger erscheinen. Jede einzelne Form in deinem Pinsel, aus der der Strich gebildet wird, reagiert dann unterschiedlich stark mit der zweiten Farbe.

**Abbildung 7.47** *Der* Verwischen-*Regler wurde erhöht (links), ein Beispiel für einen im* Nass-Mix *modifizierten* Oberon-*Pinsel (rechts).*

Als Letztes findest du noch den Nässe-Jitter im Nass-Mix. Er bestimmt, wie viel Wasser sich zufälligerweise mit deinem Pinsel mischt, also ergibt sich auch hier ein etwas weniger steuerbarer Effekt. Das ist sehr zu empfehlen, wenn du einen möglichst natürlichen Effekt erzielen willst. Bei analogen Aquarellfarben lässt sich vorher ja auch nur schwer bestimmen, welche Farbe wo und wie weit in die andere läuft.

## Farbdynamik

Die Farbdynamik bietet dir umfangreiche Möglichkeiten, mit Farbe, Sättigung und Helligkeiten zu spielen, immer in Abhängigkeit von Stiftdruck und -neigung deines Apple Pencils. Dein Pinsel wechselt also quasi durch verschiedene Farbwerte oder interagiert sogar mit einer zweiten Farbe, wenn du eine definierst.

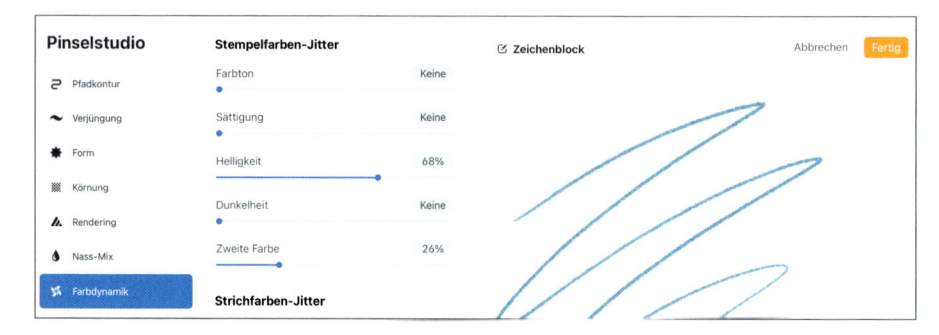

**Abbildung 7.48** *Die Farbdynamik teilt sich in vier Bereiche.*

Unterteilt ist diese Einstellungspalette in vier Bereiche, wir beginnen mit dem Stempelfarben-Jitter. Du erinnerst dich, Jitter steht immer für Zufall oder Unregelmäßigkeit. In diesem Abschnitt bestimmst du, wie die hinterlegte Form mit Farbe und Helligkeiten umgehen soll. Jede einzelne Form deines Strichs wird durch die Einstellungen hier beeinflusst.

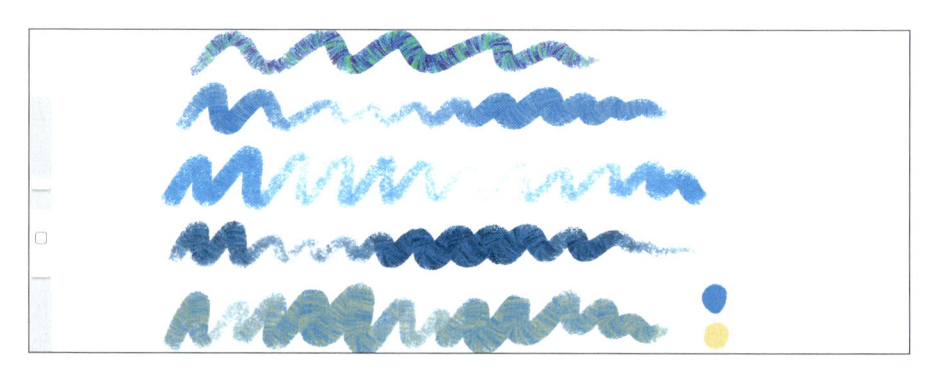

**Abbildung 7.49** *Jeweils die Regler für* Farbton, Sättigung, Helligkeit, Dunkelheit *und* Zweite Farbe *auf 50 % gestellt (von oben nach unten). Unten rechts siehst du die zusätzliche zweite Farbe.*

Je höher du den Regler bei Farbton schiebst, desto stärker wird jede Stempelform innerhalb deines Strichs zu zufälligen anderen Farbwerten wechseln. Lässt du den Regler niedrig, ist dieser Effekt weniger stark ausgeprägt. Um hier ein deutliches Ergebnis zu sehen, kannst du zusätzlich noch den Regler für die Sättigung erhöhen. Damit weicht jeder einzelne Stempel, also jede einzelne Form in deinem Strich, bei der Sättigung voneinander ab. Je höher du den Regler bei Sättigung ziehst, desto stärker werden diese Wechsel zwischen unterschiedlichen Sättigungen sichtbar werden.

Mit der HELLIGKEIT bestimmst du, wie stark die Formen in ihrer Helligkeit variieren. Bei DUNKELHEIT ist es umgekehrt, also stellst du hier ein, wie sehr die Formen innerhalb des Strichs in den Dunkelheiten wechseln.

Möchtest du eine ZWEITE FARBE hinzunehmen, kannst du sie im Farbenbedienfeld auswählen. Je nach Einstellung wechselt der Strich dann mehr oder weniger zwischen diesen beiden Farben.

Der STRICHFARBEN-JITTER ist identisch mit dem STEMPELFARBEN-JITTER, allerdings beziehen sich deine Einstellungen nicht auf die einzelne Form innerhalb deines Strichs, sondern auf den gesamten Strich.

**Abbildung 7.50** *Die Regler* FARBTON, SÄTTIGUNG, HELLIGKEIT, DUNKELHEIT *und* ZWEITE FARBE *im Abschnitt* STRICHFARBEN-JITTER *wurden einer nach dem anderen auf etwa 50 % erhöht und hier von oben nach unten gezeigt.*

Erhöhst du also den Wert bei FARBTON, wechselt der Farbton bei jedem Strich mehr oder weniger stark. Das Gleiche gilt bei der SÄTTIGUNG, der HELLIGKEIT und DUNKELHEIT, immer bezogen auf den gesamten Strich. Auch hier siehst du diesen zufälligen Wechsel mehr oder weniger stark, je nachdem, wie hoch du die Regler schiebst. Auch bei der Einstellung für ZWEITE FARBE bezieht sich der Wert auf den ganzen Strich: Jeder einzelne Strich ist ein zufälliger Farbton zwischen deinen zwei vordefinierten Farben.

Im Bereich FARBENDRUCK stellst du ein, wie sehr dein Stiftdruck die Farben und Helligkeiten deines Strichs beeinflusst. Du kannst also wieder über FARBTON die Abweichung von deiner gewählten Farbe bestimmen, je nachdem, wie stark du drückst. Das Gleiche für die Sättigung, die Helligkeit und die zweite Farbe. In diesem Bereich sind die Regler anders ausgerichtet, sie lassen sich in beide Richtungen schieben. Somit kannst du beim Regler HELLIGKEIT auch ins Negative gehen und erzeugst so Dunkelheiten. Analog dazu die Sättigung, entweder erhöhst oder reduzierst du sie.

**Abbildung 7.51** *Wieder habe ich die Regler jeweils erhöht (oder auch reduziert für die Dunkelheit in der vierten Linie), diesmal im Abschnitt* FARBENDRUCK: FARBTON, SÄTTIGUNG, HELLIGKEIT *erhöht,* HELLIGKEIT *verringert,* ZWEITE FARBE *hinzugefügt*

Als vierter Bereich haben wir die FARBNEIGUNG. Hier nimmst du Einstellungen vor, die sich auf deine Stiftneigung beziehen. Es bestimmt jetzt also die Stiftneigung, wie sich deine Farben und Sättigungen verhalten, abhängig davon, wie stark du die Regler verschoben hast.

**Abbildung 7.52** *Der Stift reagiert auf Neigung, hier wurde immer nacheinander jeweils ein Regler im Abschnitt* FARBNEIGUNG *erhöht oder reduziert für die Dunkelheiten:* FARBTON, SÄTTIGUNG HELLIGKEIT *positiv,* HELLIGKEIT *negativ,* ZWEITE FARBE

Und jetzt stell dir einmal vor, wie sich dein Strich verhält, wenn du gleichzeitig mehrere dieser Regler veränderst. Eine Fülle an Möglichkeiten wartet darauf, von dir entdeckt zu werden.

**Abbildung 7.53** *Ein Beispiel mit mehreren Einstellungen bei der* Farbdynamik, *Ursprungspinsel ist der* Pinselstift *unter* Zeichnen.

## Dynamik

Unter dem Register Dynamik stellst du ein, wie der Pinsel auf deine Strichgeschwindigkeit reagiert, nämlich ob sich bei einem schnelleren Zug die Größe oder Deckkraft verändert. Hier hast du nur wenige Regler zur Verfügung, du kannst die Größe und die Deckkraft sowohl erhöhen als auch verringern.

Hast du den Regler auf einen negativen Wert gestellt, führt langsames Zeichnen dazu, dass der Strich sehr dünn oder transparent wird. Hast du den Regler erhöht, wird der Strich dünner oder transparenter, wenn du schneller ziehst. Entscheide, was dir lieber ist.

Der zweite Bereich Jitter gibt dem Ganzen wieder eine Zufälligkeit, wie du sie schon kennst. Unter Größe und Deckkraft lässt du die Veränderungen zufällig entstehen und machst das Ganze unvorhersehbarer, je nach Stärke der getätigten Einstellung. Der Jitter ist allerdings unabhängig von der Geschwindigkeit, mit der du den Stift bewegst.

Diese Einstellungen sind nicht nur mit dem Apple Pencil möglich, du kannst deine Striche auch mit dem Finger ziehen und dabei die Geschwindigkeit erhöhen, um die Effekte zu sehen.

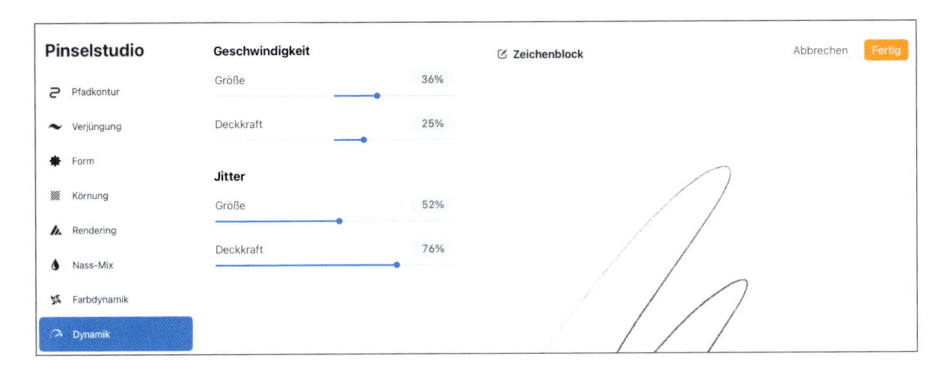

**Abbildung 7.54** Dynamik *bezieht sich zum einen auf die Stiftgeschwindigkeit, zum anderen auf die zufällige Größe und Deckkraft.*

Die Dynamik kann im Handlettering eine Rolle spielen, wenn du mit flotten Strichen deine Worte schreibst. Probiere doch einmal an einem Pinsel die Einstellungen bei der Dynamik aus.

### Apple Pencil

Unter dieser Rubrik nimmst du grundsätzliche Einstellungen zum Verhalten deines Apple Pencils vor. Es wird dabei unterschieden zwischen dem Verhalten bei Druck und bei Neigen. Alle Einstellungen, die du hier vornimmst, wirken sich auf die druck- und neigungsbasierten Einstellungen aus, die du an anderer Stelle im Pinselstudio gemacht hast.

Unter Druck kannst du die Größe auswählen, also ob der Strich bei stärkerem Druck breiter oder schmaler wird und wie sich die Deckkraft verhält. Dabei bedeutet keine Deckkraft, dass der Strich voll deckend ist. Stelle hier auch ein, ob der Strich je nach Druck viel oder eher weniger Farbe aufträgt (Fliessen).

ZERLAUFEN legt grundsätzlich fest, wie stark der Pinsel bei Druck zu den Rändern hin verläuft. Und GLÄTTEN stellt ein, wie glatt der Übergang innerhalb des Strichs bei wenig bis hohem Druck ist. Je höher du den Schieberegler hier stellst, desto stärker werden die Übergänge geglättet, stellst du ihn auf null, werden alle drucksensitiven Daten vom Apple Pencil auf die Leinwand übertragen.

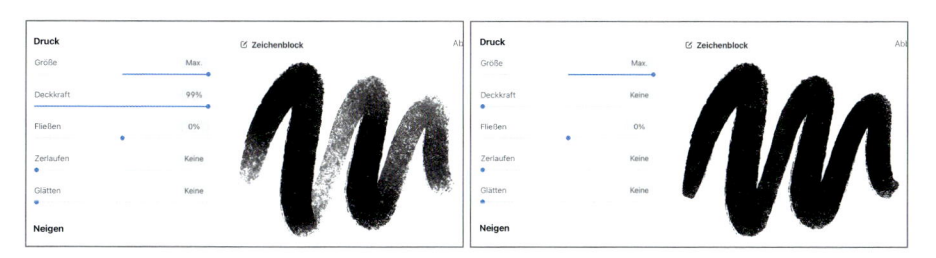

**Abbildung 7.55** *Derselbe Strich mit hoher* DECKKRAFT *(links) im Vergleich zu keiner Deckkraft, also voll deckend (rechts).*

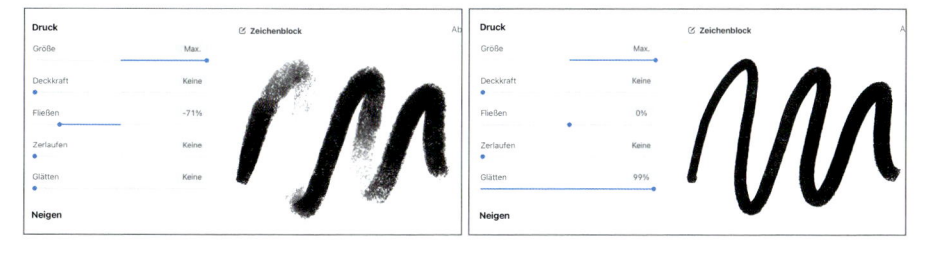

**Abbildung 7.56** FLIESSEN *wurde deutlich niedriger gestellt, es wird nun weniger Farbe abgegeben (links).* GLÄTTEN *stark erhöht lässt sogar die Linie schmaler werden (rechts).*

Im zweiten Bereich NEIGEN stellst du unter anderem den Neigungswinkel deines Apple Pencils ein. Dir stehen dabei Winkel zwischen 0° und 90° zur Verfügung, wobei 0° bedeutet, dass dein Stift flach auf der Leinwand liegt. 90° bedeutet, er steht senkrecht. Auch hier solltest du es dir wieder wie beim analogen Zeichnen vorstellen, denke an einen Bleistift, den du für eine dünne Linie aufrecht hältst, den du aber auch schräg auf das Blatt setzen kannst, um eine Fläche zu schraffieren. Das geht auch in Procreate über die Neigung des Stifts.

Das Neigungsdiagramm bietet dir die Möglichkeit, deinen bevorzugten Winkel visuell vor dir sehen zu können. Wenn du am blauen Knotenpunkt anfasst, kannst du den Winkel einstellen. Stelle dir einfach deinen analogen Bleistift in der jeweilig eingestellten Schräglage vor.

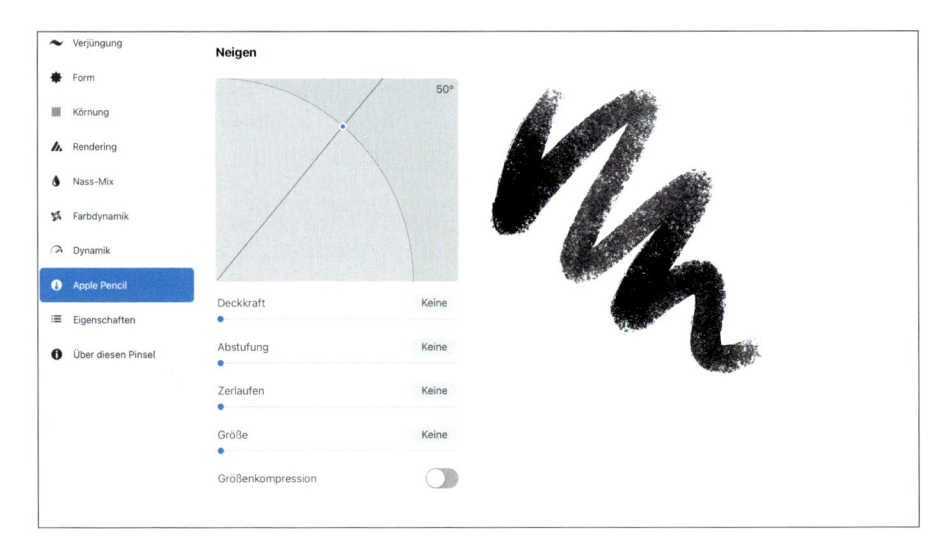

**Abbildung 7.57** *Hier siehst du das Neigungsdiagramm und die weiteren Einstellmöglichkeiten.*

Stellst du einen Winkel zwischen 0° und 15° ein, berührt deine Stiftspitze den Bildschirm nicht, und so wird auch kein Strich möglich sein. Alles zwischen 16° und 30° kann bei der Stiftreaktion tendenziell ungenau sein. Am besten sind Winkel über 30°, denn diese Neigungswinkel entsprechen auch deiner normalen Stifthaltung. Stellst du zum Beispiel einen Winkel von 50° ein, werden alle anderen neigungsbasierten Einstellungen erst ab diesem Neigungswinkel ausgeführt.

Unter DECKKRAFT stellst du ein, wie sich die Deckkraft in Abhängigkeit zur Stiftneigung verhält. ABSTUFUNG legt fest, wie sich Farbabstufungen verhalten sollen. Dies lässt einen Weichzeichnungseffekt entstehen und ahmt damit das Schraffieren auf Papier etwas nach.

Anschließend solltest du unter dem Regler ZERLAUFEN bestimmen, wie sehr deine Strichränder je nach Neigung deines Stifts zerfließen sollen. Stellst du ZERLAUFEN zu hoch ein, kann es passieren, dass dir ein paar Feinheiten innerhalb des Strichs verloren gehen.

GRÖSSE erklärt sich selbst, je nach Neigungswinkel verändert sich die Größe deines Strichs. Dabei kannst du zusätzlich die GRÖSSENKOMPENSION anwählen, dann wächst die Struktur im Pinselstrich nicht mit, sondern nur die Breite des Strichs an sich.

## Eigenschaften

Kommen wir zum Register EIGENSCHAFTEN, den vorletzten Einstellungsmöglichkeiten. Im ersten Bereich, den PINSELEIGENSCHAFTEN, legst du fest, wie dein Pinsel in der Vorschau angezeigt werden soll, ob du die einzelne Form sehen möchtest oder den Strich. Für die einzelne Form wählst du die STEMPELVORSCHAU an. Die Vorschau ist der Bereich, den du siehst, wenn du deine Pinselkategorien öffnest und einen Pinsel auswählst.

AN DISPLAY AUSRICHTEN ist vor allem für Pinsel interessant, die ein deutliches Auf und Ab in ihrem Strich haben. Wählst du diesen Button an, wird die Formausrichtung konstant am Gerät ausgerichtet, nicht an der sich vielleicht drehenden Leinwand. Die Größe der Vorschau sagt, wie groß der Pinselstrich oder die Stempelvorschau in der Pinselsammlung angezeigt wird. Hier findest du außerdem eine wichtige Eigenschaft, die besonders bei Aquarellpinseln interessant ist: Du kannst einstellen, wie dein Pinsel als Wischfinger arbeiten soll, ob es ein starkes oder eher weniger starkes Verwischen geben soll.

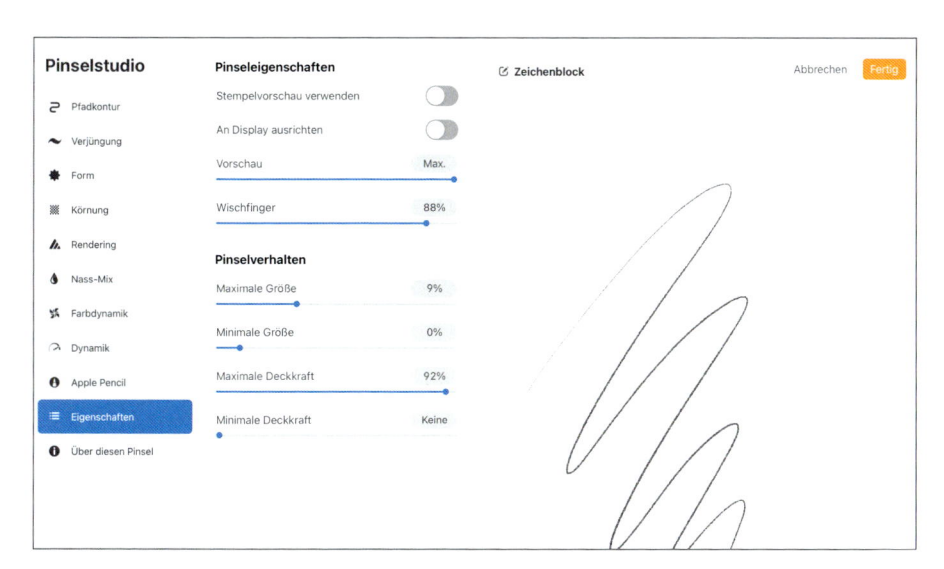

**Abbildung 7.58** *Unter* EIGENSCHAFTEN *definierst du Grundsätzliches zum Pinsel.*

Unter PINSELVERHALTEN stellst du ein, wie groß bzw. klein dein Pinsel maximal werden soll und wie hoch und niedrig die MAXIMALE DECKKRAFT sein kann. Diese Einstellungen beziehen sich dann auf die Regler in der Seitenleiste deiner Leinwand, die Größe und Deckkraft deines Pinsels regulieren.

## Über diesen Pinsel

In der letzten Rubrik kannst du eine digitale Signatur und deinen Namen hinterlegen, sogar ein Profilbild wäre möglich. Das ist interessant, wenn du eigene Pinsel erstellst und diese später anderen Leuten zugänglich machen willst. So kann man sie immer dir zuordnen. Tippst du oben auf den Namen des Pinsels, darfst du ihn hier umbenennen.

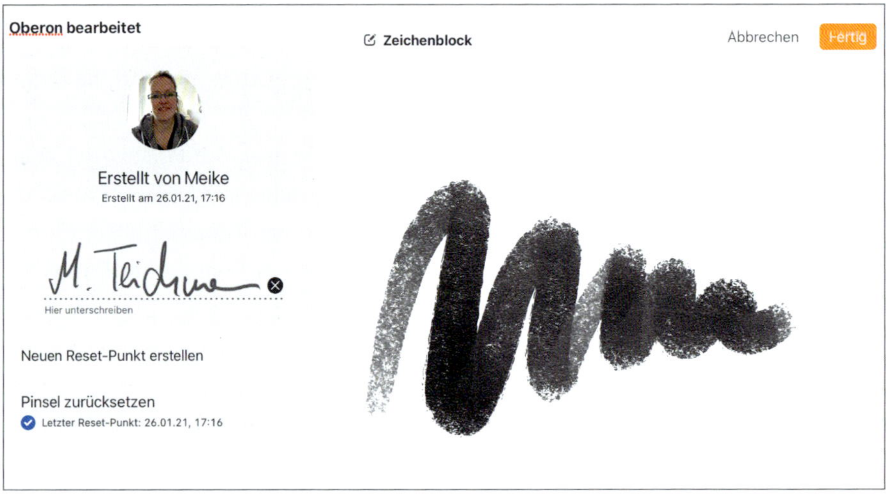

**Abbildung 7.59** *Das Register* Über diesen Pinsel

Eine sehr hilfreiche Funktion ist der Reset-Punkt. Wie beim Schnappschuss der Protokoll-Palette von Adobe Photoshop kannst du hier einen Stand deiner Pinselerstellung zwischenspeichern. Wenn du Änderungen an deinem Pinsel vorgenommen hast und nicht sicher bist, ob es schon passt oder du noch weitere Dinge verändern möchtest, musst du einen Neuen Reset-Punkt erstellen. Du wirst gefragt, ob du den aktuellen Zustand speichern möchtest, sprich alle Einstellungen bis hierhin. Bestätigst du das, kannst du weitere Änderungen am Pinsel vornehmen und später jederzeit wieder zu diesem Reset-Punkt zurückspringen, wenn die neuen Änderungen doch nicht optimal waren. Dafür gehst du dann auf Pinsel zurücksetzen. Hier wird dir auch der Zeitpunkt der Erstellung deines Reset-Punkts angezeigt. Hast du keinen Reset-Punkt definiert, ist dieser Button ausgegraut und nicht verfügbar. Es steht dir immer nur ein Reset-Punkt zur Verfügung. Legst du einen neuen an, wird der alte überschrieben.

Bei voreingestellten Pinseln findest du hier stattdessen den Button ALLE EIN-STELLUNGEN ZURÜCKSETZEN. So kommst du wieder an die ursprünglichen Einstellungen. Bei den voreingestellten Pinseln kannst du also keine Reset-Punkte festlegen, du müsstest den Pinsel zunächst duplizieren.

### Fazit

All diese im Pinselstudio möglichen Einstellungen wirken sich je nach Pinsel und gemachten Änderungen mehr oder weniger sichtbar aus, dafür ist der Zeichenblock gut, so kannst du die meisten Auswirkungen direkt sehen. Oder auch nicht, wenn diese Einstellung eben wenig Auswirkungen auf den Pinselstrich hat oder sie nur mit einer anderen Farbe zusammen funktioniert. Letztendlich gibt es bei all den vielen Möglichkeiten keine richtige oder falsche Einstellung. Es kommt ganz auf deinen Geschmack und die Bedürfnisse an.

## 7.3 Einen Pinsel modifizieren

Ich hatte eingangs in diesem Kapitel davon gesprochen, dass ich den bei Procreate vorinstallierten Pinsel 6B STIFT für meine Bedürfnisse angepasst und etwas verändert habe. Ich möchte dir meine persönlichen Anpassungen zeigen. Es sind gar nicht viele, aber der Stift wurde dadurch etwas weniger rau, was ich gut fand. Außerdem ist er geschmeidiger im gesamten Fluss.

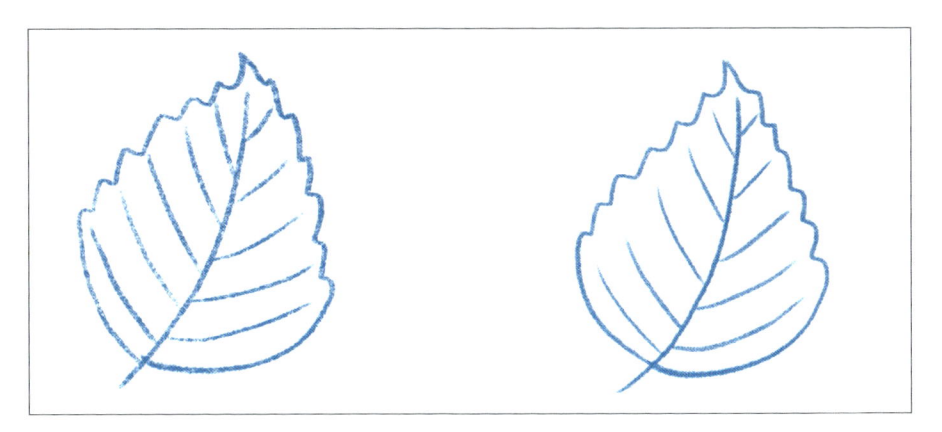

**Abbildung 7.60** *Hier siehst du die Linien des* 6B STIFT *(links) und im Vergleich dazu die des etwas modifizierten Pinsels, den ich nutze.*

Rufe den Pinsel 6B Stift aus der Kategorie Skizze auf und dupliziere ihn zunächst. Im Register Form habe ich die Streuung von 19 % auf 30 % erhöht und den Wert Zufall aktiviert. Im Register Körnung habe ich die Grösse auf 19 % verkleinert, Zoomen auf 93 % gestellt und die Rotation auf 1 %. Alle anderen Einstellungen sind identisch geblieben. So gefällt mir der Strich besser, also nutze ich gerne meine überarbeitete Version dieses Stifts für all meine Skizzen und Vorzeichnungen, aber ich zeichne auch sehr gerne in Farbe damit.

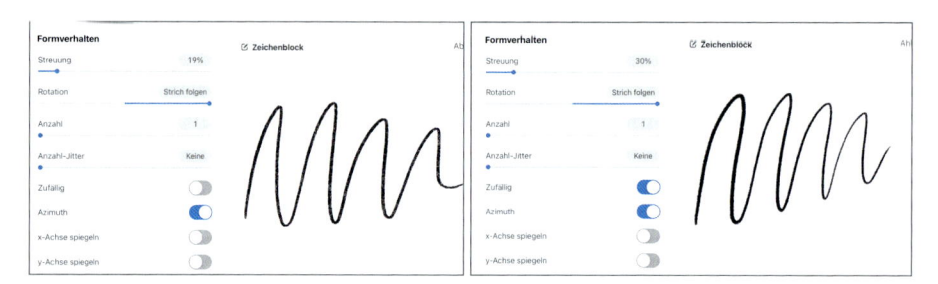

**Abbildung 7.61** *Links sind die Einstellungen, wie sie voreingestellt für den* 6B Stift *gemacht sind, rechts meine minimalen Veränderungen unter dem Punkt* Form.

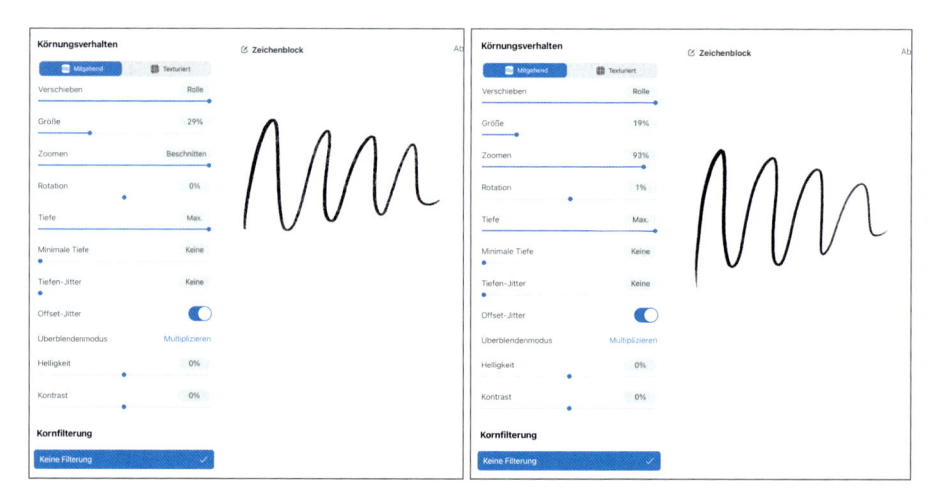

**Abbildung 7.62** *Die Voreinstellung (links) und Anpasssung (rechts) für die* Körnung

Neigst du deinen Apple Pencil zur Seite, dann erzeugt der 6B Stift fast wie bei einem analogen Bleistift eine breite Schraffur auf der Leinwand. So kannst du leicht auch größere Flächen färben und dabei die Fläche noch etwas rauer und »handmade« aussehen lassen.

## 7.4 Zwei Pinsel kombinieren

Ist dir vielleicht aufgefallen, dass du bei manchen Pinseln im Pinselstudio oben links zwei Pinsel angezeigt bekommst? Du findest solche Pinsel beispielsweise unter der Kategorie ZEICHNEN (zum Beispiel der Pinsel STYX) oder KÜNSTLERISCH.

Das kommt daher, dass diese Pinsel sich aus zwei Einzelpinseln zusammensetzen, es sind sogenannte Dualbrushes. Beide kannst du im Pinselstudio auswählen und bearbeiten.

Das Kombinieren zweier Pinsel bietet dir schier unbegrenzte Möglichkeiten, neue, sehr individuelle Pinsel zu erstellen, denn du kannst selbst zwei Pinsel zu einem kombinieren. Kleine Einschränkungen gibt es: Es funktioniert nicht mit den voreingestellten Pinseln von Procreate, du musst in jedem Fall ein Duplikat von ihnen erzeugen. Und Pinsel, die schon ein Doppelpinsel sind, lassen sich auch nicht weiter kombinieren. Außerdem müssen sich die beiden Pinsel, die du zu einem verbinden willst, in derselben Kategorie befinden.

Und so geht es: Suche deinen Primärpinsel aus und tippe ihn an, so dass er in der Pinselsammlung blau hinterlegt erscheint. Wähle nun aus der Liste innerhalb der Kategorie den zweiten Pinsel aus und wische auf ihm nach rechts. Der Sekundärpinsel wird hellblau unterlegt. Oben in der Pinselsammlung erscheinen die Möglichkeiten KOMBINIEREN und LÖSCHEN. Wähle KOMBINIEREN, und beide vereinen sich zu einem, der den Namen des Primärpinsels trägt. Du solltest den Pinsel im Pinselstudio unter ÜBER DIESEN PINSEL später umbenennen.

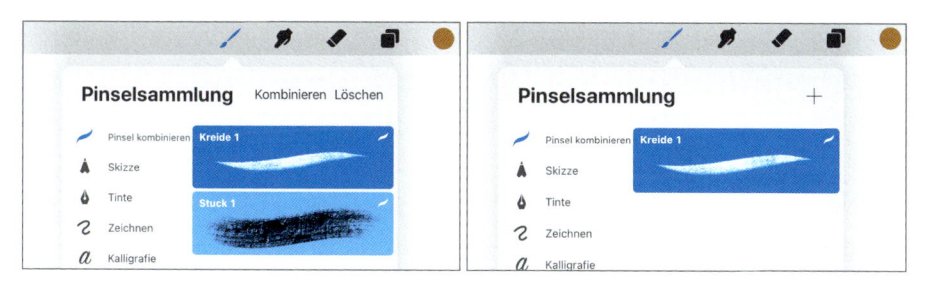

**Abbildung 7.63** *Wähle zwei Pinsel aus, die du kombinieren möchtest, oben erscheint der entsprechende Button (links). Anschließend bleibt ein Pinsel übrig mit dem Namen des Primärpinsels (rechts).*

Wenn du im Pinselstudio nun oben links deine kombinierten Pinsel auswählst, kannst du sämtliche Einstellungen jeweils für beide Pinsel separat vornehmen.

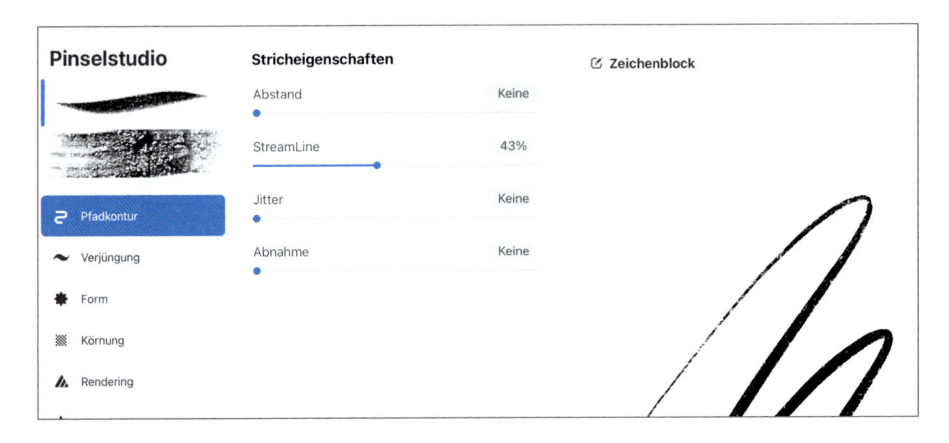

**Abbildung 7.64** *Die kombinierten Pinsel siehst du oben links im Pinselstudio, mit dem blauen Strich versehen ist der aktive Pinsel von beiden.*

Tippst du einen der beiden Pinsel zweimal an, werden beide etwas hervorgehoben, und du hast die Möglichkeit, den KOMBINIEREN-MODUS auszuwählen. Das ist die Mischmethode, mit der beide Pinsel miteinander interagieren, es stehen beispielsweise MULTIPLIZIEREN, ABDUNKELN oder NORMAL zur Verfügung. Hier musst du ausprobieren, welcher Effekt für deinen Pinsel gewünscht ist. Was jeder Modus bewirkt, beschreibe ich in Abschnitt 8.3.

**Abbildung 7.65** *Tippst du den aktiven Pinsel ein zweites Mal an, werden beide hervorgehoben und du siehst den KOMBINIEREN-Modus, wenn du auf diesen tippst, öffnet sich eine große Auswahl unterschiedlicher Modi*

Tippst du ein zweites Mal auf den unteren Pinsel, nachdem er blau hervorgehoben wurde, wird dir angeboten, die Kombination wieder aufzuheben. Tippe den Button an und schaue dann in deine Pinselsammlung, du findest wieder die beiden Einzelpinsel vor.

Welcher Pinsel wie mit einem Zweiten interagiert, ist in diesem Buch nicht darstellbar, dafür sind die Möglichkeiten einfach zu vielfältig. Probiere aus, wie ein glatter Strich mit einem zweiten, eher rauen Pinsel harmoniert, oder was passiert, wenn du einem Pinsel ohne Textur einen mit individuellen Eigenschaften hinzufügst.

## 7.5 Der Wischfinger

Neben dem Pinsel findest du in Procreate den Wischfinger. Er erlaubt dir, ähnlich wie dein Finger es auf dem Papier kann, zwei Flächen oder Striche miteinander zu verbinden. So bekommst du schöne, weiche Übergänge von einer zur anderen Farbe hin. Du kannst Bereiche weichzeichnen oder auch einen Verlauf erzeugen.

Für den Wischfinger stehen dir dieselben Pinsel zur Verfügung wie zum Zeichnen, die Sammlung ist identisch. Das bedeutet: Du wischst entweder genau mit dem Pinsel, mit dem du auch deine Farbfläche erzeugt hast, oder du nimmst bewusst einen anderen und generierst so einen spannenden Effekt, weil der Pinsel, der wischt, eine andere Textur hat. Auch beim Wischfinger hast du also die Qual der Wahl, welcher Pinsel zum Einsatz kommt, und jedes Mal werden die Ergebnisse anders ausfallen.

**Abbildung 7.66** *Der Wischfinger kam zum Einsatz, links vorher, rechts nachher.*

Natürlich kannst du auch weiche Farbübergänge schaffen, indem du zwei Farbflächen sich etwas transparent überlappen lässt oder für jede Farbabstufung eine entsprechende Farbe auswählst und dich so der anderen annäherst. Aber der Wischfinger ist sehr viel komfortabler und erzeugt diese sanften Übergänge deutlich einfacher.

Mit dem Wischfinger nimmst du keine Farbe auf und malst, du kombinierst die schon vorhandenen Farben miteinander!

Sehr interessant finde ich den Wischfinger tatsächlich für Verläufe, vor allem, wenn sie über die gesamte Leinwand gehen sollen. Du kannst einfach zwei Farbflächen anlegen, eine in der oberen Hälfte, die andere in der unteren, und den Übergang mit einem großen, weichen Wischfinger erzeugen (Abbildung 7.67). Gerade, weil Procreate kein Verlaufswerkzeug mitbringt, ist das eine gute Alternative.

Auch beim Zeichnen von Haut ist der Wischfinger hilfreich, da sich so die Übergänge von schattigen Partien zu hellen sehr schön gestalten lassen. Grundsätzlich bietet er sich an, wenn du eher realistisch zeichnest und dabei weiche Farbübergänge nötig sind. Wenn die ganze Zeichnung eher rau und verspielt daherkommt, nicht realistisch genau, dürfen in meinen Augen Farbübergänge etwas sichtbarer sein.

**Abbildung 7.67** *Ein Vorher-Nachher-Vergleich: Der Wischfinger war derselbe Pinsel wie er für die Zeichnung selbst genutzt wurde (links). Zwei Farbflächen werden mit einem großen Airbrush-Wischfinger zu einem Verlauf verbunden (rechts).*

### Tipp: Mit Deckkraft arbeiten
Damit der Wischfinger noch dezenter verwendet werden kann, kannst du außerdem über die Seitenleiste die Deckkraft reduzieren.

## 7.5 Der Wischfinger

Der Wischfinger nimmt immer hauptsächlich die Farbe »mit«, auf der du den Stift ansetzt: Möchtest du Rot und Gelb miteinander mischen und startest auf der gelben Fläche, wischst du das Gelb ins Rot. Oder eben umgekehrt, wenn du den Stift auf der roten Fläche ansetzt und ins Gelbe wischst.

**Abbildung 7.68** *Links siehst du das Original, daneben wurde einmal mit einem weichen Airbrush-Wischfinger gearbeitet und rechts dann mit demselben Pinsel, der auch für die Zeichnung verwendet wurde. Hier bleiben die Texturen deutlicher erhalten.*

Damit du bei deiner Zeichnung nicht auch die Außenkanten weich verwischst, solltest du die Ebene vorher mit der ALPHASPERRE fixieren, dann bleibt die Form an sich erhalten, nur im Inneren werden die Farben verwischt. Das geht über das Ebenen-Menü. Alles zu Ebenen und wie du mit der Alphasperre arbeitest, erkläre ich in Kapitel 8.

### Pinsel schnell übertragen

Um den Pinsel, mit dem du eben noch gezeichnet hast, nicht erst aus der Pinselsammlung heraussuchen zu müssen, um ihn dann als Wischfinger einzusetzen, gibt es einen Trick: Du kannst oben in der Werkzeugleiste den Wischfinger etwas länger gedrückt halten, und der voreingestellte Pinsel wird übernommen. Dazu erscheint oben am Rand eine kleine Information. Für das Radiergummi funktioniert es genauso.

## 7.6 Das Radiergummi

Auch beim Radiergummi steht dir die gesamte Pinselpalette zur Verfügung, so dass dein wegradierter Bereich dieselben Eigenschaften aufweist wie deine Pinselstriche, wenn du es möchtest. Ein Radiergummi mit grober Textur wird auch grob radieren. Alternativ wählst du einen ganz anderen Pinsel zum Radieren aus und erzeugst so andere Effekte, wie zum Beispiel weiche Kanten.

Benutze auch beim Radiergummi den Deckkraftregler in der Seitenleiste, wenn du nicht sofort alles wegradieren möchtest. Dann wird je nach Deckkraft nur zart radiert und du kannst mit mehrmaligem Radieren schöne Effekte erzielen.

Wenn dir der Bereich, den du wegradieren möchtest, zu groß ist, kannst du zum Entfernen natürlich auch das Auswahlwerkzeug (Abschnitt 6.1) nutzen und den Bereich auswählen und anschließend löschen. Oder du löschst die gesamte Ebene, wenn alles darauf nicht mehr gebraucht wird.

**Abbildung 7.69** *Unterschiedliche Pinsel zum Radieren erzeugen auch eine sehr unterschiedliche Optik. Links derselbe Pinsel, mit dem die Fläche gemalt wurde, rechts ein weicher Airbrush.*

# Kapitel 8
# Ebenen

*Stell dir das Arbeiten mit Ebenen so vor, als würdest du auf mehreren transparenten Papieren arbeiten, die du alle übereinanderstapeln kannst. Das sind deine Ebenen. Alles, was du auf der obersten Ebene zeichnest, verdeckt das, was auf der Ebene darunter gezeichnet wurde. Dort, wo keine Striche oder Farbflächen auf der oberen Ebene sind, kannst du das Gemalte der darunterliegenden Ebene sehen und so fort. Du darfst dir eine ganze Reihe von Ebenen anlegen und sie alle übereinanderstapeln. Damit erleichterst du dir das Arbeiten sehr.*

## 8.1  Die Ebenen-Palette

Öffnest du ein neues Dokument, wird dir automatisch eine Hintergrundfarbe und eine Ebene 1 angezeigt. Wenn du jetzt anfängst, etwas zu zeichnen, passiert das auf Ebene 1. Die aktive Ebene ist immer blau hinterlegt, so siehst du gleich, auf welcher Ebene du gerade arbeitest.

Auf der Hintergrundebene kannst du nicht malen, aber den gesamten Hintergrund einfärben. Wenn du auf diese Ebene tippst, wird ein Farbmenü geöffnet, aus dem du deine Hintergrundfarbe auswählen darfst. Voreingestellt beim Öffnen eines neuen Dokuments ist diese Ebene weiß.

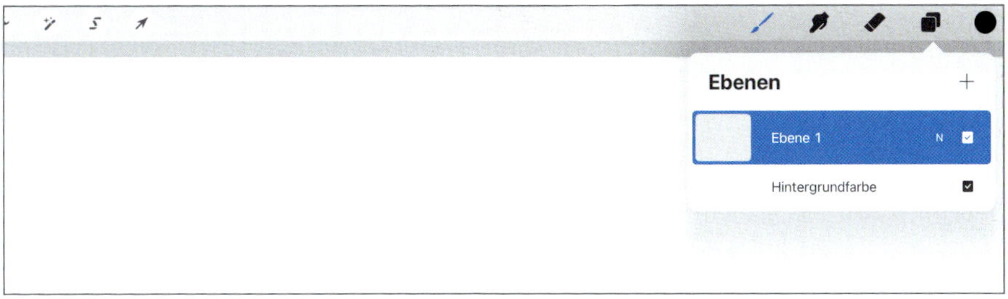

**Abbildung 8.1** *Ein neues Dokument enthält immer eine Hintergrundfarbe und eine Ebene 1.*

In der Ebenen-Palette wird dir immer der Name der Ebene und zusätzlich als Ebenenminiatur auch angezeigt, was sich auf der jeweiligen Ebene befindet ❹.

Es ist möglich, jede Ebene auszublenden, wenn du sie nicht sehen möchtest. Das machst du über den kleinen Haken rechts bei jeder Ebene ❷. Auch die Hintergrundebene lässt sich ausblenden, du siehst sie dann leicht grau kariert. Dann wird der Hintergrund nicht gespeichert, wenn du zum Beispiel eine freigestellte Figur erstellt hast. Das N auf jeder Ebene ❸ zeigt dir den Ebenenmodus an. Es ist weiterhin möglich, jeder Ebene einen Modus zuzuweisen, der bestimmt, wie sie mit den darunterliegenden Ebenen interagieren soll. N bedeutet in dem Fall »Normal«, also der Modus NORMAL ist ausgewählt. Mehr zu den Ebenenmodi in Abschnitt 8.3.

Es stehen dir außerdem für jede Ebene drei weitere Aktionen zur Verfügung ❶. Zu diesen Funktionen gelangst du, wenn du auf der Ebene nach links wischst. Du kannst die Ebene sperren, dann kann sie nicht mehr bearbeitet werden. So schützt du beispielsweise Inhalte, so dass du nicht aus Versehen auf dieser Ebene arbeitest und damit vorhandene Motive übermalst. DUPLIZIEREN kopiert dir deine Ebene mit all ihren Inhalten. Und bei LÖSCHEN wird diese Ebene entfernt, danach ist die Ebene weg, überlege also gut, ob es ein sinnvoller Schritt ist.

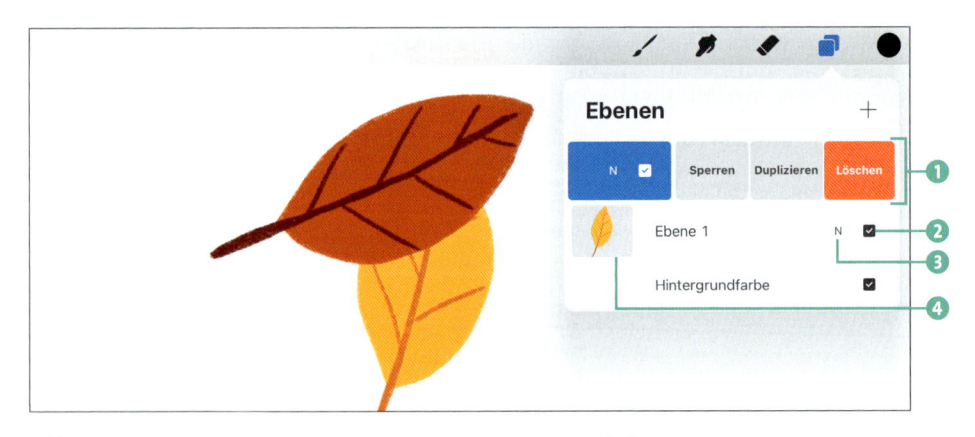

Abbildung 8.2 *Ebenenoptionen* SPERREN, DUPLIZIEREN *und* LÖSCHEN

### Ebenendeckkraft

Für jede Ebene kannst du die Deckkraft reduzieren. So lässt sich zum Beispiel deine Skizze schwach anzeigen, um sie noch sehen zu können, wenn du mit der eigentlichen Zeichnung beginnst. Dazu tippst du auf der jeweiligen Ebene auf das N ❸ und siehst dann einen Schieberegler für die Deckkraft. Später kannst du die Deckkraft dann auf dem gleichen Wege auch wieder auf 100 %, sprich maximal, stellen.

Tippst du mit zwei Fingern auf eine Ebene, erscheint am oberen Rand der Leinwand ein blauer Balken, der dir die Deckkraft anzeigt. Wischst du jetzt nach links über den Bildschirm, ist es möglich, auch auf diesem Wege die Deckkraft zu reduzieren. Der Balken oben zeigt dir die Prozentangaben an. Diesen Vorgang musst du am Ende mit einem Tipp auf die Leinwand bestätigen, kannst dann auch ABBRECHEN, dir eine VORSCHAU ANZEIGEN lassen oder ERNEUT BEGINNEN. Es erscheint dafür wieder das kleine Auswahlmenü mitten auf der Leinwand.

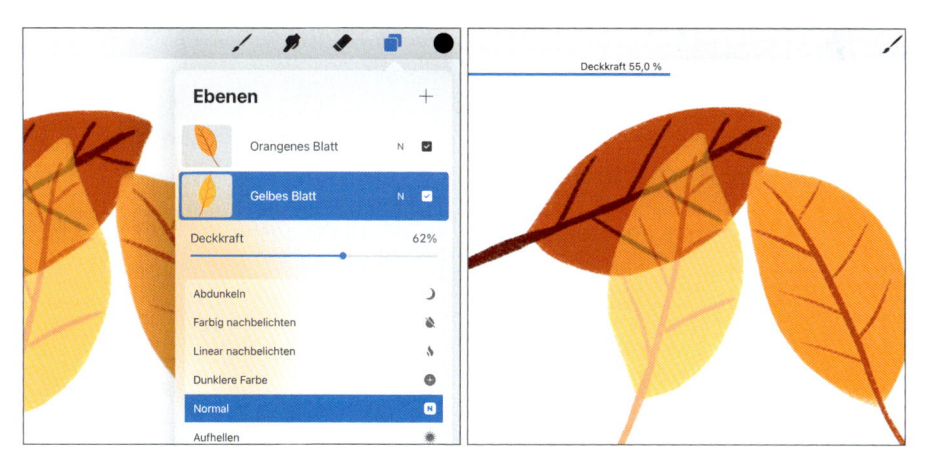

**Abbildung 8.3**  *Die Deckkraft vom gelben Blatt wurde auf 50 % reduziert (links). Das Gleiche kannst du auch machen, indem du mit zwei Fingern auf die Ebene tippst und auf dem Bildschirm nach links wischst (rechts).*

## Neue Ebene und Reihenfolge

Über das Pluszeichen in der Ebenen-Palette fügst du neue Ebenen hinzu. Diese werden immer ganz zuoberst angeordnet. Möchtest du die Reihenfolge deiner Ebenen ändern, geht das, indem du eine Ebene mit dem Finger berührst und einen Moment wartest. Dann wird sie etwas hervorgehoben und lässt sich an die neue Position schieben. Damit veränderst du natürlich auch die Ansicht deiner Zeichnung. Alles, was auf der oben liegenden Ebene gezeichnet ist, liegt in der Zeichnung vorne, Elemente unten liegender Ebenen verschwinden eventuell. So kannst du sehr einfach in dein Bild eingreifen, ohne ganze Bereiche neu zeichnen zu müssen. Nutze also die Flexibilität der Arbeit mit Ebenen.

**Abbildung 8.4** *Hier sieht man die Auswirkungen der Ebenenreihenfolge: Die obere Ebene wird immer vorne angezeigt.*

## 8.2 Das Ebenen-Menü

Die Ebenen bieten eine große Range an Bearbeitungsmöglichkeiten. Dazu tippst du auf die jeweilige Ebene, und es erscheint links daneben eine kleine Auswahl an Einstellungen, das Ebenen-Menü.

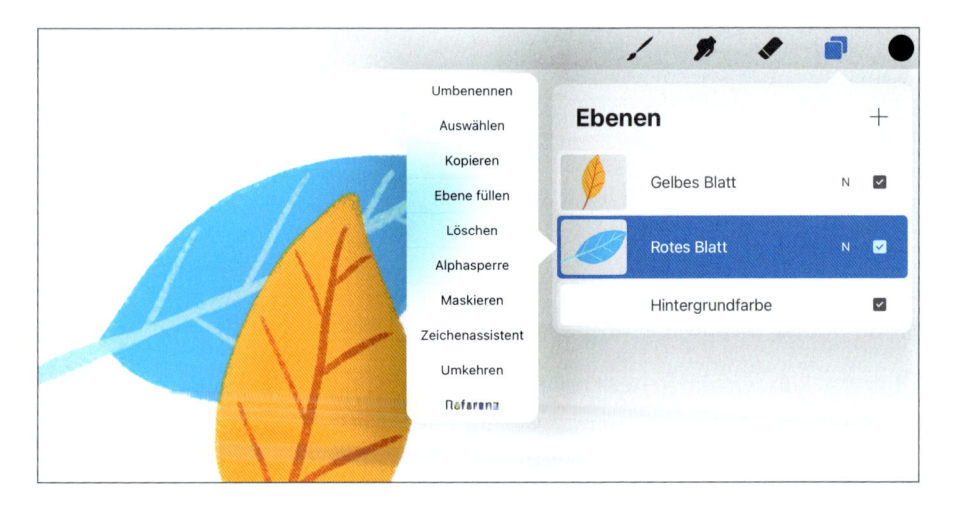

**Abbildung 8.5** *Das Ebenen-Menü wird nach einem Tippen auf die Ebene angezeigt.*

Zuoberst findest du UMBENENNEN. Wenn du das auswählst, kannst du deiner Ebene einen eigenen Namen geben und so den Überblick behalten. Gerade wenn du irgendwann mit sehr vielen Ebenen arbeitest, ist diese Benennung Gold wert. Es lässt sich über das Ebenen-Menü auch alles, was sich auf der Ebene befindet, AUSWÄHLEN, alles zum Thema Auswahlen findest du in Kapitel 6.

Es ist außerdem möglich, den Inhalt der Ebene zu kopieren. KOPIEREN erstellt dir eine neue Ebene mit denselben Inhalten. Das eignet sich beispielsweise, wenn du etwas verändern möchtest, aber das ursprüngliche Motiv für den Notfall noch als Sicherungskopie behalten willst. EBENE FÜLLEN bedeutet, dass die gesamte Ebene mit der aktuell ausgewählten Farbe gefüllt wird. Und LÖSCHEN entfernt natürlich den Inhalt der gesamte Ebene. Die Ebene selbst bleibt erhalten, sie wird aber komplett geleert.

## Alphasperre

Aktivierst du die Alphasperre, wird sie dir in der Ebenenminiatur mit einem grau gekachelten Hintergrund angezeigt. Alles um deine Zeichnung herum wurde jetzt auf dieser Ebene gesperrt, dort lässt sich nicht mehr malen. Diese Einstellung kann sehr praktisch sein, wenn du im Nachhinein bestimmte Bildbereiche übermalen möchtest, dabei aber die eigentliche Form nicht verändern willst. Du kannst jetzt ganz frei arbeiten und musst dir keine Sorgen machen, über die ursprüngliche Form hinauszumalen.

**Abbildung 8.6** *Das gelbe Blatt wurde mit* ALPHASPERRE *versehen, du malst nur innerhalb der Blattform. In der Ebenenminiatur siehst du den grau gekachelten Hintergrund.*

Ich nutze die Alphasperre gerne und regelmäßig. Erst definiere ich mit einer Farbe meine Form und fülle die gesamte Fläche mit Farbe aus. Anschließend nutze ich die Alphasperre und kann dann in Ruhe und ohne über den Rand zu malen weitere Farben hinzufügen, Lichter und Schatten modellieren, Details einfügen und Ähnliches. So wachsen meine Bilder von einer Farbfläche zu einem detaillierten Motiv. Ein Beispiel für die Anwendung findest du in Abschnitt 14.3.

**Gestensteuerung der Alphasperre**

Die Alphasperre kannst du auch aktivieren, indem du auf der betreffenden Ebene mit zwei Fingern nach rechts wischst. So deaktivierst du sie auch wieder. Hast du die Alphasperre aktiviert und gehst dann auf EBENE FÜLLEN, werden nur die farbigen Bereiche gefüllt, alles andere nicht, weil es ja gesperrt wurde.

## Maskieren

Über MASKIEREN weist du einer Ebene eine Maske zu. Dabei wird eine neue Ebene über der eigentlichen Ebene angelegt, die miteinander verbunden und beide blau unterlegt sind. Hellblau markiert dabei die Ebene, auf die sich die Maske bezieht, dunkelblau ist die Maske selbst. Oder umgekehrt, wenn du nicht mehr auf der Maske arbeiten willst und die Ebene antippst.

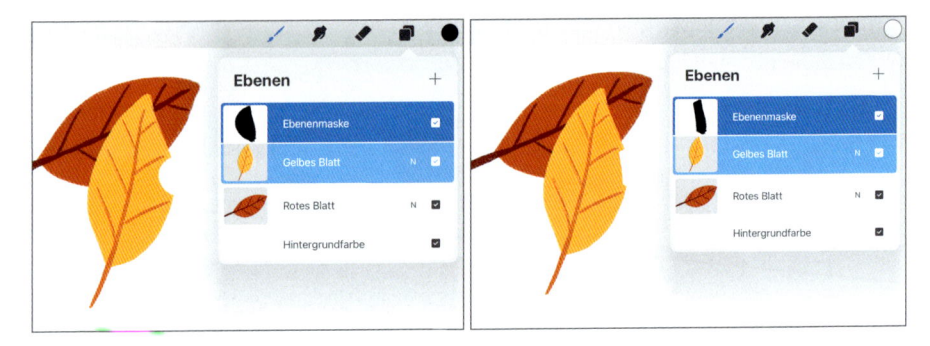

**Abbildung 8.7** *Auf der Maske wurde in Schwarz gezeichnet, auf der darunterliegenden Ebene ist dieser Bereich nun nicht mehr sichtbar (links). Malst du mit Weiß auf der Maske über den schwarzen Bereich, wird alles darunter wieder sichtbar (rechts).*

Bleibst du auf der Ebenenmaske, kannst du hier mit Schwarz und Weiß arbeiten. Dabei deckt Schwarz Bereiche der Ebene darunter ab, Weiß holt sie wieder hervor, macht sie also wieder sichtbar. Denn anders als mit dem Radiergummi sind die Bereiche bei einer Maske nur nicht mehr sichtbar, aber immer noch vorhanden. Du kannst sie jederzeit wieder hervorholen. Ist jedoch etwas wegradiert, ist es verloren. Auf der Maske lässt sich auch mit Grauwerten arbeiten. So lassen sich du Bereiche transparent abdecken, also nur abschwächen, und sie verschwinden nicht ganz. 50 % Grau macht die Fläche beispielsweise halbtransparent.

Für die Arbeit auf der Maske stehen dir alle Pinsel aus der Pinselsammlung zur Verfügung. Man kann allerdings nicht radieren, aber dafür lassen sich ja mit Weiß Bereiche wieder hervorholen, wenn du zu viel mit Schwarz abgedeckt hast.

Tippst du auf die Ebene der Ebenenmaske, erscheint auch hier ein kleines Pop-up-Menü mit unterschiedlichen Möglichkeiten. Du solltest die Maske umbenennen, gibt ihr am besten den Namen der Ebene, auf die sie sich bezieht. Außerdem hast du die Möglichkeit, alles auf der Maske auszuwählen, um es dann zum Beispiel zu verschieben. Das machst du über – richtig – AUSWÄHLEN.

EBENE FÜLLEN bedeutet auch hier, dass die komplette Maskenebene mit einer Farbe gefüllt wird. In diesem Fall mit Schwarz oder Weiß, andere Farben funktionieren in einer Maske nicht. Hast du also gerade Schwarz ausgewählt, füllt sich die ganze Ebene und verdeckt alles auf der Ebene darunter.

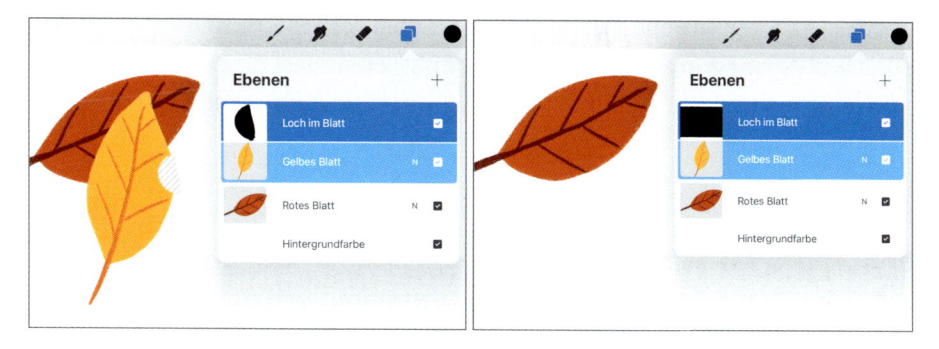

**Abbildung 8.8** *Alles auf der Maske wurde ausgewählt (links) und die gesamte Maske mit Schwarz gefüllt, also alles abgedeckt (rechts).*

LÖSCHEN bedeutet nicht, dass die ganze Ebene gelöscht wird, sondern nur das, was du bisher auf der Maske gezeichnet hast. Sie wird also geleert, und du kannst neu beginnen.

Umkehren wandelt schwarze in weiße Bereiche und umgekehrt. Hast du also einen Bereich mit Schwarz abgedeckt, wird mit Umkehren alles andere abgedeckt, nur dieser Bereich nicht.

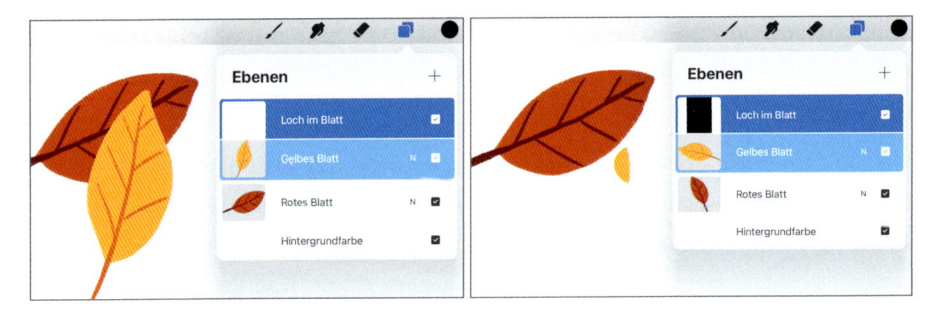

**Abbildung 8.9** *Alles auf der Ebenenmaske wurde wieder gelöscht (links). Über* Umkehren *werden schwarze Bereiche weiß und umgekehrt, du siehst jetzt also nur den eben übermalten Bereich im Blatt (rechts).*

Eine komplette Ebenenmaske lässt sich löschen, wenn du auf der Maskenebene nach links wischst und Löschen auswählst. Hier steht dir auch Sperren wieder zur Verfügung, wenn du diese Ebene blockieren willst. Dir wird ein kleines Schloss angezeigt. Wischst du erneut über die Ebene, kannst du sie entsperren.

Du kannst auf der Ebenenmaske nach rechts wischen, wenn zusätzlich die dazugehörige Ebene blau markiert ist, und Procreate fragt dich, ob du beide Ebenen zu einer Gruppe zusammenfügen oder löschen möchtest. Einen Beispiel-Workshops zum Einsatz von Ebenenmasken findest du als Zusatzangebot auf der Website zum Buch unter *https://www.rheinwerk-verlag.de/procreate*.

### Clipping-Maske

Eine Clipping-Maske, auch Schnittmaske genannt, ist eine sehr gute Möglichkeit, deine Zeichnung zu verändern oder zu ergänzen, und zwar auf einer neuen Ebene, die sich aber auf die darunterliegende bezieht. Um eine Clipping-Maske zu verwenden, muss also in jedem Fall zwei Ebenen existieren.

Erstelle eine neue Ebene über deiner Zeichnung und stelle diese mit einem Tippen auf die Ebene im Menü auf Clipping-Maske. Du siehst, dass sie ein wenig eingerückt wird. Mit einem Pfeil wird signalisiert, dass sie sich auf die darunterliegende Ebene bezieht. Alles, was du nun auf dieser Ebene zeichnest, wird nur dort zu sehen sein, wo auch auf der darunterliegenden Ebene farbige Flächen oder Linien sind. Du wirst jetzt also auf der Clipping-Maske arbeiten, man wird deine Striche nur innerhalb der Form auf der darunterliegenden Ebene sehen. Du arbeitest hier wie gewohnt mit deinem Pinsel, kannst radieren, alles auf der Clipping-Maske auswählen und skalieren oder verschieben. Betrachte sie als eine ganz normale Ebene, nur bezieht sie sich auf die darunterliegende. Du hast auch bei einer Clipping-Maske mehrere Optionen: Durch Wischen nach links kannst du sie sperren, duplizieren oder löschen. Natürlich lassen sich auch Effekte auf der Clipping-Maske anwenden, die du unter ANPASSUNGEN findest.

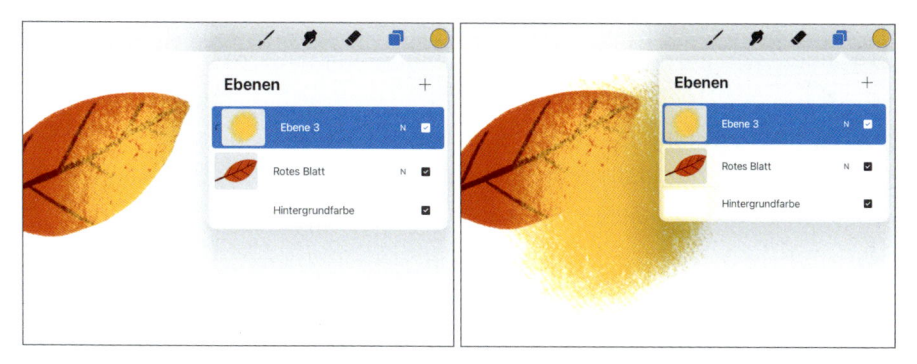

**Abbildung 8.10**  *Eine raue Fläche auf der Ebene über dem Blatt: Als Clipping-Maske ist sie aber nur auf der Blattform zu sehen (links), ohne Clipping-Maske hättest du über die Form hinausgemalt (rechts).*

Deine Clipping-Maske lässt sich jederzeit wieder in eine normale Ebene umwandeln, indem du auf die Ebene tippst und die Funktion deaktivierst. Dann siehst du wieder alle Striche, die du auf dieser Ebene gemacht hast, auch die, die außerhalb deiner darunterliegenden Form liegen, so wie in Abbildung 8.10 rechts zu sehen. Sobald du die Ebene verschiebst, wird sie auch wieder zu einer normalen Ebene.

Mit dieser Methode kannst du also sehr frei arbeiten, musst dir um die Ursprungsform deiner Zeichnung keine Sorgen machen, auch die eigentliche Zeichnung wird nicht verändert, da du auf einer Ebene darüber arbeitest. Du bleibst also ganz flexibel. Eine Clipping-Maske bietet sich zum Beispiel an, wenn du deiner Figur Licht und Schatten geben möchtest, dieses aber nicht direkt auf der Figur selbst tun willst, falls es nicht gleich stimmig wirkt und du korrigieren willst (Abbildung 8.11). Auch für die Details ist sie sehr gut geeignet, da du flexibel bleibst und schnell alles ändern oder auch ausblenden kannst.

**Abbildung 8.11** *Licht und Schatten innerhalb der Clipping-Maske*

Es können sich auf eine Ebene auch mehrere Clipping-Masken beziehen, so erhältst du noch mehr Flexibilität. Natürlich lassen sich mehrere erstellte Clipping-Masken auch in der Ebenenreihenfolge verschieben, du kannst sie antippen, etwas halten und dann die Reihenfolge ändern. Nun entstehen vollkommen neue Effekte, probiere es einmal aus.

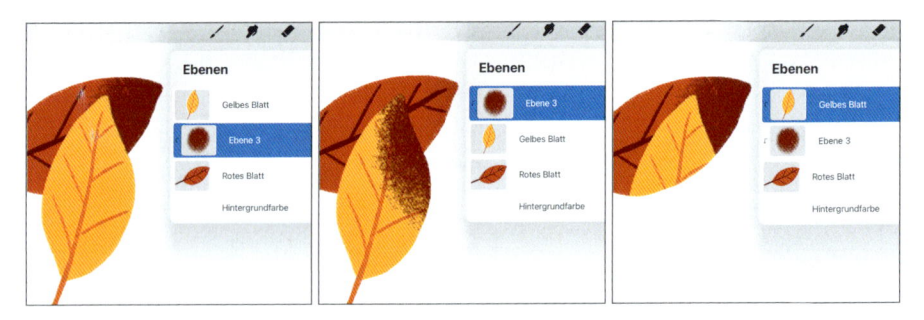

**Abbildung 8.12** *Eine Clipping-Maske auf das untere Blatt angewendet (links), eine neue Ebenenreihenfolge und die Clipping-Maske wurde auf das gelbe Blatt angewendet (Mitte). So sieht es aus, wenn auch das gelbe Blatt als Clipping-Maske definiert wird (rechts).*

Ich arbeite sehr gerne und oft mit Clipping-Masken, weil sie so viel Freiraum geben und ich dennoch mit Strukturen und Details meine Illustrationen verfeinern kann. Oft lege ich mir zu Beginn Farbflächen an, die ich dann mit der Alphasperre oder den Clipping-Masken ausarbeite. Arbeite ich mit der Clipping-Maske, bleibt die ursprüngliche Ebene erhalten, und ich kann auf mehreren Schnittmasken unterschiedliche Dinge zeichnen. Eine Clipping-Maske wäre zum Beispiel für die Details, die darüber für Lichter, noch eine weitere Clipping-Maske für die Schatten oder Texturen im Bild. Möchte ich dann nur die Details noch bearbeiten, habe ich sie auf einer eigenen Ebene liegen und kann ungestört daran arbeiten. Ein Beispiel für die Anwendung der Clipping-Maske und auch der Alphasperre findest du in Abschnitt 14.3.

## Zeichenassistent

Der Zeichenassistent ist vor allem bei perspektivischen Arbeiten hilfreich oder wenn du etwas symmetrisch anlegen möchtest. Schaltest du über das Ebenen-Menü den Zeichenassistenten ein, wird dir in der Ebene das Wort »Hilfe« angezeigt, um zu melden, dass diese Ebene die Zeichenhilfe verwendet. Um den Zeichenassistenten nutzen zu können, musst du unter AKTIONEN auf LEINWAND gehen und dort ZEICHENHILFE aktivieren. Du kannst sie noch bearbeiten und zum Beispiel ein Gitter einstellen. Diese Gitterlinien sind deine Hilfslinien, und da du den Zeichenassistenten aktiviert hast, werden sich deine Striche auf dieser Ebene nun an dem Gitter orientieren und sich daran ausrichten. Sie springen wie magnetisch dorthin oder bleiben parallel dazu. Öffnest du wieder das Ebenen-Menü und tippst erneut auf ZEICHENASSISTENT, wird er wieder deaktiviert. Ich erkläre dir die Zeichenhilfe ausführlich in Abschnitt 11.1, dort erfährst du, was du alles einstellen kannst.

**Abbildung 8.13** *Die* ZEICHENHILFE *ist aktiv und wurde als Gitter eingerichtet, die roten Striche orientieren sich nun an ihr.*

## Umkehren

Mit dieser Funktion kehrst du die aktuellen Farben in ihre Komplementärfarben um, du färbst also alles auf der Ebene neu ein. So erzeugst du schnell einen ganz anderen Look. Möchtest du dir die Originalzeichnung nicht verderben, solltest du dir vorher allerdings ein Duplikat der Ebene anlegen. Wenn du ein zweites Mal auf UMKEHREN tippst, stellst du den Ursprungszustand wieder her.

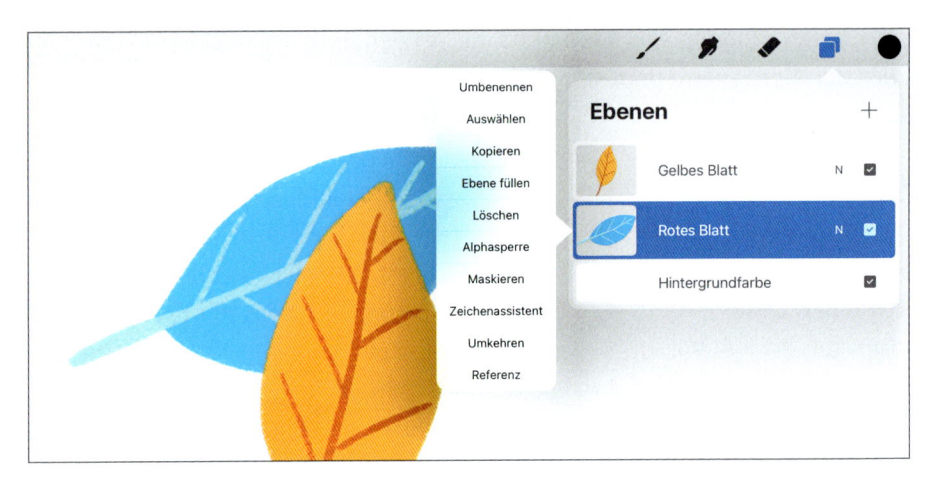

**Abbildung 8.14** *Die Farben des Blattes wurden in die Komplementärfarben umgekehrt.*

## Referenz

Wählst du REFERENZ aus dem Ebenen-Menü aus, wird deine aktive Ebenen zu einer Referenzebene. Das wird dir auch in der entsprechenden Ebene angezeigt, dort steht dann »Referenz«.

Eine Referenz zu nutzen, bietet sich vor allem bei einer Linienzeichnung an, die du dann sehr einfach auf einer neuen Ebene mit Farbe füllst. Nutzt du eine Ebene mit der Linienzeichnung als Referenz, kannst du eine neue Ebene darüber oder darunter anlegen und auf dieser die Farben einfügen, indem du sie ganz rechts aus dem farbigen Kreis auf die jeweilige Fläche ziehst (zum Arbeiten mit Farben siehe Kapitel 9). Die Farbflächen orientieren sich an deinen Linien auf der Referenzebene. So hast du am Ende eine Ebene mit deiner Linienzeichnung und eine mit der Farbe. Durch die unterschiedlichen Ebenen bleibst du sehr flexibel. Deine Linienzeichnung wird nicht direkt mit Farbe gefüllt und du kannst die Farben später einfach und bequem verändern.

Man muss sich das Ganze so vorstellen, dass die Farbe exakt da aufhört, wo auf der Referenzebene die Linie anfängt. Es überlappt sich also nichts, das kann allerdings auch bedeuten, dass weiße Blitzer bleiben, die man dann händisch ausbessern muss. Die Farbe erreicht auch nicht immer jede Ecke zwischen den Linien, auch da musst du händisch nacharbeiten.

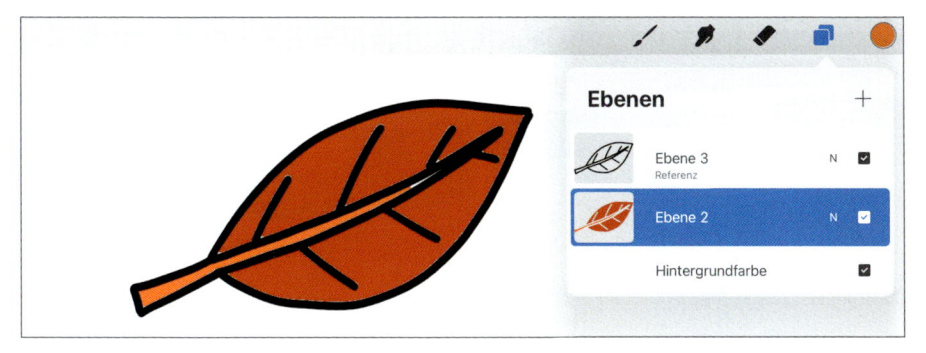

**Abbildung 8.15** *Die Linienzeichnung wurde als Referenz eingestellt, auf der Ebene darunter (oder darüber) kannst du jetzt einfach die Flächen mit Color Drop einfärben.*

Ich selbst nutze diese Funktion für meine Zeichnungen nicht, da ich zum einen kaum mit Linien/Outlines arbeite, sondern eher flächig. Zum anderen entspricht es meinem Zeichenstil mehr, wenn sich Fläche und Farbe etwas überlappen, vielleicht dezente Übergänge entstehen oder Mischtöne. Das erzeugt man bei dieser Methode nicht. Allerdings ist die Funktion REFERENZ durchaus für Comiczeichner oder Konzeptzeichner interessant, die mit Outlines arbeiten und die Flächen schnell einfärben möchten.

### Abwärts zusammenfügen

Bei dieser Aktion wird die Ebene, die direkt unterhalb der ausgewählten Ebene liegt, mit der darüberliegenden kombiniert und zu einer Ebene zusammengefügt. Das kann sehr nützlich sein, wenn man bei vielen Ebenen während des Arbeitens den Überblick behalten möchte. Die Objekte auf beiden Ebenen befinden sich dann auf einer. Sie können allerdings unter Umständen nicht mehr so komfortabel bearbeitet werden wie zuvor, deswegen solltest du schauen, ob und wo dieser Schritt sinnvoll ist.

#### Zusammenfügen mit Geste

Zwei oben mehr Ebenen lassen sich auch mit einer Fingergeste zu einer einzigen Ebene zusammenfassen. Dafür wählst du mit Daumen und Zeigefinger die Ebenen gleichzeitig aus, die du verbinden möchtest, und schiebst sie zusammen. Liegen mehrere Ebenen dazwischen, schiebst du alle mit der obersten und untersten Ebene zu einer Ebene zusammen.

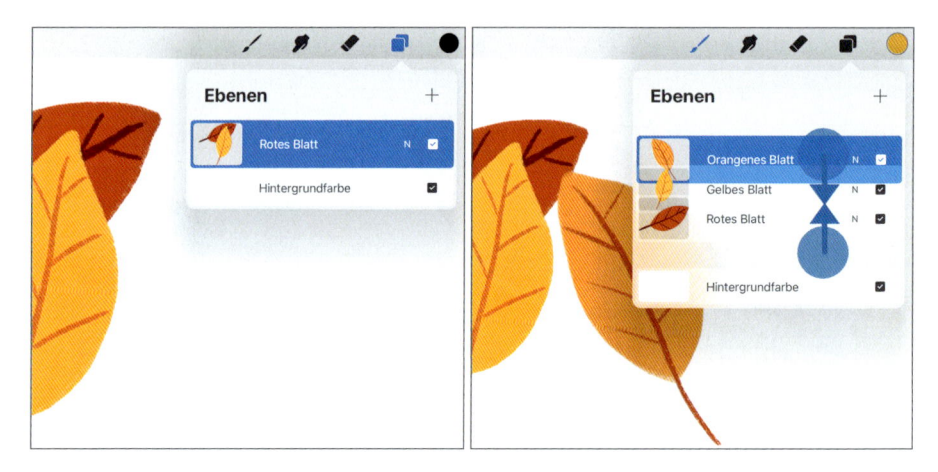

**Abbildung 8.16** *Zwei übereinanderliegende Ebenen wurden abwärts zu einer Ebene zusammengefügt (links). Du kannst auch direkt mehrere Ebenen mit den Fingern zu einer zusammenschieben (rechts).*

### Kombinieren (Gruppen bilden)

Bei dieser Aktion verbindest du nicht zwei Ebenen miteinander, sondern du erzeugst eine Gruppe, in der sich deine ausgewählte und die darunterliegende Ebene befinden. Das ist ein sehr guter Weg, wenn du zwei Ebenen verbinden willst, damit du sie nicht aus Versehen verschiebst, sie aber jeweils eigene Ebenen bleiben sollen, du also nicht die Ebeneninhalte selbst zusammenfügen willst. Gruppen helfen dir also, deine Ebenen besser zu strukturieren. Irgendwann sind in deiner Zeichnung möglicherweise 20 oder mehr Ebenen entstanden und du möchtest nicht den Überblick verlieren. Nun ist spätestens der Zeitpunkt gekommen, deine Ebenen zu gruppieren und sinnvoll zu benennen.

Um gleich mehrere Ebenen zu einer Gruppe zusammenzufügen, kannst du sie alle gleichzeitig auswählen. Dafür wischst du auf den Ebenen, die du in einer Gruppe zusammenfassen möchtest, kurz mit einem Finger nach rechts, und diese Ebenen werden blau unterlegt. Dabei ist die Primärebene dunkler als die zusätzlich ausgewählten Ebenen. Oben in der Ebenen-Palette werden dir jetzt die Möglichkeiten Löschen und Gruppe angeboten.

Gruppen erkennst du zum einen am Titel »Neue Gruppe« (den du auch wieder umbenennen darfst) und zum anderen daran, dass alle enthaltenen Ebenen etwas eingerückt dargestellt werden.

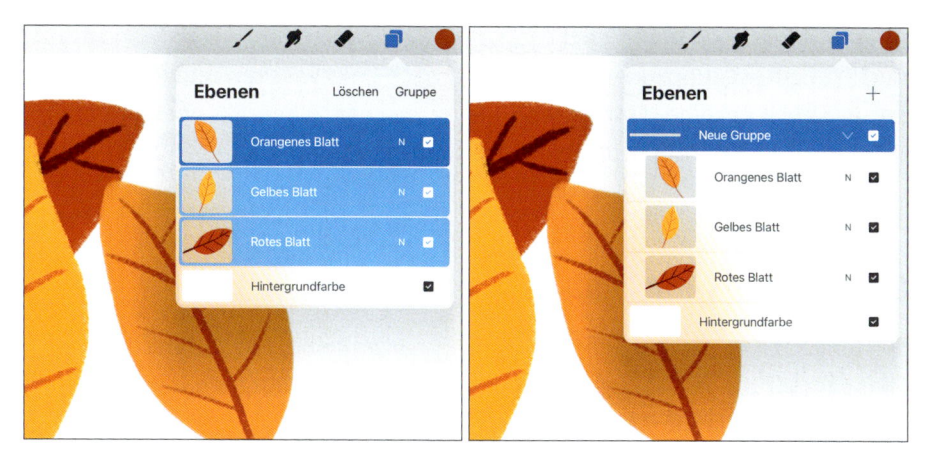

**Abbildung 8.17** *Alle drei Ebenen wurden durch Wischen nach rechts markiert (links) und zu einer Gruppe zusammengefügt (rechts).*

Ebenen kannst du einer Gruppe hinzufügen oder sie wieder daraus entfernen, indem du die Ebene etwas länger gedrückt hältst und in die Gruppe hinein- oder herausschiebst. Schließe die Gruppe über den kleinen Pfeil oben rechts im Ebenen-Menü, dann nimmt sie in der Ebenen-Palette weniger Platz ein. Möchtest du sehen, welche Ebenen sich in der Gruppe befinden oder eine davon bearbeiten, tippe erneut auf den kleinen Pfeil, dann öffnet sich die Gruppe wieder.

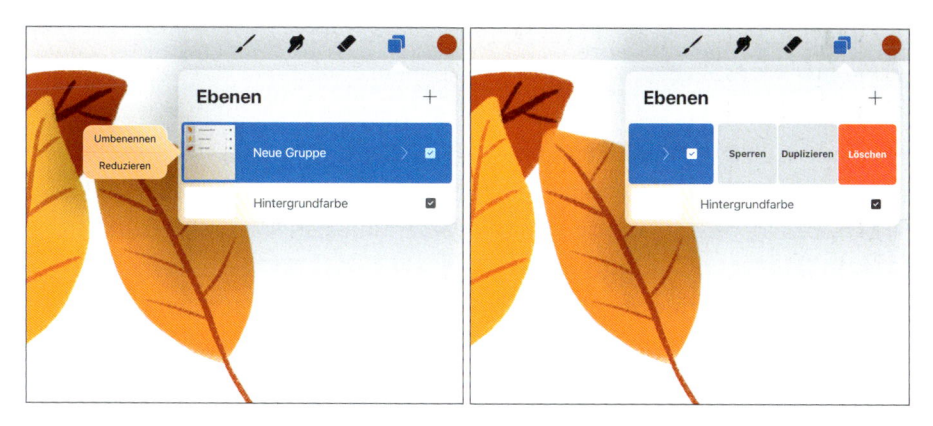

**Abbildung 8.18** *Bei einer* Gruppe *steht dir ein Ebenen-Menü zur Verfügung (links). Wische nach links, um wieder drei Aktionen angeboten zu bekommen (rechts).*

Du kannst auch jederzeit eine Gruppe zusammenfügen, sprich alle enthaltenen Ebenen auf eine reduzieren, und zwar, indem du einmal auf die Gruppe tippst.

Alternativ lässt sich natürlich die gesamte Gruppe löschen, wenn du möchtest. Auch auf einer Gruppe kannst du einmal nach links wischen und erhältst wieder, wie auch bei einer Einzelebene, die unterschiedlichen Aktionen angezeigt. Tippst du auf die Gruppe, öffnet sich das Ebenen-Menü.

## 8.3  Der Ebenenmodus

Es stehen dir in der Ebenen-Palette eine ganze Reihe von unterschiedlichen Ebenenmodi zur Verfügung. Ein Ebenenmodus, auch Mischmodus oder Überblendmodus genannt, bestimmt, wie die jeweilige Ebene mit denen darunter interagiert. Dabei werden die Bildinformationen der Ebene, auf die der Modus angewendet wird, mit den Bildinformationen der darunterliegenden verrechnet. Der Ebenenmodus wirkt nicht nur mit der direkt darunter befindlichen Ebene, sondern mit allen, die darunter kommen. Möchtest du den Effekt nur auf die direkt darunterliegende Ebene anwenden, musst du die Mischebene als Clipping-Maske einstellen.

Damit du weißt, auf welcher Ebene welcher Mischmodus ausgewählt wurde, stehen rechts Buchstaben. Das N beispielsweise steht für den Modus Normal, keine Mischung. Mit einem Tippen auf den Buchstaben kannst du aus einem großen Menü unterschiedliche Modi wählen, schiebe einfach mit dem Finger in der Liste nach oben oder unten, und Procreate wechselt durch die unterschiedlichen Ebenenmodi. Schauen wir uns die Ebenenmodi nun im Detail an.

- Multiplizieren verdunkelt und intensiviert deine Farbwerte, die obere Ebene wird mit den darunterliegenden Ebenen kombiniert. Dadurch mischen sich die Farben, und die Farbwerte werden dunkler. Multipliziert mit Weiß verändert die Farben dagegen nicht. Dabei hängen die Dunkelheiten von der Intensität der Farbwerte ab, die du multiplizierst. Ein M auf der Ebene zeigt dir diesen Modus an (im Englischen »Multiply«). Siehe auch Abschnitt 14.4.

    **Anwendung**
    Der Modus Multiplizieren ist gut für Schattierungen geeignet. Es lassen sich damit Dunkelheiten erzeugen, in denen aber Farbabstufungen und Strukturen sichtbar erhalten bleiben. Wird es dir doch zu dunkel, reduziere einfach die Deckkraft der Mischebene.

- ABDUNKELN mischt keine Farbwerte, sondern vergleicht die Farbwerte der Basisebene und denen der Ebene, auf die der Modus angewendet wird. Nur die dunkleren Werte bleiben sichtbar. Hellere Farbwerte als die auf der Mischebene werden ersetzt. Wenn auf beiden Ebenen dieselben Farbwerte vorhanden sind und übereinanderliegen, wird man keinen Effekt bemerken. In der Ebenen-Palette steht Da als Abkürzung für »Darken« auf der Ebene.

**Abbildung 8.19** *Die Ebenenmodi* MULTIPLIZIEREN *(links) und* ABDUNKELN *(rechts)*

- FARBIG NACHBELICHTEN ahmt das Abdunkeln in der traditionellen Fotografie nach. Dabei wir der Kontrast zwischen den Grund- und Mischfarben erhöht, die Sättigung nimmt zu und das Ergebnis wird meistens deutlich dunkler als mit Multiplizieren. Ein Mischen mit Weiß liefert kein Ergebnis, also keine Farbänderung. Das Kürzel ist Cb (Englisch »Color Burn«).

**Abbildung 8.20** *Hier siehst du die Ebenenmodi* FARBIG NACHBELICHTEN *(links) und* LINEAR NACHBELICHTEN *(rechts).*

- Linear nachbelichten verringert die Helligkeiten auf der Basisebene entsprechend den Werten auf der Ebene, auf die der Modus angewendet wird. Der Kontrast in den dunklen Farben nimmt zu. Dabei wird das Ergebnis meistens dunkler als bei Multiplizieren, aber nicht so sehr gesättigt wie bei Farbig nachbelichten. Ein Mischen mit Weiß ergibt auch hier keine Änderung. Die Abkürzung auf der Ebene lautet Lb und kommt vom Englischen »Linear Burn«.

- Dunklere Farbe funktioniert vom Grundsatz wie Abdunkeln, allerdings wird hier nicht jeder RGB-Kanal einzeln betrachtet, sondern die Summe aller Kanalwerte wird miteinander verglichen und die jeweils dunklere Farbe angezeigt. »Dark Color« im Englischen wird auf der Ebene mit Dc abgekürzt.

- Normal ist der Modus, in dem deine Ebene standardmäßig eingestellt ist. Hierbei interagieren die Farbwerte nicht mit den darunterliegenden. Du siehst hier das N auf der Ebene. Immer, wenn du eine neue Ebene hinzufügst oder auch eine neue Leinwand erstellst und sie öffnest, ist die Ebene im Modus Normal angelegt, also ohne einen Mischmodus zu verwenden.

**Abbildung 8.21** Dunklere Farbe *(links) und der Modus* Normal *am Beispiel der Blätter (rechts)*

- Aufhellen bedeutet, dass keine Farbwerte gemischt werden, sondern es werden die jeweiligen Helligkeitswerte verglichen und die helleren behalten. Pixel, die dunkler sind als die Mischfarbe, werden ersetzt. Sind die Basis- und Mischfarben allerdings gleich hell, merkt man keinen Unterschied. Die Abkürzung auf der Ebene Li kommt vom englischen »Lighten«.

- Negativ multiplizieren erzeugt verschiedene Aufhellungsstufen abhängig von der Leuchtkraft deiner multiplizierten Ebene. Es werden sozusagen die Negativ-Farbwerte miteinander multipliziert. Das Ergebnis ist immer ein aufgehelltes. S ist hier die Bezeichnung, sie kommt vom englischen »Screen« für diesen Modus.

**Anwendung von Negativ multiplizieren**

Mit dem Modus Negativ multiplizieren kannst du sehr gut Bereiche aufhellen oder auch Glanzlichter erzeugen. Auch für einen Lichtschein oder überstrahlte Bereiche eignet sich der Modus gut.

Abbildung 8.22 Aufhellen *lässt die Farben in diesem Beispiel fast verschwinden (links), außerdem der Modus* Negativ multiplizieren *(rechts).*

- Farbig abwedeln bewirkt einen noch helleren Effekt als Negativ multiplizieren, dabei werden die Kontraste zwischen den Basis- und den Mischfarben verringert, wodurch die Mitteltöne gesättigter erscheinen und sehr helle Bereiche ausreißen. Ein Mischen mit Schwarz ergibt hierbei kein Ergebnis. Auf der Ebene steht die Abkürzung CD für das englische »Color Dodge«.
- Hinzufügen bezieht sich auf die Farbinformationen in jedem Farbkanal und hellt die Basisfarben deutlich auf. A steht für das englische »Add« als Kürzel auf der Ebene.

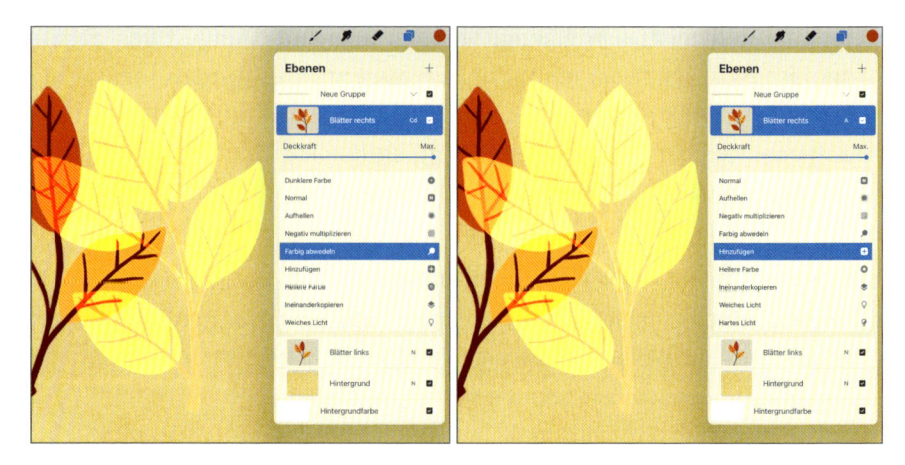

**Abbildung 8.23** *Dezente Unterschiede zwischen* Farbig abwedeln *(links) und* Hinzufügen *(rechts)*

- Hellere Farbe funktioniert ähnlich wie Aufhellen, doch wird diesmal wieder nicht jeder RGB-Kanal im Einzelnen betrachtet, sondern die Summe aller Kanalwerte zusammen. Die Farbe mit dem jeweils höheren Wert wird angezeigt. Hier wird mit Lc (englisch für »Lighter Color«) abgekürzt.
- Ineinanderkopieren ist sozusagen eine Kombination aus Multiplizieren und Negativ multiplizieren, die Mitteltöne werden sowohl aufgehellt als auch abgedunkelt. Dabei überlagern die Farben der Mischebene die vorhandenen Pixel, Lichter und Tiefen bleiben allerdings erhalten. Es ergibt sich eine Farbmischung, die Ausgangsfarbe wird nicht ersetzt. Deswegen werden dunkle Töne noch dunkler, die helleren Bereiche noch heller. O ist die Abkürzung rechts auf der Ebene, es steht für »Overlay«.

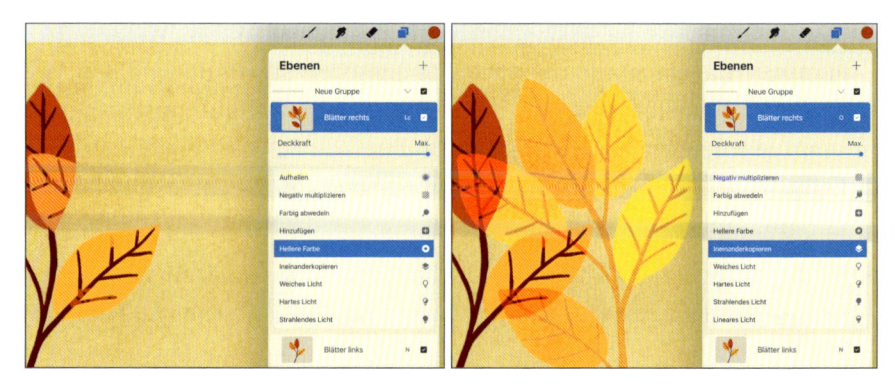

**Abbildung 8.24** Hellere Farbe *(links) und* Ineinanderkopieren *im Vergleich (rechts)*

- Weiches Licht ist eine etwas sanftere Version von Ineinanderkopieren, die Farbanpassungen sowohl ins Helle als auch ins Dunkle erfolgen etwas dezenter, die Kontraste fallen weniger stark aus. Ist die Mischfarbe heller als 50 %iges Grau, werden die Farbtöne aufgehellt, sonst abgedunkelt. Man kann sich diesen Mischmodus wie das Anstrahlen mit diffusem Scheinwerferlicht vorstellen. Auf der Ebene steht als Kürzel Sl für »Soft Light«. Siehe auch das Beispiel in Abschnitt 14.4.

- Hartes Licht ist auch als eine Mischung aus Multiplizieren und Negativ multiplizieren zu betrachten, es werden hier die Helligkeitswerte der Mischebene verwendet. Das Ergebnis ist tendenziell etwas intensiver. Ist die Mischfarbe heller als 50 %iges Grau, wird das Bild heller (ähnlich wie beim Modus Negativ multiplizieren) und umgekehrt dunkler (ähnlich Multiplizieren). Wird mit reinem Schwarz oder Weiß gearbeitet, ist das Ergebnis auch ein reines Schwarz oder reines Weiß. Hl ist hierbei die Abkürzung auf der Ebene (das englische Wort für »Hard Light«).

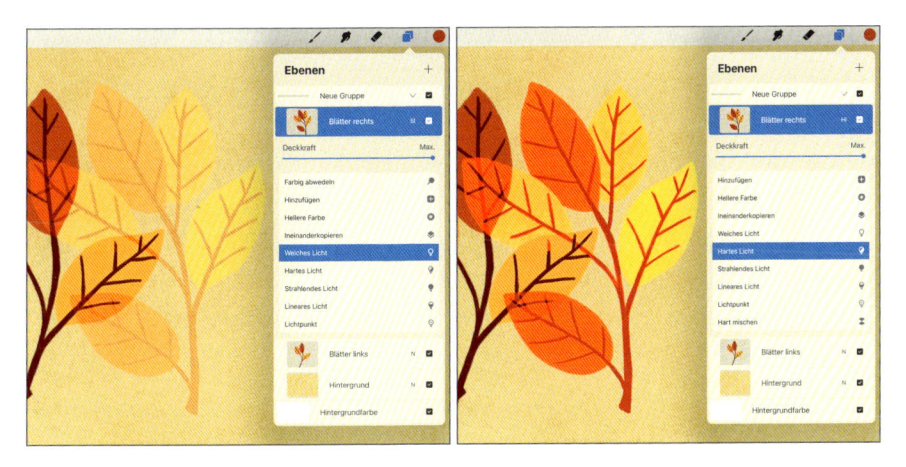

**Abbildung 8.25** *Hier siehst du den Modus* Weiches Licht *(links) und dazu im Vergleich* Hartes Licht *(rechts).*

- Strahlendes Licht reagiert relativ intensiv, es werden alle Farbwerte abgedunkelt, die dunkler als 50 %iges Grau sind. Alles, was heller ist, wird aufgehellt. Dabei werden die Kontraste erhöht oder verringert. Ähnlich wie Hartes Licht erzeugt dieser Modus sehr intensive Ergebnisse. Es kann helfen, die Deckkraft etwas zu reduzieren, um den Effekt abzumildern. Vl ist die Abkürzung auf der Ebene (englisch für »Vivid Light«).

- Lineares Licht verdunkelt und hellt gleichzeitig auf, eine Mischung aus Abdunkeln und Aufhellen sozusagen. Die Farben werden durch Erhöhen oder Verringern der Helligkeiten verändert. Da die Ergebnisse meistens sehr stark ausfallen, ist auch hier eine etwas reduzierte Deckkraft hilfreich. Hier steht auf der Ebene LL für »Linear Light«.

**Abbildung 8.26** *Das Blätterbild mit dem Modus* Strahlendes Licht *(links) und* Lineares Licht *(rechts)*

- Lichtpunkt ist noch extremer in der Anwendung, dieser Modus verdunkelt und hellt gleichzeitig auf, die Mitteltöne werden fast gänzlich entfernt. Ist die Mischfarbe heller als 50 %iges Grau, werden alle Pixel der Basisebene, die dunkler sind, ersetzt. Gleiches gilt, wenn die Mischfarbe dunkler als 50 %iges Grau ist, dann werden alle helleren Pixel der Basisebene ersetzt. Ein PI für englisch »Pin Light« steht auf der Ebene.

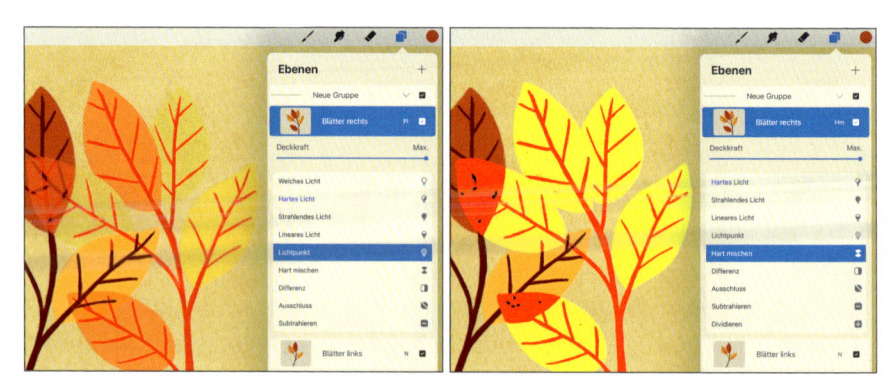

**Abbildung 8.27** *Der Ebenenmodus wurde auf* Lichtpunkt *gestellt (links), im Vergleich dazu der Modus* Hart mischen *(rechts).*

- Hart mischen liefert sehr extreme Ergebnisse, die sehr flach und voll gesättigt daherkommen. Dabei werden nur wenige Farben erzeugt, Schwarz und Weiß, dazu die Grundfarben Rot, Grün, Blau, Cyan, Magenta und Gelb. Auf der Ebene steht ein Hm als Abkürzung für »Hard Mix« im Englischen.
- Differenz verwendet die Differenz zwischen den Basis- und Mischfarben, um die neuen Farbwerte zu erstellen. Dabei invertieren weiße Pixel die Farben der Basisebene, kehren sie also um, während schwarze Pixel keine Auswirkung haben. Grautöne verdunkeln die Farben. Dieser Modus wird mit einem D angezeigt (im Englischen »Difference«).
- Ausschluss funktioniert ähnlich wie Differenz mit Schwarz und Weiß, ist aber etwas kontrastärmer. Grautöne werden nicht verdunkelt. Ein Mischen mit Weiß kehrt die Ausgangsfarbwerte um, ein Mischen mit Schwarz hat keine Auswirkungen. Ein E steht auf der Ebene als Kürzel, für das englische »Exclusion«.

**Abbildung 8.28** *Totale Farbveränderung mit den Modi* Differenz *(links) und* Ausschluss *(rechts).*

- Subtrahieren verdunkelt das Bild, indem helle Pixel der Mischebene von der Ausgangsebene subtrahiert werden. Die hellen Bereiche verdunkeln sich also am meisten, während du bei dunklen Bereichen nur wenige Unterschiede bemerken wirst. Auf der Ebene steht Su für englisch »Subtract«.
- Dividieren ist das Gegenteil von Subtrahieren, hier sorgen die dunklen Bereiche im Bild für helle Ergebnisse, bei bereits hellen Bereichen verändert sich wenig. Die Buchstaben Di (»Divide«) stehen auf der Ebene.

**Abbildung 8.29** *Hier siehst du den Modus* Subtrahieren *(links) und* Dividieren *(rechts).*

- Farbton verändert nur die Farbtöne im Bild, während die Sättigung und die Helligkeiten erhalten bleiben. Das Ergebnis ist also eine Farbe mit der Helligkeit und Sättigung der Basisebene, aber dem Farbton der Mischebene. Auf der Ebene wird dir ein H für »Hue« angezeigt.
- Sättigung behält die Helligkeiten und Farbtöne der Basisebene bei und übernimmt die Sättigung der Mischebene. Malst du mit einer Sättigung von 0 (Grau), wird keine Änderung sichtbar. Auf der Ebene siehst du ein Sa für das englische Wort »Saturation«.

**Abbildung 8.30** *In diesem Beispiel bewirkt* Farbton *eine Rosafärbung (links), wohingegen bei* Sättigung *fast nichts mehr zu sehen ist (rechts).*

- Farbe behält die Leuchtkraft der Basisebene und verändert nur den Farbton und die Sättigung, diese Werte werden von der Mischebene übernommen. Das Kürzel hier ist ein C von »Color«.

**Anwendung von Farbe**

Der Modus Farbe eignet sich gut für monochrome Zeichnungen, die mit einer Farbebene kombiniert werden sollen, denn die Graustufen der Basisebene bleiben erhalten.

- Luminanz verändert die Leuchtkraft der Basisebene und übernimmt die Werte der Mischebene, während Farbton und Sättigung der Basisebene beim Mischen erhalten bleiben. Als Kürzel auf der Ebene siehst du ein L für das englische Wort »Luminosity«.

**Abbildung 8.31** *Modus* Farbe *(links) und* Luminanz *(rechts)*

Die Beispiele verdeutlichen ein wenig, wie sich die unterschiedlichen Ebenenmodi auswirken. Allerdings sind die Ergebnisse bei jedem Bild und jeder Farbkombination sehr unterschiedlich, so dass du bei der Anwendung einfach ausprobieren solltest, was für dein konkretes Motiv am besten passt. Procreate zeigt dir live die Auswirkungen des Modus an, so dass du bequem durch die Liste scrollen kannst und sofort Ergebnisse siehst. Wenn du andere Programme kennst, zum Beispiel Adobe Photoshop, kommen dir diese vielen Ebenenmodi sicherlich bekannt vor. Dort werden sie auch eingesetzt und sind im Verhalten identisch zu denen in Procreate.

### Ebenenauswahl

Zum Abschluss noch ein Profitipp: Eine hilfreiche Funktion kann die Ebenenauswahl sein, die du unter Aktionen • Einstellungen • Gestensteuerung
aktivierst. Du kannst sie mit unterschiedlichen Gesten aktivieren und auch die
Verzögerung einstellen, mit der die Information erscheint.

Nun siehst du zum Beispiel, indem du die mittlere Taste in der Seitenleiste
gedrückt hältst und auf eine Stelle deiner Leinwand tippst, welche Ebenen an
dieser Stelle aktiv sind. Manchmal nutzt du vielleicht viele Ebenen, oder mehrere Linien und Flächen liegen übereinander oder nah zusammen, da kann dieser
Weg helfen, schnell die richtige Ebene zu finden.

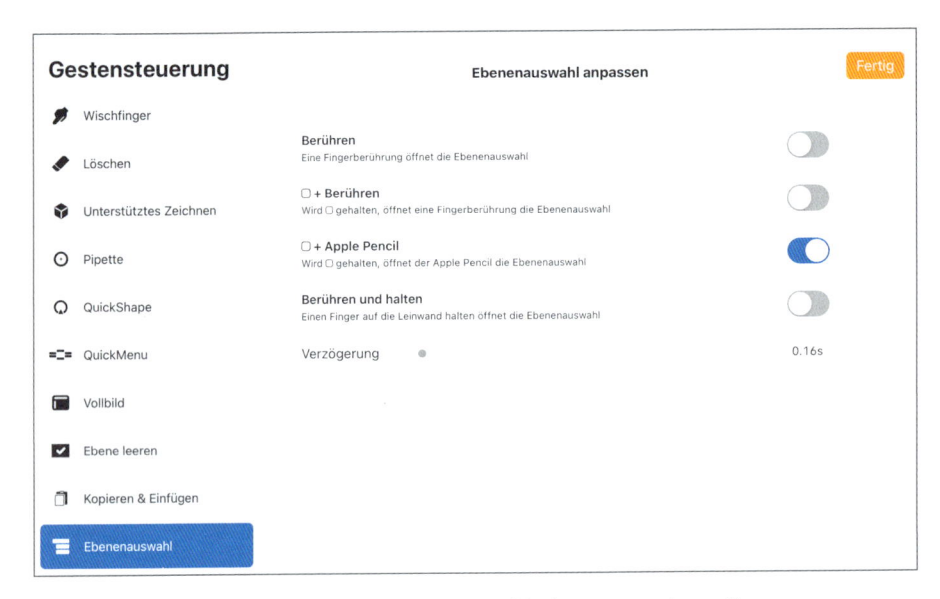

**Abbildung 8.32** *Stelle ein, wie die Ebenenauswahl aktiviert werden soll.*

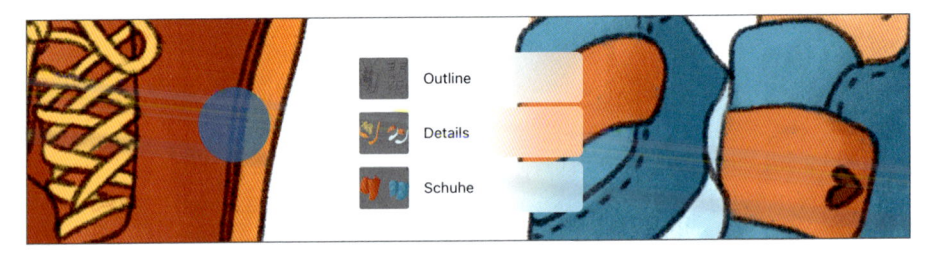

**Abbildung 8.33** *An dieser Stelle (blauer Kreis) treffen sich drei Ebenen, du kannst jetzt bequem die gewünschte auswählen.*

# Kapitel 9
# Farben

*Farben sind natürlich unerlässlich, wenn du malen und zeichnen willst. Deswegen ist Procreate in dieser Hinsicht auch top ausgestattet. Hier sehen wir uns den Farbbereich im Detail an.*

## 9.1 Farben auswählen

Zum Auswählen einer Farbe stehen dir unterschiedliche Möglichkeiten zur Verfügung, die du alle über die Farbpalette erreichst. Um sie zu öffnen, tippe auf den Kreis ganz rechts in der Bedienoberfläche ❶: Im Farbbereich kannst du unten Ring wählen, die Einstellung Klassisch, Harmonie, einen genauen Wert eingeben oder die Paletten auswählen ❺.

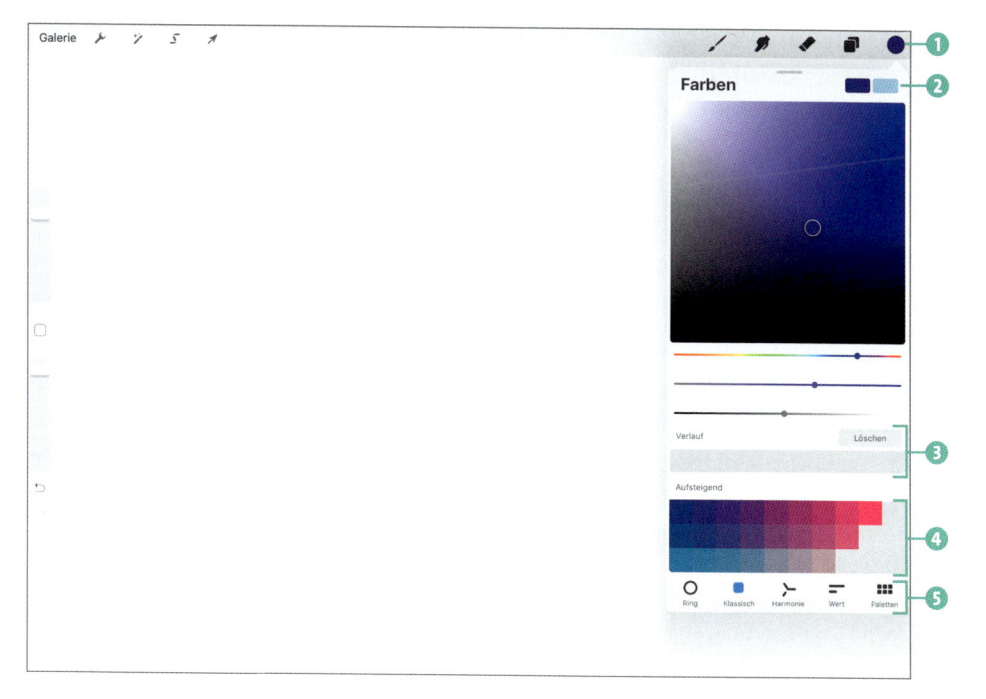

**Abbildung 9.1** *Die Farbauswahl*

Deine aktuell ausgewählte Farbe siehst du oben rechts in der Farbpalette angezeigt, daneben noch eine zweite, die genutzt wird, wenn dein Pinsel während des Zeichnens die Farbe ändert ❷ (siehe Abschnitt 7.2).

Procreate merkt sich außerdem die letzten zehn verwendeten Farben selbstständig im Verlauf ❸. Den kannst du auch löschen, wenn du die Farben zum Beispiel nicht mehr brauchst und du Platz für neue schaffen willst. Sobald du mehr als zehn Farben nutzt, werden die ersten wieder aus dem Verlauf gelöscht.

Möchtest du deine ausgewählte Farbe für später speichern, damit du sie jederzeit exakt wiederfindest, tippst du einfach mit dem Finger eins der insgesamt 30 Quadrate an, die dir in der Standardpalette im unteren Bereich zur Verfügung stehen ❹. Das ist aus jeder der unterschiedlichen Farbansichten heraus möglich. Ist die Palette voll, werden die ersten Farben wieder mit neuen überschrieben. Tippst du eines der Farbquadrate länger an, kannst du das Farbmuster löschen. Wie du genau mit den Paletten arbeitest, beschreibe ich in Abschnitt 9.2 ausführlich.

**Vorherige Farbe**
Möchtest du von der aktuellen Farbe zur zuvor verwendeten zurückkehren, kannst du einfach den Kreis in der Bedienoberfläche etwas länger gedrückt halten und Procreate wechselt von deiner aktuellen Farbe zurück zur zuvor verwendeten.

### Ring

Diese Einstellung zeigt dir einen Farbring an, in dem du deine gewünschte Farbe auswählst. Dabei kannst du außen am Ring den Farbton ändern und inneren Kreis die Helligkeit und Sättigung der ausgewählten Farbe bestimmen. Je weiter nach unten du den kleinen Auswahlkreis schiebst, desto dunkler wird der Farbton. Dabei siehst du direkt im Kreis eine Anzeige der aktuell ausgewählten Farbe und wie sie sich durch das Verschieben verändern würde. So bestimmst du genau deinen gewünschten Farbton.

Ein hilfreicher Trick: Der innere Farbkreis lässt sich vergrößern, indem du mit zwei Fingern von der Mitte des Kreises nach außen schiebst. Dann verschwindet der Farbring und du hast nur den Farbkreis für die Helligkeiten und die Sättigung vor dir.

**Abbildung 9.2** *Wähle aus dem Farbring aus (links) oder mache einen Doppeltipp nahe dem Rand, um die reinen Farben oder eine 50 % Mischung auszuwählen (Mitte). Du kannst den Farbkreis mit zwei Fingern groß schieben (rechts).*

### Reine Farben auswählen (Schwarz, Weiß, Grau)

Hast du die Einstellung Ring in der Farbpalette gewählt und möchtest ein reines Weiß oder Schwarz auswählen, kann das fummelig sein. Dafür hat dir Procreate aber eine Hilfe mitgegeben: Mache einfach in den hellen oder dunklen Bereich einen Doppeltipp, und der Farbwähler springt zu Schwarz oder Weiß. Das funktioniert insgesamt an neun Punkten innerhalb des mittleren Farbkreises: Tippst du nahe der Mitte, springt der Farbwähler exakt in die Mitte, acht weitere Markierungen verteilen sich gleichmäßig um den Rand für mittleres Grau, eine halb oder eine ganz gesättigte Farbe. Du kannst auch auf die klassische Ansicht wechseln, dann siehst du besser, an welche Stellen der Farbwähler gesprungen ist. Es sind jeweils die reinen Töne und die 50 %-Mischungen dazwischen.

## Klassisch

Die Ansicht Klassisch zeigt dir ein Farbquadrat, wobei links oben Weiß angezeigt wird und links unten Schwarz. Schiebe wieder den kleinen Auswahlkreis an die Stelle, die deiner gewünschten Farbe entspricht. Dabei ist der Farbton oben rechts am reinsten/leuchtendsten und am meisten gesättigt. Nach unten wird die Farbe dunkler, nach links heller. Auch in der klassischen Ansicht wird dir wieder beim Schieben des Auswahlkreises direkt die veränderte Farbe angezeigt.

Du hast außerdem unten drei Regler, die dir ebenfalls das Einstellen der Farbe ermöglichen. Der obere Regler gibt deinen Farbton an, hier stellst du als Erstes ein, welche Farbe du überhaupt auswählen möchtest, ein Blau beispielsweise. Der mittlere Regler ist für die Farbsättigung, stellt also ein, wie rein die Farbe ist, und der untere Regler stellt die Helligkeiten ein. Bewegst du die Regler, siehst du den Auswahlkreis entsprechend über die Farbfläche wandern. Du nimmst darüber weitere Feinabstimmungen vor.

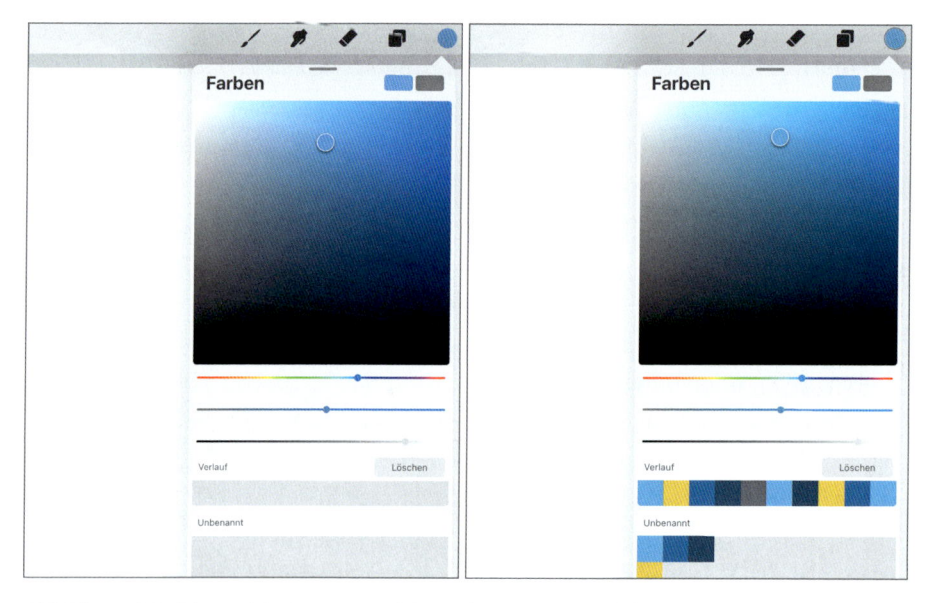

**Abbildung 9.3** *Die Ansicht* KLASSISCH *bietet dir eine Auswahlfläche und darunter drei Regler (links), unten kannst du deine Farben durch Tippen in die noch leere Palette speichern und die zuletzt verwendeten Farbtöne werden dir unter* VERLAUF *angezeigt (rechts).*

## Harmonie

Unter dieser Einstellung werden dir Farbharmonien vorgeschlagen, basierend auf der ausgewählten Farbe. Tippst du auf die FARBHARMONIE unter dem Wort Farben ❶, kannst du auswählen zwischen KOMPLEMENTÄR, KOMPLEMENTÄR TEILEN, ANALOG, TRIADISCH und TETRADISCH. Das sind unterschiedliche Farbharmonien, die dir verschiedene Farbzusammenstellungen ermöglichen. Unter dem Farbkreis steht dir noch ein Regler für die Helligkeiten der Farben zur Verfügung.

Tippe jeweils in die kleinen Kreise auf der Farbfläche ❷, und du wählst den entsprechenden Farbton aus. Schiebe den Finger/Pencil hin und her, um andere Farbkompositionen auszuwählen. Je weiter du an den Rand wanderst, desto höher steigt die Sättigung der Farben an. Tippst du jetzt unten in ein Farbfeld, wird die Farbe gespeichert.

- Hast du KOMPLEMENTÄR ausgewählt, stehen dir zwei Auswahlkreise zur Verfügung. Der große Kreis zeigt deine Hauptfarbe an, also die aktuell ausgewählte, der zweite die dazu passende Komplementärfarbe. Der kleine Kreis bewegt sich mit deinem großen mit, und beide Kreise sind verschiebbar. Tippst du in den jeweiligen Kreis, wird die dort ausgewählte Farbe übernommen. Komplementärfarben erzeugen den höchstmöglichen Kontrast innerhalb des Farbkreises, sie stehen sich immer genau gegenüber. Eine der beiden Farben ist eine warme Farbe, die andere eher kalt.

- Bei KOMPLEMENTÄR TEILEN werden zwei zusätzliche Farben verwendet, die der Hauptfarbe gegenüberstehen. Diese dritte Farbe macht die Farbkombination für den Betrachter häufig harmonischer und angenehmer als nur zwei verwendete Farben. Es bilden sich hier also jeweils zwei kalte Töne und ein warmer oder umgekehrt. Die Anordnung entspricht immer einem spitzen Dreieck.

- Ebenfalls drei Kreise hast du bei der Einstellung ANALOG, wobei es sich anbietet, die Hauptfarbe (also die aus dem großen Kreis) bevorzugt im Bild zu verwenden und die beiden zweiten Farben für Schatten und Highlights. Die Farben liegen hier viel näher beieinander als bei KOMPLEMENTÄR TEILEN, und so wird eine eher harmonische Farbpalette ohne viele Kontraste erzeugt.

**Abbildung 9.4** *Zwei Komplementärfarben (links),* KOMPLEMENTÄR TEILEN *generiert eine dritte Farbe (Mitte). Die Farben bei* ANALOG *liegen relativ nah beieinander (rechts).*

- Triadisch verteilt die drei Kreise gleichmäßig als gleichseitiges Dreieck über den Farbkreis, so dass sie untereinander immer den gleichen Abstand behalten. Optisch hat man dabei den Eindruck, dass alle drei Farben gleich dominant sind, und so ist das Ergebnis im Bild dann auch sehr kraftvoll. Der Einsatz dieser so ausgewählten Farben sollte zur Bildkomposition passen.

- Tetradisch kommt von Tetra, also vier. So viele Kreise stehen dir dann auch bei dieser Farbwahl zur Verfügung. Sie haben wieder den gleichen Abstand zueinander und sind gleichermaßen dominant. Das Ergebnis wird also ein noch farbigeres Bild sein als bei Triadisch, und auch hier gehört etwas Fingerspitzengefühl dazu, mit diesen Farbkombinationen ein harmonisches Ganzes zu erstellen.

**Abbildung 9.5** *Drei weit auseinanderliegende Farben werden bei* Triadisch *generiert (links),* Tetradisch *arbeitet sogar mit vier Farben (rechts).*

### Wert

Diese Ansicht ist immer dann interessant, wenn du mit präzisen Farbwerten arbeiten möchtest, denn hier kannst du genaue Zahlen eingeben. Unter dem Reiter Wert findest du sechs Schieberegler, die deine gewählte Farbe beeinflussen.

Oben bestimmst du den Farbton an sich, gekennzeichnet mit einem H (Hue für Farbton). Dabei reicht die Skala beim oberen Regler von Rot bis wieder Rot, die Werte gehen bis 360°. Bis auf eine Dezimalstelle genau kannst du auch einen nummerischen Wert in das Feld rechts eingeben. Darunter stellst du die Sättigung ein (S wie »Saturation«). Die Sättigung regelt die Intensität deiner Farbe: 0 % Sättigung ergibt ein Grau, 100 % Sättigung ergibt die brillanteste, voll gesättigte Farbe. Der Helligkeitsregler (B für »Brightness«) regelt das Verhältnis zwischen Hell und Dunkel in Prozent. 0 % ergibt das dunkelste mögliche Schwarz, 100 % die hellste Version deiner Farbe. Diese drei Regler findest du auch in der Ansicht KLASSISCH wieder.

Darunter hast du drei weitere Regler, die für die Tonwerte R, G und B da sind, also Rot, Grün und Blau. Auch darüber kannst du deine Farben einstellen und auswählen. Oben rechts im kleinen Kreis werden dir deine Änderungen wieder direkt angezeigt.

Das Farbmodell RGB, also Rot, Grün und Blau arbeitet mit diesen drei Farben, und durch Mischen ergeben sich sämtliche darstellbaren Farben. So arbeiten Monitore, Fernseher, Smartphones und Laptops. Du darfst deine Farbe also auch aus diesen drei Farbtönen zusammenmischen, indem du die mittleren Regler nutzt, oder auch den genauen Farbwert eingibst. Vielleicht gibt es für dein Bild farbliche Vorgaben, die du dann hier einstellen kannst.

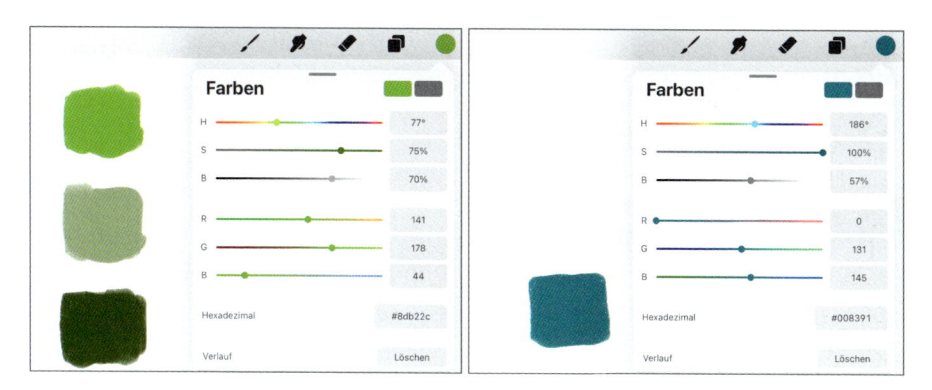

**Abbildung 9.6** *Dreimal derselbe Farbton, veränderte Sättigung und Helligkeit (links). Es ist möglich, sechsstellige Hexadezimalzahl einzugeben (rechts).*

### Regler kombinieren

Wenn du alle Schieberegler bei RGB auf 0 einstellst, erhältst du Schwarz. Schiebst du alle auf 255, hast du ein reines Weiß. Du kannst auch nur zwei der Regler hochsetzen und den dritten auf 0 lassen, dann ergeben sich Mischungen aus nur zwei Farben.

Es ist außerdem möglich, einen sechsstelligen Hexadezimalcode einzugeben, der es dir erlaubt, einen RGB-Wert ganz präzise auszudrücken. Wenn du den Code für deine gewünschte Farben vorliegen hast und die Farbwerte exakt stimmen müssen, ist diese Eingabe sehr nützlich. Die Schieberegler passen sich automatisch der eingestellten Farbe an. Andersherum ändert sich der Hexadezimalcode, wenn du die Regler veränderst. So erhältst du immer einen exakten Wert für deine ausgewählte Farbe, den du dann auch mit anderen teilen kannst. Bei Firmenfarben ist das zum Beispiel häufig der Fall, da müssen die Farbtöne exakt mit dem Corporate Design übereinstimmen.

**CMYK**
Eine Einstellung für CMYK, also die Farben Cyan, Magenta, Yellow und Key (Schwarz), die im Druck verwendet werden, steht dir ebenfalls hier zur Verfügung. Allerdings nur, wenn du beim Erstellen deiner neuen Leinwand als Farbprofil CMYK ausgewählt hast. Dann werden in der Farbpalette WERT die drei RGB-Regler durch vier CMYK-Regler ersetzt, und du darfst auch hier wieder ziehen oder direkt Zahlen eintragen.

## 9.2  Die Arbeit mit Farbpaletten

In jedem der vier Farbregister RING, KLASSISCH, HARMONIE oder WERT wird dir unten die Standard-Farbpalette angezeigt. In dieser Palette lassen sich während der Arbeit beliebte Farben durch einen Tipp auf ein Quadrat einfach abspeichern. Aber Procreate bietet noch viel mehr Farbpaletten an. Tippst du unten auf den Reiter PALETTEN, werden dir alle gespeicherten Farbpaletten angezeigt.

Diverse Paletten sind schon von Procreate voreingestellt und bieten sehr schöne Farbharmonien oder -kompositionen. Über das Pluszeichen oben rechts kannst du dir eine neue leere Palette anlegen, die dann von dir befüllt werden kann.

Jede Palette kann von dir umbenannt und über STANDARD SETZEN als Standard festgelegt werden. Das bedeutet: Sie wird dir jetzt in den vier Farbansichten unten angezeigt, und du darfst von dort die Farben der Palette auswählen. Du kannst also deine Lieblingsfarben als Farbpalette speichern und so jederzeit wiederfinden, oder die Farben des Corporate Designs, mit dem du gerade arbeitest usw.

Innerhalb einer Palette kannst du eine Farbe anwählen, einen Moment halten und die Farbe dann an eine andere Position verschieben. So lassen sich Farbabstufungen zum Beispiel direkt nebeneinander ansehen. Tippst du auf eine Farbe etwas länger, wirst du gefragt, ob du sie löschen willst oder ob du diese Farbe durch die aktuell ausgewählte ersetzen möchtest.

Reicht dir beim Arbeiten allerdings eine Palette nicht aus, lass einfach die Palettenansicht offen und wähle aus allen dort verfügbaren Farbpaletten deine Farben aus.

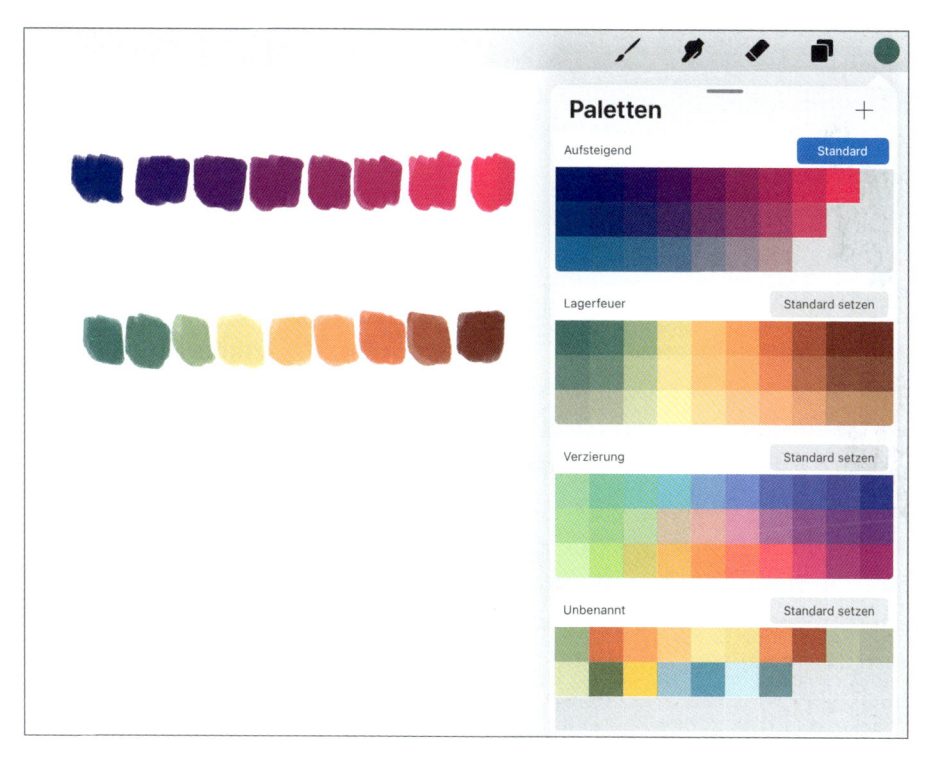

**Abbildung 9.7** *Unter* Paletten *findest du verschiedene Farbpaletten, die jeweils bis zu 30 Farbtöne enthalten können.*

Du kannst ähnlich wie bei den Ebenen deine Paletten auch verschieben und sie so sortieren. Tippe eine Palette an, halte den Finger/den Stift auf dem Bildschirm und warte, bis sie sich etwas von den anderen abhebt, dann kannst du sie hoch- oder herunterschieben.

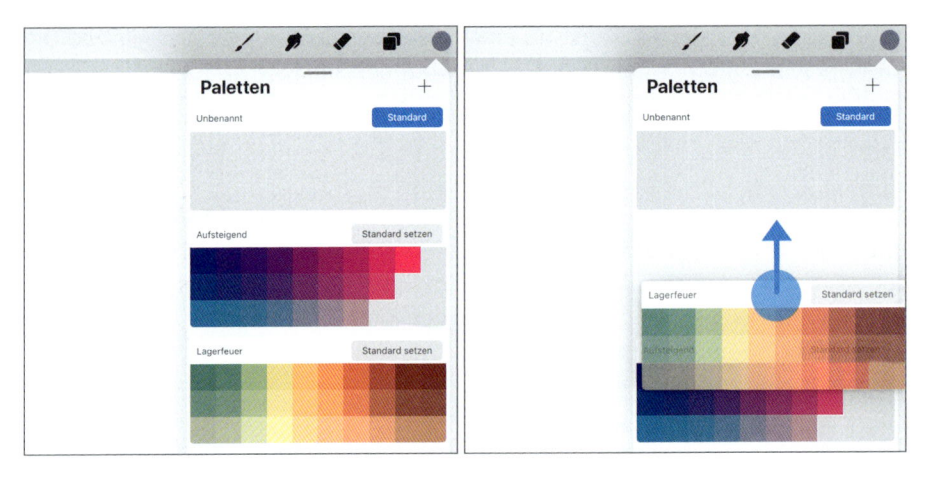

**Abbildung 9.8** *Eine neue Palette wurde erstellt (links). Paletten können verschoben werden (rechts).*

### Palette aus Foto oder Bild erstellen

Möchtest du direkt aus einem Bild oder einem Foto eine Farbpalette erstellen, geht das ganz einfach. Dafür ist es hilfreich, wenn du den Bildschirm teilst, also ein zweites Fenster zum Beispiel mit deinem Foto-Ordner neben Procreate öffnest. Ich habe am Ende von Abschnitt 7.1 ausführlich erklärt, wie du ein zweites Fenster neben Procreate öffnest. Aus deinen Fotos wählst du das aus, dessen Farben du verwenden möchtest, und schiebst es einfach auf das geöffnete Paletten-Fenster in Procreate. Warte einen Moment, bis du deinen Finger wieder vom Bildschirm löst, schon wird aus den Farben im Bild eine neue Palette erstellt. Ein ganz tolles Feature! Das gleiche funktioniert mit dem Dateiordner, auch hier kannst du per Drag & Drop eine Datei in den Palettenordner ziehen.

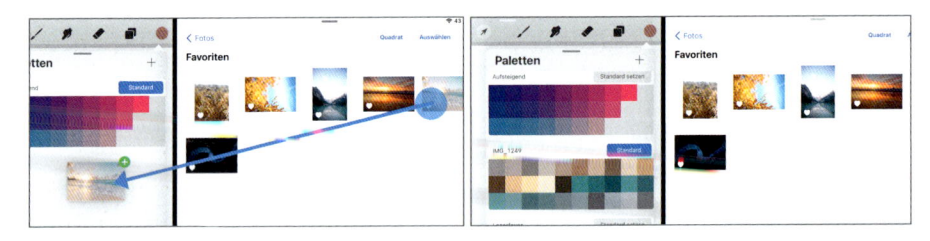

**Abbildung 9.9** *Ein Foto aus dem Foto-Ordner wird in die Paletten gezogen (links). Sofort legt Procreate aus dem Foto eine Farbpalette an (rechts).*

### Eine neue Palette anlegen

Es gibt noch einen zweiten Weg, um eine neue Palette zu erstellen. Tippst du nämlich auf das Pluszeichen oben rechts, fragt Procreate dich, wie du eine neue Palette erstellen möchtest: Neu aus Datei, Neu aus Foto oder Neu von Kamera. Wählst du hier Foto oder Datei aus, öffnet sich der entsprechende Ordner, und du kannst zu deinem dort abgelegten Bild/Foto navigieren und es auswählen. Als Dateiformate funktionieren hier .jpg und .png. Es wird direkt eine neue Palette angelegt.

Wählst du Neu von Kamera, kannst du mit deinem iPad über die integrierte Kamera deine Umgebung nach schönen Farben absuchen. Procreate zeigt dir direkt live die Farbauswahl an, die in deine Palette übernommen werden würde. Dabei hast du noch die Wahl zwischen Visuell und Indexiert.

Visuell erstellt dir deine neue Palette nur von den Farben, die sich direkt hinter dem eingeblendeten Palettenbereich befinden. Indexiert erstellt deine Palette aus allen Farben, die von der Kamera erfasst werden. Das Ergebnis bei Indexiert ist meistens kontrastreicher als bei Visuell, hier sind die Farben eher aus einer Farbfamilie.

**Abbildung 9.10** *Eine Palette aus der Kamera erstellen, links im Modus* Visuell, *rechts* Indexiert

### Farbpaletten importieren und exportieren

Farbpaletten kannst du im Internet kaufen oder kostenlos herunterladen und dann in deine Paletten hineinziehen. Alternativ kannst du Neu aus Datei wählen und sie so importieren.

Es ist sogar möglich, Farbpaletten, die mit Adobe-Produkten erstellt wurden und auf .ase oder .aco enden, zu importieren. Wähle bei der Erstellung einer neuen Palette NEU AUS DATEI aus und navigiere zu der entsprechenden Palette. Sie wird direkt importiert.

Genauso lassen sich Paletten auch exportieren bzw. bereitstellen. Wischst du auf der Palette nach links, kannst du die gesamte Palette löschen oder sie bereitstellen. Wenn du als zweites Fenster gerade deine Dateien offen hast, kannst du deine Palette auch per Drag & Drop einfach dorthin ziehen. Die Dateiendung der Palette lautet dann .swatches.

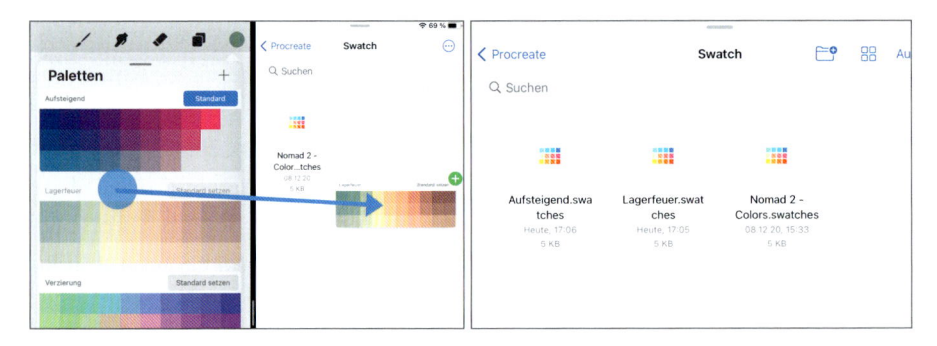

**Abbildung 9.11** *Per Drag & Drop kannst du Farbpaletten exportieren (rechts), links siehst du die gespeicherten Paletten mit der Endung .swatches.*

### Farbfenster dauerhaft offenhalten

Wenn du mit deiner Farbeinstellung zufrieden bist, tippe einfach auf die Leinwand oder auf ein anderes Werkzeug, um die Farben wieder zu schließen. Du darfst sie aber auch dauerhaft offenlassen, indem du sie einfach oben aus der Werkzeugleiste heraus auf deine Leinwand ziehst. Das Farbfenster schwebt dann über deiner Arbeitsfläche, lässt sich verschieben und du hast jederzeit darauf Zugriff, ohne es immer erst öffnen zu müssen. Allerdings ist die Ansicht etwas verkleinert, nicht alle Funktionen sind sichtbar. Mit dem x oben am Rand schließt du das freischwebende Fenster wieder, mit einem Tipp und Halten am oberen Rand kannst du es hin- und herschieben. Dass du überhaupt diese Möglichkeit hast, die Farben von der Bedienoberfläche zu lösen, zeigt dir der waagerechte Strich oben am Rand an. Er zeigt immer an, dass du etwas anfassen und verschieben kannst.

## 9.3 Farben mit der Pipette auswählen

Wenn du deine gewünschte Farbe direkt aus dem Bild oder einem Foto auswählen möchtest, geht das mit der Pipette. Mit welcher Geste du sie auswählst, legst du unter AKTIONEN in den GESTENEINSTELLUNGEN für die Pipette fest. Alles zu den Aktionen findest du in Kapitel 4.

Standardmäßig kann die Pipette aktiviert werden, indem du deinen Finger einen Moment auf dem Bild verweilen lässt. Die Pipette öffnet sich und nimmt die Farbe auf, auf der sich dein Finger/Pencil gerade befindet. Sie wird dir mit einem großen Kreis angezeigt. In dem Kreis siehst du unten die vorherige Farbe und oben die neue, die du aufnimmst, wenn du den Finger vom Bildschirm löst. Wandere so mit dem Pencil/Finger über dein Bild und wähle die passende Farbe aus.

**Abbildung 9.12** *Der Kreis der Pipette zeigt dir unten die aktuelle, oben die neu ausgewählte Farbe an (links). Die neue Farbe wird der Palette hinzugefügt, indem du auf eins der Felder tippst (rechts).*

So kannst du immer wieder auf bereits genutzte Farben zurückgreifen oder sie aus einem Foto, das du als Referenz nutzt, übernehmen. Möchtest du deine Farbe abspeichern und sie nicht jedes Mal wieder mit der Pipette suchen müssen, tippst du wie bereits erklärt in ein freies Quadrat deiner Palette, und schon wird die aktuelle Farbe dort gespeichert.

## 9.4 Flächen füllen

Es ist möglich, ganze Flächen mit einer einzigen Geste mit Farbe zu füllen. Das erspart dir viel Zeit, weil es natürlich schneller geht, als die ganze Fläche händisch auszumalen oder erst eine Auswahl zu erstellen und sie dann mit Farbe zu füllen.

### Colordrop

Hast du eine geschlossene Form gezeichnet und möchtest sie mit Farbe füllen, kannst du einfach auf den kleinen Farbkreis oben rechts in der Werkzeugleiste tippen, halten und ziehst die Farbe nun auf deine zu füllende Form.

Oben wird ein blauer Balken eingeblendet, der dir den Schwellenwert angibt. Bei einem niedrigen Schwellenwert wird wenig Farbe verwendet, bei einem hohen entsprechend mehr. Du steuerst das Ganze, indem du nach dem Füllen deiner Fläche den Finger noch nicht vom Bildschirm löst, sondern kurz wartest und dann nach links für einen niedrigeren und nach rechts für einen höheren Schwellenwert wischst. So bestimmst du, ob weniger oder mehr Farbe eingefüllt wird und sich entsprechend viel oder wenig Fläche mit Farbe füllt. Die zuletzt verwendete Füllmenge wird von Procreate gespeichert und beim nächsten Colordrop erneut verwendet. Gegebenenfalls musst du dann wieder neu justieren, wenn zu viel oder zu wenig Farbe eingefüllt wird.

**Abbildung 9.13** *Ziehe die Farbe aus der rechten Ecke auf deine zu färbende Fläche (links). Die Fläche wird direkt mit der Farbe ausgefüllt (rechts).*

So lassen sich auch bereits farbige Flächen neu einfärben. Dabei wird deine neue Farbe allerdings über die alte gelegt und es ergeben sich Mischtöne bzw. Helligkeiten/Dunkelheiten werden übernommen. Das kann aber auch interessante Effekte ergeben, also probiere es aus.

### Ganze Ebene füllt sich?

War deine Form nicht ganz geschlossen, füllt sich die gesamte Ebene mit der Farbe. Du kannst aber ein wenig nachhelfen und kleine Lücken in der Linie austricksen, indem du das über den Schwellenwert steuerst und weniger Farbe »einfüllst«, also nach links wischst. Irgendwann hast du die Farbmenge erreicht, die nur deine Form füllt, nicht die gesamte Ebene, und das, obwohl vielleicht eine kleine Lücke in der Linie war. Große Lücken kann Procreate allerdings nicht ignorieren, hier wird dann die komplette Ebene mit Farbe gefüllt.

Es kann passieren, dass nach dem Füllen noch weiße Blitzer zwischen deiner Linie und der Farbfläche bestehen bleiben. Blitzer sind weiße Pixel, die Procreate beim Füllen nicht erwischt hat. Das kann dadurch zustande kommen, dass dein Pinsel, mit dem du die Linie gezogen hast, eine raue Kante hatte und nun nicht alle Pixel erreicht wurden. Du solltest auch in diesem Fall versuchen, den Finger noch einen Moment auf dem Bildschirm zu lassen und dann den Schwellenwert zu erhöhen. Manchmal funktioniert es, und der Bereich wird noch komplett gefüllt. Ansonsten musst du händisch nacharbeiten und die Lücken übermalen, oder schon von vornherein einen anderen Pinsel für deine Linie verwenden: einen Pinsel mit glatter Kante.

**Abbildung 9.14** *Je nach dem verwendetem Pinsel (rau oder glatt) wird die Fläche besser oder schlechter gefüllt und es bleiben einige Pixel am Rand weiß. Hier solltest du händisch nacharbeiten.*

Du kannst diese Methode des Einfärbens auch gut mit einer Referenzebene verwenden. Dann bleiben Linie und Farbfläche voneinander separiert auf zwei unterschiedlichen Ebenen. Alles dazu findest du im Abschnitt 8.2.

## Neu färben

Möchtest du eine farbige Fläche komplett neu einfärben, kannst du das über Neu färben tun. An diese Option gelangst du, wenn du deine Farbe mit Colordrop auf deine Fläche gezogen hast. Am oberen Rand der Leinwand erscheint die Information Neu färben. Tippst du darauf, siehst du ein kleines Fadenkreuz, und alle Flächen, auf die du das Fadenkreuz setzt, färben sich neu ein. Eine Fläche lässt sich auch über das QuickMenü neu färben. Dort kannst du verschiedene Aktionen ablegen, unter anderem Neu färben (siehe Abschnitt 3.3).

Wählst du Neu färben aus, erscheint unten der Regler Flut, der die Farbmenge bestimmt. Er bestimmt, wie viel Farbe in die Fläche gefüllt wird. Bei wenig Farbe werden oft nur einige Teile eingefärbt, bei 100 % kann es schon zu viel sein.

Der Vorgang des Einfärbens geht auch mit einer Farbe direkt aus einer Farbpalette. Wenn du die Farbpaletten-Ansicht offen hast, kannst du eine beliebige Farbe dort heraus auf deine Farbfläche ziehen. Procreate nennt diesen Vorgang »SwatchDrop«. Auch hierbei hast du wieder die Möglichkeit, die Farbmenge über den Schwellenwert zu steuern.

**Abbildung 9.15** *Ziehe deine Farbe direkt aus einer Farbpalette heraus (links).* Ebene füllen *füllt die gesamte Ebene. In unserem Beispiel wird nur der Pullover gefüllt, weil die Alphasperre aktiv ist (rechts).*

## Ebene füllen

Soll deine gesamte Ebene mit einer einzigen Farbe gefüllt werden, tippst du auf die Ebene und wählst aus dem Menü Ebene füllen. Sofort färbt sich die komplette Ebene ein. Hast du zuvor die Alphasperre aktiviert, füllt sich nur die entsprechende Fläche mit Farbe.

# Kapitel 10
# Text

*In Procreate steht dir ein Textwerkzeug zur Verfügung, so dass du auch nicht handgeschriebenen Text in dein Bild einfügen kannst. Natürlich ist Procreate kein Layoutprogramm, aber für kleine Textergänzungen für Grußkarten oder einen Comic reicht es allemal.*

## 10.1 Textfeld einfügen und bearbeiten

Um einen digitalen Text zu erstellen, gehe also auf Aktionen und dort auf Hinzufügen • Text hinzufügen. Mittig auf dem Bildschirm erscheint ein neuer Textrahmen, das Wort »Text« wird in deiner eingestellten Farbe geschrieben und blau markiert. Die voreingestellte Schrift ist die Eina.

Du kannst den Text jetzt bearbeiten, die Schriftart und -größe ändern und natürlich überhaupt erst einmal etwas eingeben. Unten öffnet sich direkt eine Tastatur. Tippst du außerhalb des Textes auf die Leinwand, wird die Markierung und damit die Bearbeitungsfunktion aufgehoben.

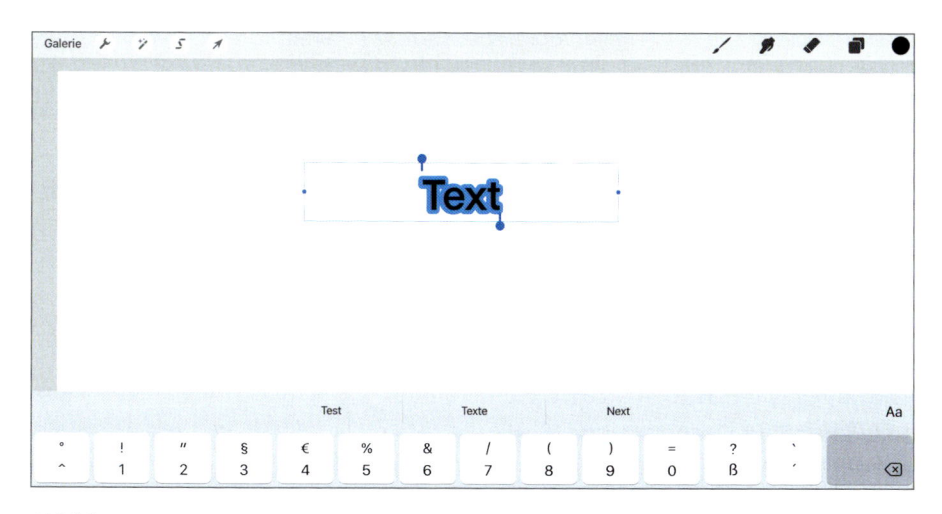

**Abbildung 10.1** *Das Wort »Text« erscheint als Platzhalter, wenn du Text einfügst.*

In der Ebenen-Palette erstellt sich automatisch eine Textebene. In der Ebenenminiatur siehst du ein großes A als Symbol für die Textebene. Der Name der Ebene ändert sich in deine ersten geschriebenen Worte. Natürlich kannst du das später ändern und die Ebene umbenennen.

### Die Text-Palette

Über dem Textfeld erscheint nach einem Doppeltipp auf den Text direkt eine kleine Palette mit Möglichkeiten zur Formatierung deines Textes. Dein Text muss immer blau markiert sein, wenn du die Optionen aus der Text-Palette nutzen möchtest. Hier kannst du ganz links die Tastatur einblenden, solltest du sie ausgeblendet haben. Tippst du auf Löschen, wird dein geschriebener Text gelöscht. Ausschneiden, Kopieren und Einfügen sind bekannte Funktionen. Alles auswählen hilft dir, zum Beispiel einen ganzen Abschnitt zu markieren, und mit Vertikal läuft dein Text von oben nach unten.

**Abbildung 10.2** *Die Text-Palette bietet dir viele Bearbeitungsmöglichkeiten.*

Ganz oben in der Text-Palette kannst du die Textausrichtung einstellen, rechts- oder linksbündig, zentriert und Blocksatz stehen dir zur Verfügung. Das jeweils Ausgewählte ist blau dargestellt. Es wird dir außerdem angezeigt, in welcher Schrift du gerade schreibst und welchen Schriftschnitt du verwendest.

### Schriftschnitt

Schriftschnitt bezeichnet den Stil der Schrift, also Regular (normal), Bold (für fette Schrift) oder Italic (für kursiv). Gut ausgebaute Schriften bringen unterschiedliche Schriftschnitte (auch »Schriftstile« genannt) mit. Wenn die Schrift besonders umfangreich geliefert wird, kann es sogar sein, dass es zwischen Regular und Bold noch Zwischenschritte wie Semibold oder auch ein Light, also einen Schriftschnitt dünner als Regular, gibt.

### Bearbeitungsfunktionen

All diese Möglichkeiten findest du auch noch einmal, wenn du bei der eingeblendeten Tastatur oben rechts auf die beiden Buchstaben Aa tippst ❶ (Abbildung 10.2). Dann öffnen sich die Bearbeitungsfunktionen.

Links am Rand findest du die Möglichkeiten zum Ausschneiden, Kopieren und Einfügen wieder oder wechselst zurück zur Tastatur ❷. Außerdem kannst du hier in diesem Bereich grundlegende Vorgaben deines Textes einstellen wie die Schriftart und den Schriftstil (den Schriftschnitt) ❸.

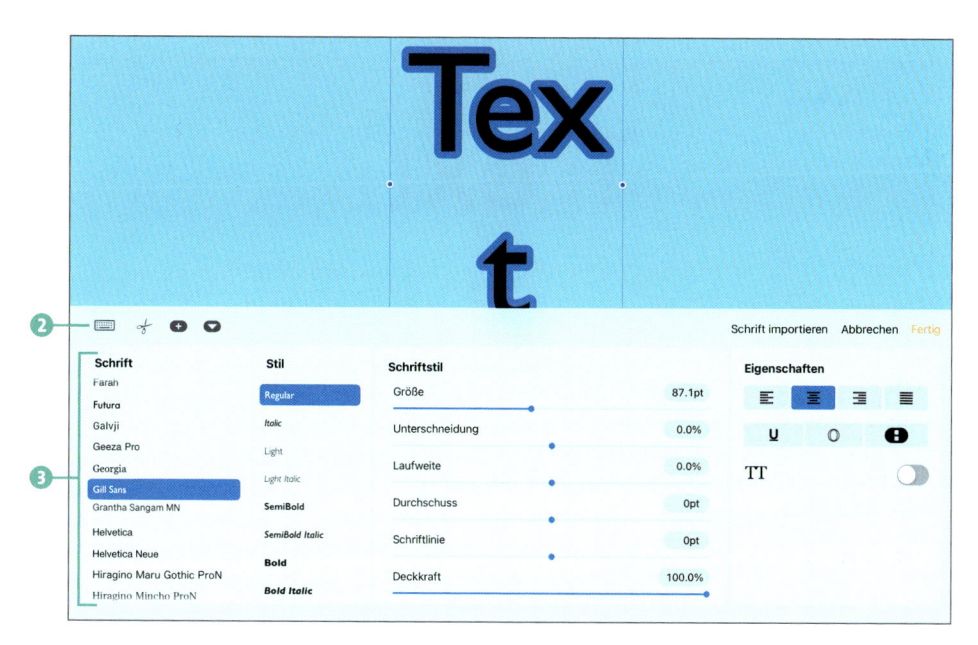

*Abbildung 10.3  Die Text-Bearbeitungsfunktion. Der Text wurde vergrößert und springt in die nächste Zeile, weil sich der Textrahmen nicht mit vergrößert (links*

Daneben sind sechs Schieberegler dafür da, deinen Text noch weiter zu bearbeiten ❹. Du kannst hier zum einen die Grösse deiner Schrift anpassen. Dabei ändert sich nicht die Breite des Textrahmens, sondern nur die Höhe. Ist der Rahmen ausgefüllt und du machst die Schrift noch größer, werden Teile der Schrift in die nächste Zeile umbrochen (siehe Abbildung 10.3). Dann ziehst du den Rahmen am blauen Anfasser einfach breiter. Tippst du rechts am Regler in das Zahlenfeld, kannst du die gewünschte Schriftgröße auch händisch eingeben. Gemessen wird deine Schriftgröße in Punkt.

Unterschneidung (im Englischen »Kerning«) meint den Abstand zwischen den einzelnen Buchstabenpaaren, dieser kann vergrößert oder verkleinert werden. Dagegen passt die Laufweite den Abstand zwischen jedem Buchstaben in einem einzelnen Wort oder einem ganzen Textblock an.

Beides dient dazu, die Lesbarkeit des Textes zu erhöhen. Es kann vorkommen, dass nur zwei Buchstaben etwas zu eng beieinanderstehen, der Rest des Wortes aber ausgewogen erscheint. Dann hilft dir die Unterschneidung für diese zwei Buchstaben und vergrößert dort den Abstand. Erscheint dir der Abstand der Buchstaben insgesamt zu gering oder zu weit, nutzt du die Laufweite, diese wirkt sich auf das komplette Wort oder den gesamten Absatz aus.

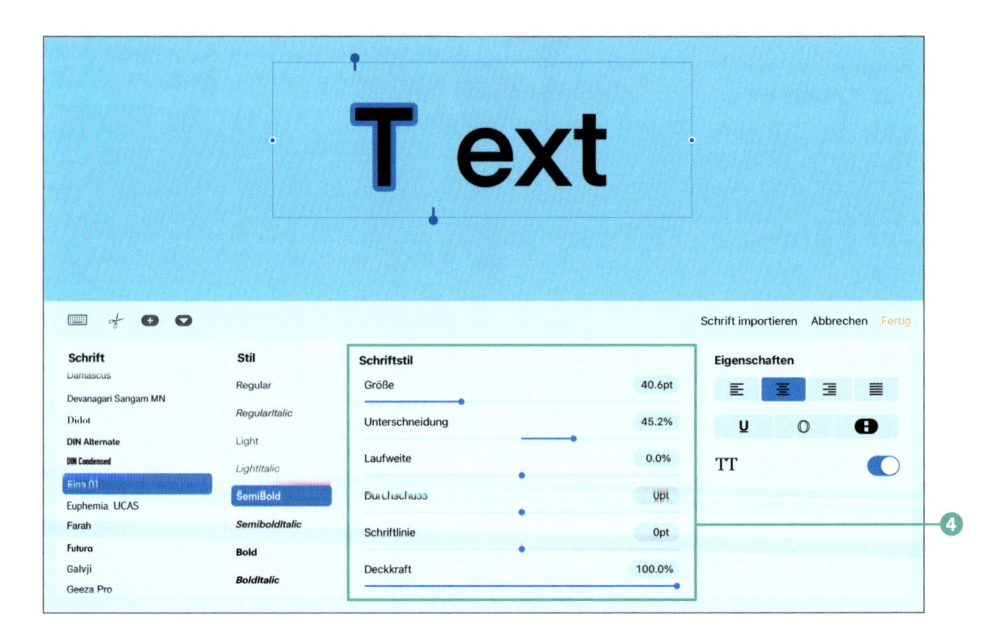

**Abbildung 10.4** Unterschneidung *schiebt zwei Buchstaben auseinander oder zusammen.*

Durchschuss bestimmt den Abstand zweier Zeilen. Mit wenig Durchschuss lässt sich die untere Zeile näher an die obere bringen oder für besseres Lesen in einem Fließtext der Durchschuss etwas erhöhen. Oft ist er für einen ganzen Textabschnitt zu gering voreingestellt, korrigiere hier also bei Bedarf nach. Der Durchschuss ersetzt in Procreate die in anderen Programmen verwendete Einstellung für den Zeilenabstand.

Die Schriftlinie ist die Linie, auf der sich der Text innerhalb des Textrahmens befindet. Normalerweise liegt sie mittig, du kannst diese unsichtbare Linie aber auch höher oder niedriger setzen, so dass der Text oben oder unten fast an den Rahmen stößt. Das kann helfen, den Textrahmen mitsamt Text genauer auszurichten. Der letzte Punkt Deckkraft reguliert, wie transparent deine Buchstaben sein sollen.

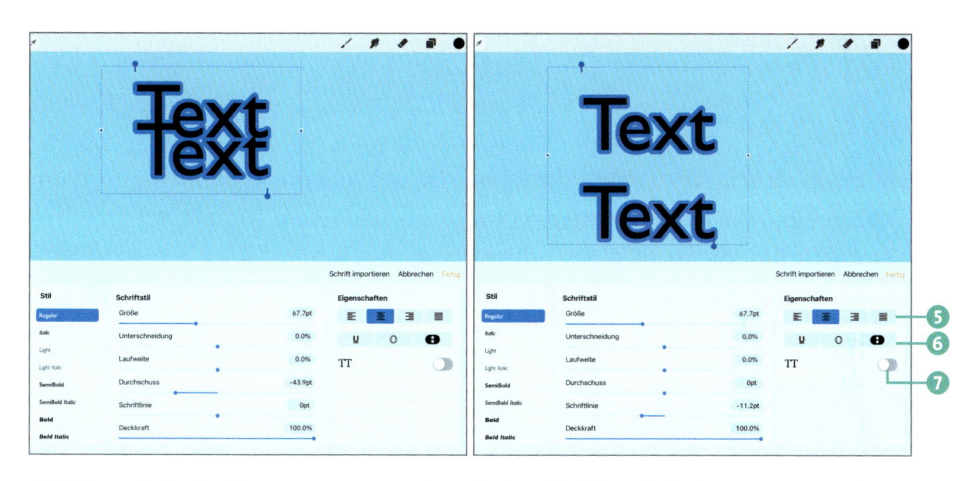

**Abbildung 10.5** *Der* Durchschuss *wurde reduziert (links) und die* Schriftlinie *nach unten versetzt (rechts).*

Ganz rechts in deinem Fenster stellst du wieder ein, ob dein Text rechts- oder linksbündig laufen soll, mittig zentriert oder als Block ❺. Außerdem kannst du eine Unterstreichung hinzufügen, die Schrift nur als Outline anzeigen lassen oder sie vertikal ausrichten ❻. Die jeweils ausgewählte Eigenschaft wird dir blau unterlegt angezeigt. Du darfst auch mehrere Attribute gleichzeitig auswählen. Außerdem kannst du den kompletten Text in Großbuchstaben schreiben, indem du rechts den Schalter bei TT aktivierst ❼. Dabei geht die vorherige Groß- und Kleinschreibung verloren, alle Buchstaben sind anschließend gleich groß.

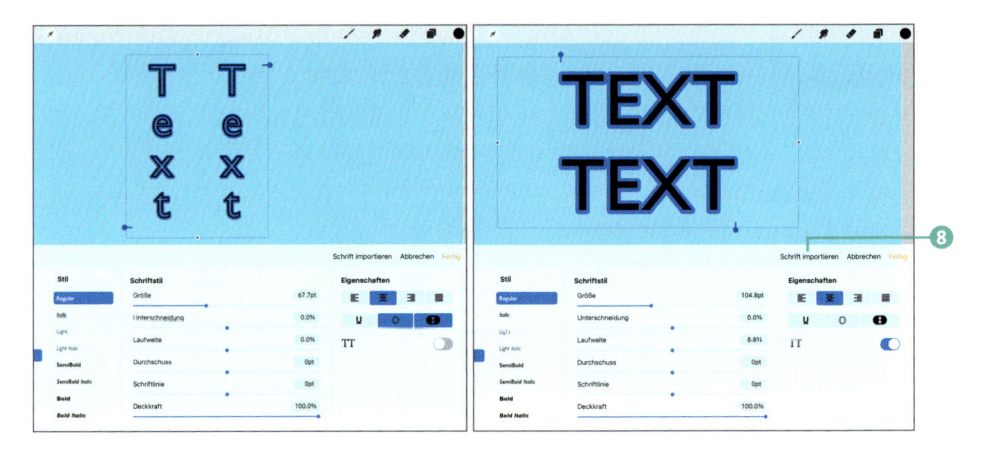

**Abbildung 10.6** *Der Text wurde als Outline angezeigt und vertikal geschrieben (links). Alle Buchstaben wurden auf Großbuchstaben umgeschaltet (rechts).*

### Text schreiben

Um etwas zu schreiben, muss das Wort »Text« blau hervorgehoben sein, dann überschreibst du es. Ansonsten schreibst du nach dem Wort weiter, und es bleibt sichtbar. Wenn du die Schriftart oder den Schriftstil ändern möchtest, muss dein Text ebenfalls wieder blau markiert sein, sonst passiert nichts.

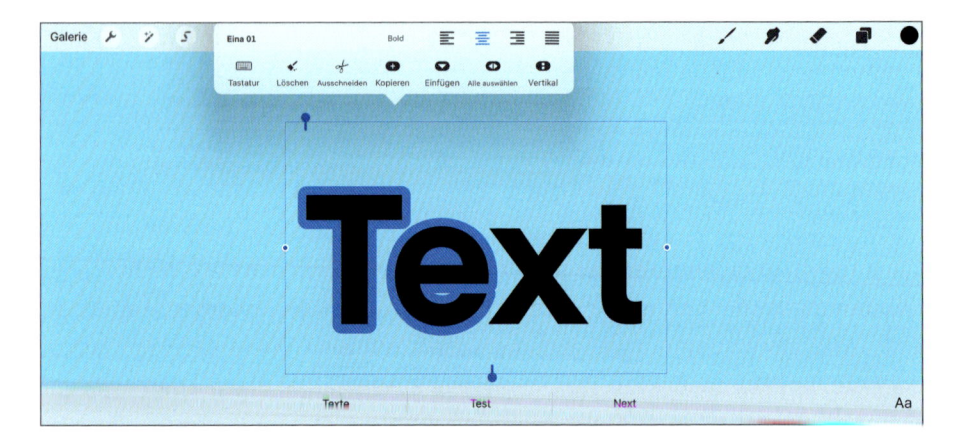

**Abbildung 10.7** *Die blauen Anfasser am Text erlauben es dir, auch nur Teile zu markieren.*

Mit einem Doppeltipp auf den Text markierst du ihn. Dabei erscheinen links oben und rechts unten blaue Anfasser. Ziehst du an ihnen, kannst du genau einstellen, wie viel Text markiert werden soll: der ganze Absatz, nur einige Worte oder einzelne Buchstaben.

Schreibst du mehr Text, passt sich das Textfeld der Textmenge an, es wird also länger. Es besteht die Möglichkeit, den Textrahmen auch selbst an den Anfassern links und rechts zu vergrößern. Dabei vergrößerst oder verkleinerst du nur den Rahmen, nicht die Schrift selbst.

Bist du mit all deinen Einstellungen zufrieden, tippe auf Fertig oder wahlweise auf Abbrechen, dann werden sie nicht übernommen. Du kannst auch einfach ein anderes Werkzeug antippen oder auf die Leinwand, dann verlässt du den Bearbeitungsmodus. Möchtest du deinen Text später ändern, tippe auf die Textebene in der Ebenen-Palette und wähle Text bearbeiten aus. Ein Doppeltippen direkt auf den Text aktiviert ebenfalls die Bearbeiten-Funktion.

Um dein Textfeld an eine andere Stelle zu schieben, tippe und halte mittig auf dem Textfeld und verschiebe den Text. Alternativ könntest du auch das Auswahlwerkzeug nutzen und den Text auswählen, um ihn zu verschieben. Hierüber kannst du ihn auch skalieren. Auch die unterschiedlichen Ebenenmodi darfst du auf ihn anwenden. Mehr über Ebenenmodi erfährst du später in Abschnitt 8.3.

## Eigene Schriften hinzufügen

Möchtest du eine eigene Schrift hinzufügen, ist das über den Button Schrift importieren möglich ❽ (Abbildung 10.6). Deine Dateien werden geöffnet und du kannst zum Ordner mit deinen Schriften navigieren. Dort wählst du die zu importierende Schrift aus, und schon fügt Procreate sie deiner Liste von möglichen Schriften hinzu. So nutzt du deine ganz individuell bevorzugten Schriften.

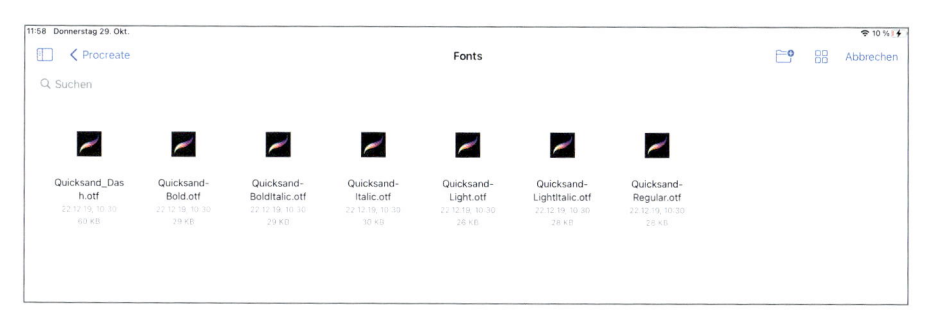

**Abbildung 10.8** *Importiere deine Wunschschrift in Procreate.*

**Schriften kaufen**

Schriften kannst du im Internet kaufen und sie dann auf deinem iPad abspeichern. Wichtig hierbei ist, dass die Schriften nicht mehr als .zip-Datei in einem Ordner liegen. So wirst du sie meistens nach dem Kauf erhalten, du musst sie dann einmal entpacken, damit du beim Importieren die einzelnen Schriften auswählen kannst. Jeder Schriftschnitt (Regular, Italic, Bold und so fort) ist als einzelne Datei vorhanden, die du importieren musst, um sie nutzen zu können.

Eine Seite mit schönen Schriften ist zum Beispiel *www.fontsquirrel.com*.

## 10.2 Vektortext und Rastertext

Dein Text liegt als Vektortext vor, das bedeutet, er ist ohne Qualitätsverlust frei skalierbar. Vektortext kannst du jederzeit bearbeiten, den Text neu schreiben, die Größe ändern, die Laufweite und Ähnliches bestimmen. Auch eine Clipping-Maske darfst du auf ihn anwenden oder ihn maskieren. Dein Text kann als Referenz genutzt werden, du kannst ihn verschieben und drehen. Das heißt, du bleibst mit dem Vektortext sehr flexibel.

Text lässt sich aber auch rastern, indem du auf die Textebene tippst und aus dem Menü RASTERN auswählst. Allerdings kannst du ihn danach nicht mehr bearbeiten und auch nichts Neues schreiben.

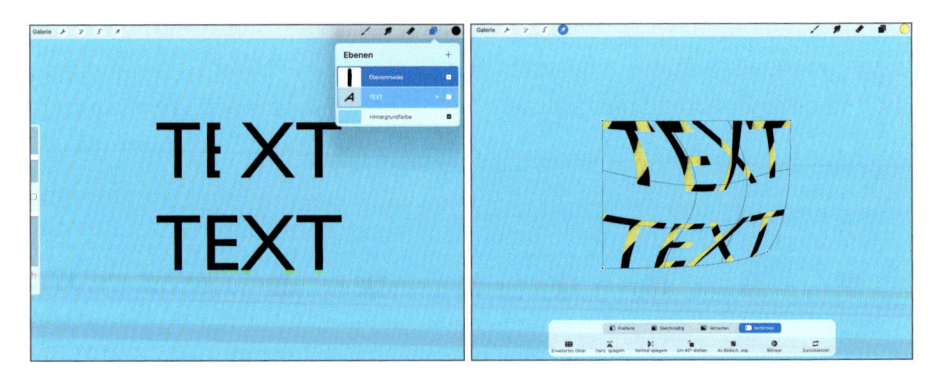

*Abbildung 10.9  Der Vektortext wurde maskiert (links) und nach dem Rastern verzerrt und mit Pinselstrichen versehen (rechts).*

Der Vorteil aber ist: Hast du deinen Text gerastert, kannst du die unterschiedlichen Effekte auf ihn anwenden, er wird jetzt von Procreate wie ein normales Bild behandelt. Du darfst ihn verzerren oder bunt einfärben, mit Pinselstrichen übermalen und ihm so ein Muster geben. Du kannst wie gehabt auch eine Clipping-Maske, eine Alphasperre oder die Referenz auswählen, ihn maskieren und vieles mehr.

In der Ebenen-Palette wird dir der gerasterte Text wie eine normale Ebene angezeigt, nicht mehr mit einem A. Das Rastern lässt sich später nicht wieder rückgängig machen, lege dir also im Zweifel vorher von der Textebene ein Duplikat an.

## 10.3  Text mit dem Stift schreiben

Procreate bietet dir die Möglichkeit, deinen Text auch direkt mit dem Apple Pencil auf dem Bildschirm zu schreiben. Procreate wandelt deine Handschrift dann in deine gewählte Schriftart um! Füge wie gewohnt unter AKTIONEN Text hinzu, und es erscheint das Textfeld auf deiner Leinwand. Nun kannst du mit dem Apple Pencil deinen gewünschten Text direkt auf der Leinwand schreiben. Procreate nennt diese Funktion KRITZELN.

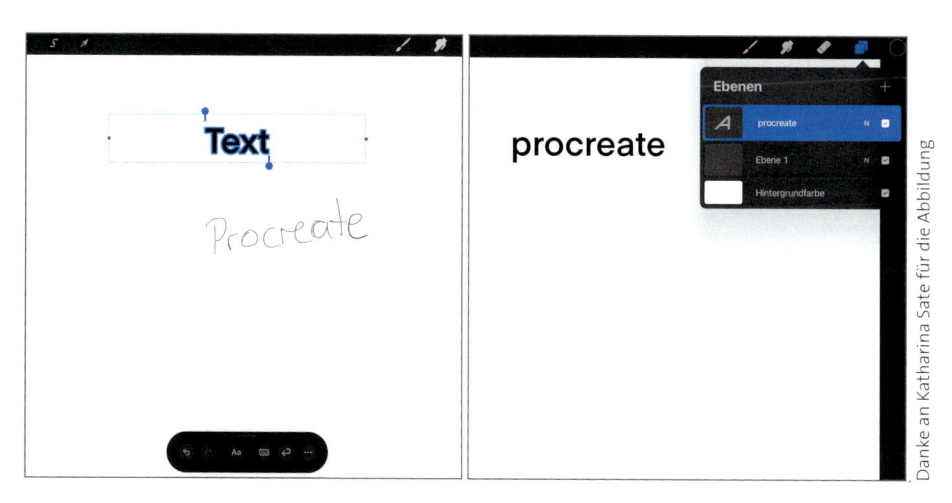

*Abbildung 10.10  Tippe auf TEXT HINZUFÜGEN, um ein Textfenster einzufügen, und schreibe dann auf der Leinwand deinen Text mit dem Apple Pencil (links). Procreate setzt deine Handschrift in Vektortext um (rechts).*

Diese Funktion steht dir allerdings nur zur Verfügung, wenn du ein neues iPad nutzt, mit älteren Modellen geht es nicht. Derzeit ist die unterstützte Sprache Englisch, du musst für deutsche Wörter also sehr sauber und deutlich schreiben, damit Procreate sie korrekt wiedergibt.

### Ebenen beschriften

Du kannst auf diese Weise auch handschriftlich deine Ebenen umbenennen, indem du den Ebenennamen mit dem Apple Pencil direkt auf die jeweiligen Ebene schreibst. Tippe vorher auf die Ebene, öffne das Ebenenmenü und gehe dann auf Umbenennen, danach darfst du schreiben. Aktivierst du vorher Umbenennen nicht, wird von Procreate nur ein Wischen auf der Ebene nach links oder rechts registriert, du schreibst aber nicht.

**Abbildung 10.11** *Tippe auf die Ebene, wähle* Umbenennen *und schreibe mit deinem Apple Pencil direkt auf der Ebene.*

Möchtest du die Funktion Kritzeln deaktivieren, kannst du sie in den Systemeinstellungen deines iPads unter Aktionen • Einstellungen abstellen. Dort Apple Pencil auswählen und Kritzeln deaktivieren.

**Abbildung 10.12** *In den allgemeinen Einstellungen zum Apple Pencil kannst du* Kritzeln *deaktivieren.*

# Kapitel 11
# Zeichenhilfe und QuickShape

Diese zwei Funktionen helfen dir dabei, mit einem Raster, Perspektive oder Symmetrie zu arbeiten, deine Linien auch wirklich gerade zu erstellen und aus einem handgezeichneten Kreis einen wirklich exakten Kreis zu machen. Denn hin und wieder kommt es vor, dass deine Zeichnung nicht nach freihand aussehen soll, sondern du genauer arbeiten willst.

## 11.1 Die Zeichenhilfe nutzen

Die Zeichenhilfe unterstützt dich dabei, perspektivisch korrekt zu zeichnen, sie legt ein 2D-Gitter an oder hilft dir dabei, isometrisch korrekt zu arbeiten. Außerdem kannst du durch die Zeichenhilfe auch eine Unterstützung bei symmetrischen Zeichnungen erhalten. Dabei arbeitet die Zeichenhilfe mit Hilfslinien, an denen du deine Arbeit ausrichtest.

### Zeichenhilfe öffnen und bearbeiten

Die Zeichenhilfe stellst du unter AKTIONEN • ZEICHENHILFE an und kannst dann direkt darunter ZEICHENHILFE BEARBEITEN auswählen und deine individuellen Einstellungen vornehmen. Stellst du die Zeichenhilfe nur an, wird sie mit den zuletzt getätigten Einstellungen aufgerufen. Öffnest du sie das erste Mal bei einer Leinwand, wird dir standardmäßig ein 2D-Gitter angezeigt.

Tippst du auf ZEICHENHILFE BEARBEITEN, lassen sich unten im Menü vier Einstellungen wählen: 2D-GITTER, ISOMETRISCH, PERSPEKTIVE oder SYMMETRIE ❹.

Außerdem solltest du im unteren Bereich weitere Einstellungen für die Hilfslinien der Zeichenhilfe festlegen: Du kannst die DECKKRAFT der Hilfslinien bestimmen, ihre DICKE sowie die generelle RASTERGRÖSSE. Außerdem lässt sich hier das UNTERSTÜTZTE ZEICHNEN auswählen ❺, hierzu gleich mehr. Der bunte Balken oben am Rand des Feldes erlaubt es dir, eine Farbe für die Hilfslinien auszuwählen ❶.

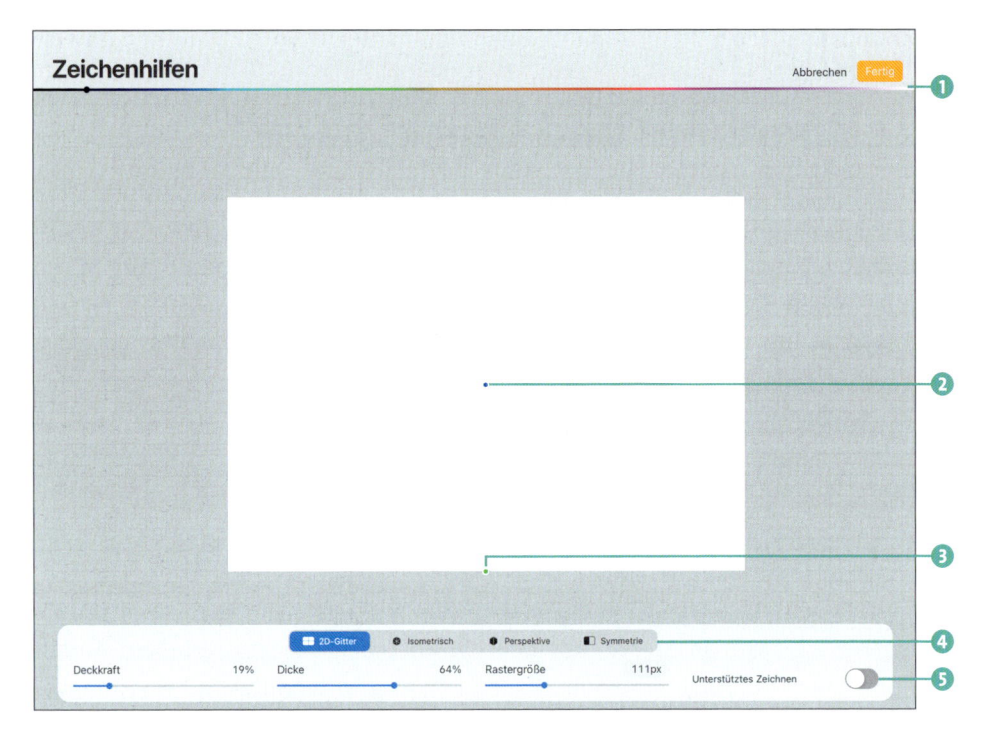

**Abbildung 11.1** *Unter* Aktionen *aktivierst du die Zeichenhilfe und bearbeitest sie auch.*

Bei 2D-Gitter, Isometrisch und Symmetrie werden dir außerdem ein blauer ❷ und ein grüner Punkt angezeigt ❸, bei Perspektive sind nur blaue Punkte vorhanden. An diesen blauen Anfassern kannst du deine Hilfslinien verschieben und so zum Beispiel den Mittelpunkt für deine symmetrische Zeichnung ausrichten. Hast du nämlich auf der Ebene schon etwas gezeichnet, wird dir deine Zeichnung jetzt beim Bearbeiten der Hilfslinien ebenfalls angezeigt. Ist deine Ebene allerdings noch leer, siehst du nur eine weiße Fläche.

Der grüne Anfasser lässt dich die Hilfslinien drehen, so dass du zum Beispiel schräge Linien erhältst. Hast du dein Gitter gedreht und möchtest es rückgängig machen, tippe auf den entsprechenden Anfasser, und du kannst es zurücksetzen.

Hast du deine Zeichenhilfe aktiviert und bearbeitet, dienen die Hilfslinien auf deiner Leinwand nur der Orientierung. Möchtest du, dass sich alle deine Striche wie magnetisch daran ausrichten, musst du einmal in der Ebenen-Palette auf deine Ebene tippen und das Ebenen-Menü öffnen. Dort wählst du jetzt den Eintrag Zeichenassistent aus. Auf der Ebene erscheint das Wort Hilfe, so siehst du, dass auf dieser Ebene die Zeichenhilfe aktiviert wurde. Nun richten sich deine Striche an den eingestellten Hilfslinien aus.

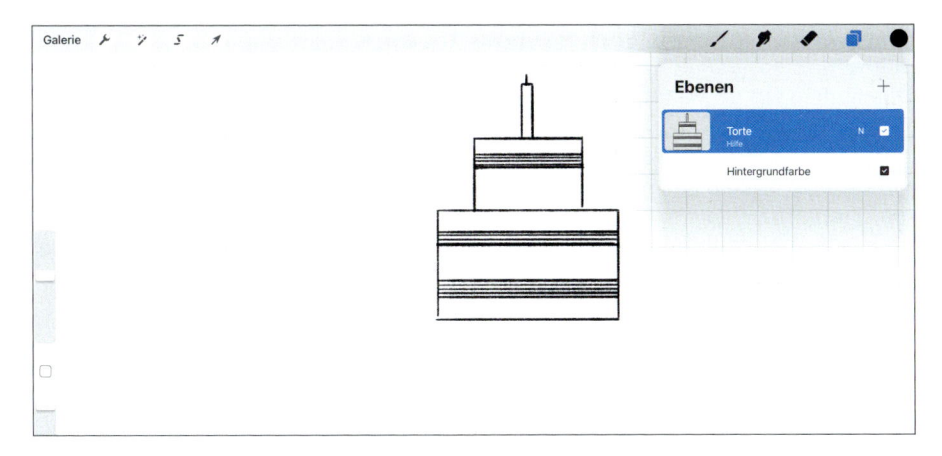

**Abbildung 11.2** *Die Zeichenhilfe ist aktiviert, deine Striche richten sich nun an den Hilfslinien aus. Hier wurde* 2D-GITTER *eingestellt.*

Du hast auch unter den Optionen der Zeichenhilfe die Möglichkeit, direkt UNTERSTÜTZTES ZEICHNEN zu aktivieren, also den Zeichenassistenten ❺. Dann kannst du nach einem Tippen auf FERTIG direkt auf deiner Ebene zeichnen und nutzt sofort die Zeichenhilfe. Möchtest du die Hilfslinien nicht mehr sehen, gehe wieder unter AKTIONEN auf ZEICHENHILFE und deaktiviere sie. Ein Anwendungsbeispiel zur Zeichenhilfe findest du in Abschnitt 14.1.

## 2D-Gitter

Das 2D-Gitter legt dir ein entsprechendes Raster an Hilfslinien über deine Arbeitsfläche (siehe Abbildung 11.2). Du stellst ein, wie groß die Rasterung sein soll, je nachdem, wie du es benötigst. Deine spätere Zeichnung bleibt mit diesen Hilfslinien zweidimensional.

## Isometrisch

Aktivierst du die isometrische Zeichenhilfe, ist das Gitter in dreieckiger Form angelegt und ideal für gleichmäßige 3D-Illustrationen. Es hilft dir dabei, im richtigen Winkel zu arbeiten und ohne perspektivische Verkürzungen, alle Schenkel der dreieckigen Hilfslinien sind gleich lang. Es gibt ganze Wimmelbilder, die in

Isometrie angelegt sind, sie haben einen ganz eigenen Charme. Auch für technische Abbildungen wird Isometrie verwendet. Du kannst die schrägen Linien auch für dein Handlettering als Hilfslinien nutzen, dann solltest du aber den Zeichenassistenten bzw. UNTERSTÜTZTES ZEICHNEN nicht aktivieren.

Das Auge ist es gewohnt, Dinge perspektivisch zu sehen, so wird ein Objekt beispielsweise nach hinten hin kleiner wahrgenommen. Aber Isometrie ist nicht gleich Perspektive, hier findet keine optische Verkürzung statt, dadurch erscheinen isometrische Zeichnungen im ersten Moment für das Auge ungewohnt. Für technische Erklärungen ist diese Ansicht aber durchaus nützlich, weil alle Verkürzungen entfallen.

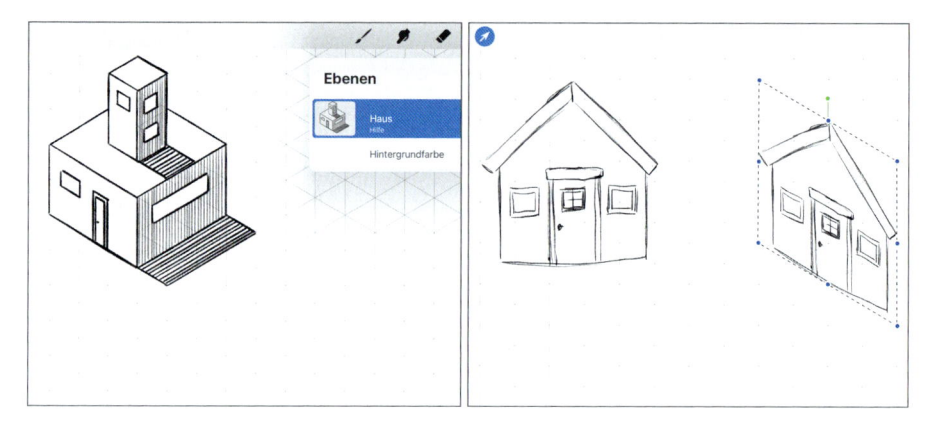

**Abbildung 11.3** *Ein Haus in Isometrie gezeichnet (links). Die zweidimensionale Skizze einer Hausfront wird mit dem Transformieren-Werkzeug ins isometrische Raster eingepasst (rechts).*

Du darfst auch den umgekehrten Weg gehen und zum Beispiel erst eine Zeichnung von der Front eines Hauses anfertigen. Schalte dann die Zeichenhilfe ein, aktiviere den Zeichenassistenten aber nicht auf deiner Ebene. Wähle stattdessen das Transformieren-Werkzeug und verzerre deine Hausfront, bis sie in das isometrische Gitter passt. So kannst du dir ein isometrisches Haus konstruieren.

## Perspektive

Aktivierst du die perspektivischen Hilfslinien, kannst du selbst bestimmen, wo die Horizontlinie und deine Fluchtpunkte verlaufen sollen. Auch lässt sich bestimmen, wie viele Fluchtpunkte es geben soll. Es ist auch möglich, sie außerhalb der Leinwand zu setzen, damit die Perspektive nicht zu extrem erscheint. Füge einfach durch Tippen einen Fluchtpunkt hinzu. Jeder Fluchtpunkt hat seine eigene Farbe, die auch die Hilfslinien annehmen. So kannst du dich beim Arbeiten etwas besser orientieren.

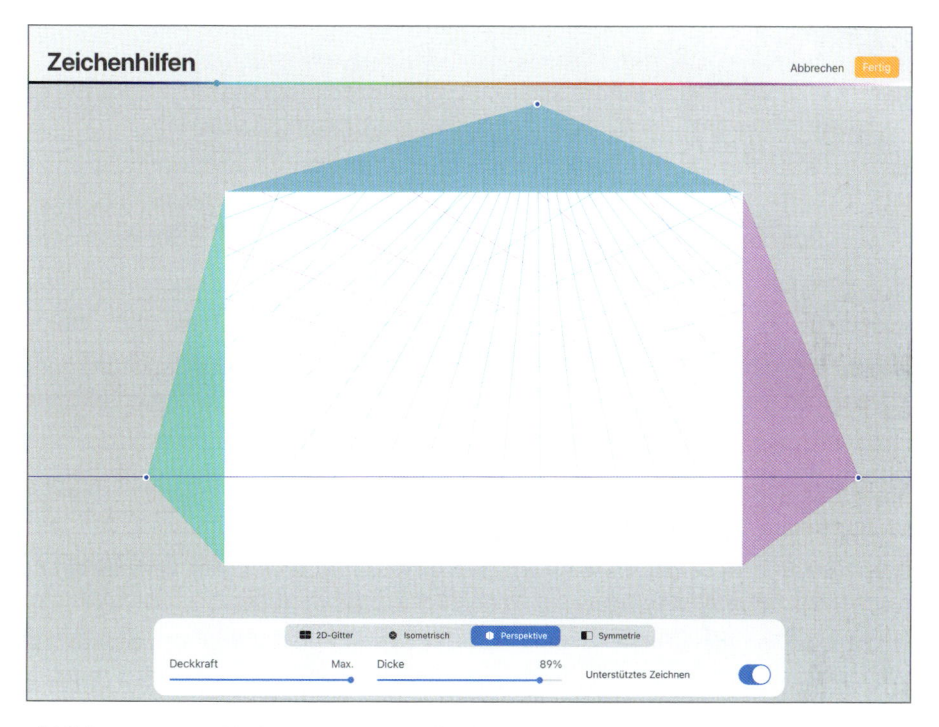

**Abbildung 11.4** *Wähle bis zu drei unterschiedliche Fluchtpunkte für deine perspektivische Zeichnung.*

Du hast beim Erstellen deines Perspektivgitters die Wahl zwischen einem, zwei oder drei Fluchtpunkten.

- Nutzt du nur einen Fluchtpunkt, spricht man von einer **Ein-Punkt-Perspektive** oder auch Zentralperspektive. So lässt sich zum Beispiel der Blick in eine Straße zeichnen. Alle Objekte bewegen sich optisch auf den einen Fluchtpunkt zu, wobei die Seiten des Objekts, die dir direkt zugewandt sind, sich nicht verzerren, die Linien bleiben horizontal/vertikal. Nur die seitlichen Oberflächen des Gegenstandes werden zu dem einen Punkt hin verzerrt. Der Fluchtpunkt liegt auf dem Horizont und lässt sich beim Bearbeiten des Gitters ebenfalls verschieben.

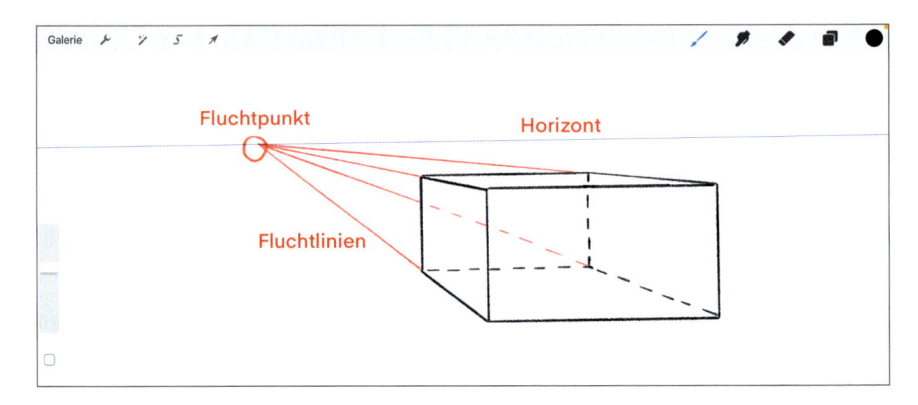

**Abbildung 11.5** *Zentralperspektive mit Fluchtpunkt, Horizontlinie und Fluchtlinien.*

- Mit zwei Fluchtpunkten erhältst du die **Zwei-Punkt-Perspektive**. Die Gegenstände zeigen mit einer Kante zu dir, die Seiten des Objekts scheinen sich zu verzerren und nach hinten schmaler zu werden. Vertikale Linien bleiben parallel, alle horizontalen Linien verzerren sich zu den Fluchtpunkten.

- Arbeitest du mit **drei Fluchtpunkten**, erzeugst du auch eine perspektivische Verzerrung in die Höhe oder Tiefe. Dadurch entsteht der Eindruck, dass ein Gebäude beispielsweise sehr hoch ist und du an ihm nach oben schaust. Die Arbeit mit drei Fluchtpunkten ist für das menschliche Auge am realistischsten, sie bildet das natürliche Sehen von Dingen am besten ab. Objekte erscheinen glaubwürdig, weil sich alle Achsen verzerren, die Objekte nach hinten hin kleiner werden. Allerdings wird es bei dieser Perspektive beim Konstruieren deiner Zeichnung auch schon sehr komplex.

**Abbildung 11.6** *Die 2-Punkt-Perspektive fluchtet alle vertikalen Linien zu zwei Fluchtpunkten, die horizontalen Linien bleiben parallel (links). Erst bei der 3-Punkt-Perspektive verzerren sich auch diese (rechts).*

Die Fluchtpunkte können außerhalb deiner Arbeitsfläche liegen oder auch innerhalb. Je näher sie zusammenrücken, desto extremer wird die Perspektive. Möchtest du einen Fluchtpunkt löschen, tippe ihn kurz an, dann hast du die Möglichkeit dazu.

Auch dein Horizont muss nicht gerade verlaufen. Er ändert seine Richtung zusammen mit den seitlichen Fluchtpunkten. Befindet sich dein Blick weit oberhalb des Horizonts, du schaust also auf die Szene herunter, spricht man von einer **Vogelperspektive**. Ist dein Blick unterhalb der Horizontlinie, heißt es **Froschperspektive**. Befindet sich dein Blick auf Höhe des Horizonts, spricht man von **Normalperspektive**.

## Symmetrie

Mit der Funktion SYMMETRIE erleichterst du dir das symmetrische Zeichnen. Zeichnest du mit aktiviertem Zeichenassistenten auf einer Ebene, wird alles direkt auf die andere Seite einer Achse gespiegelt. Wenn du sie das erste Mal auf deiner Leinwand öffnest, wird dir eine vertikale Hilfslinie angezeigt. Allerdings ist das nur die Grundeinstellung, du kannst rechts unter OPTIONEN diverse Veränderungen vornehmen. So lässt sich beispielsweise einstellen, ob sich deine Symmetrie vertikal ausrichten soll, also links und rechts deiner Achse, oder horizontal, also über- und unterhalb der Achse.

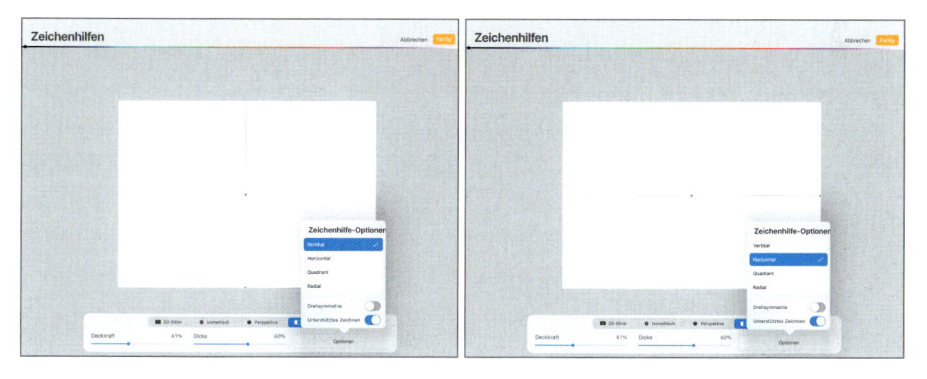

**Abbildung 11.7** *Die vertikale Achse ist standardmäßig eingestellt (links). Du kannst die Symmetrie auch horizontal einstellen (rechts).*

Auch bei der Symmetrie kannst du die Farbe der Achse bestimmen, ihre Dicke und die Deckkraft. Interessanter sind aber die Optionen rechts.

Wählst du QUADRANT aus, siehst du zwei Achsen, eine vertikale und eine horizontale. Zeichnest du jetzt in einem der vier Quadranten, wird deine Zeichnung direkt in die drei anderen hineingespiegelt. Bei der Einstellung RADIAL erhältst du noch zusätzliche Achsen im 45-Grad-Winkel, hast also acht Felder, in die sich deine Zeichnung spiegelt. Das ergibt beispielsweise eindrucksvolle Muster, Mandalas, Kränze oder Ornamente mit kleinen Details, die sich mehrfach wiederholen.

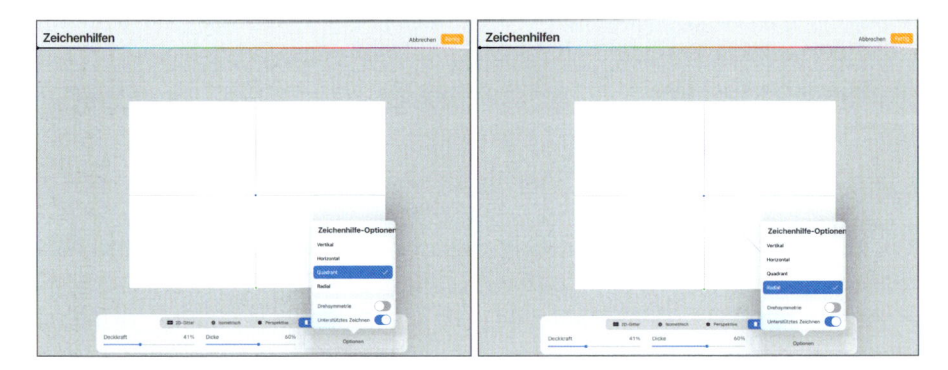

**Abbildung 11.8**  QUADRANT *teilt die Leinwand in vier Felder, in einem zeichnest du, in die anderen drei wird gespiegelt (links). Und bei* RADIAL *bilden sich sogar vier Achsen, also acht Felder (rechts).*

Mit dem Aktivieren von DREHSYMMETRIE unter OPTIONEN kannst du beeinflussen, wie sich deine Zeichnung spiegeln soll. Ist die Drehsymmetrie aktiviert, wird bei einer vertikalen Symmetrie nicht einfach nur vertikal gespiegelt, sondern gleichzeitig auch noch horizontal.

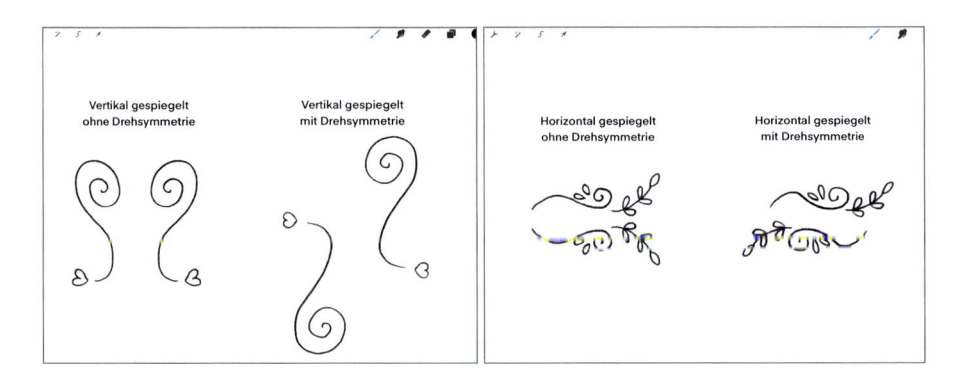

**Abbildung 11.9**  *Hier siehst du den Unterschied, ob mit oder ohne Drehsymmetrie gearbeitet wurde.*

Analog dazu verhält es sich bei der horizontalen Symmetrie. Zeichne mit ein- und ausgeschalteter Drehsymmetrie, das verdeutlicht den Effekt am besten.

**Abbildung 11.10** *Auch bei* Quadrant *kannst du die Drehsymmetrie aktivieren und erhältst ein vollkommen anderes Ergebnis als ohne (links), ebenso bei* Radial *(rechts).*

Für all diese Zeichenhilfen muss immer der Zeichenassistent auf der jeweiligen Ebene aktiviert worden sein. Erst dann richten sich deine Striche nach den Hilfslinien aus, und es entsteht eine Symmetrie. Hast du die Zeichenhilfe zwar eingeschaltet und bearbeitet, aber nicht den Zeichenassistenten aktiviert, dienen die Hilfslinien nur deiner Orientierung.

### Einstellungen für die Zeichenhilfe

Unter Einstellungen • Gestensteuerung • Unterstütztes Zeichnen lässt sich genauer definieren, wann es genutzt wird oder wie du die Zeichenhilfe aktivierst.

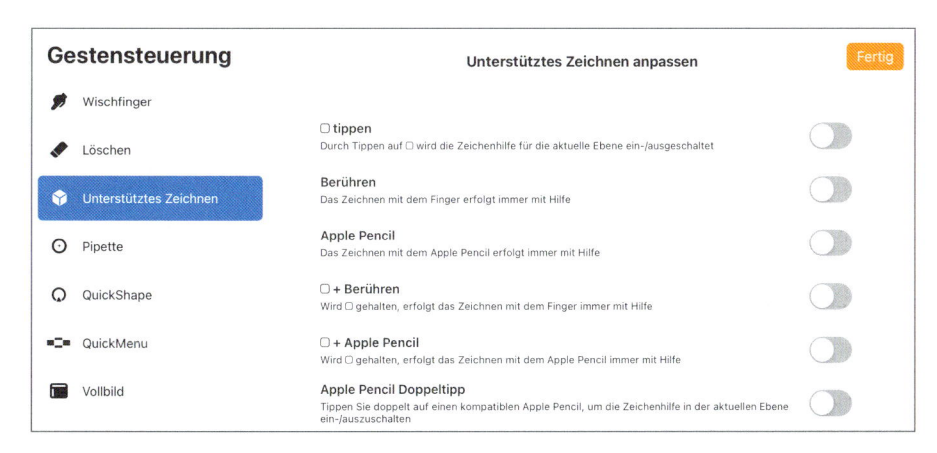

**Abbildung 11.11** *Stelle ein, wann und wie die Zeichenhilfe aktiviert und genutzt wird.*

**Zeichenhilfe auf anderer Ebene**

Möchtest du deine Linien freihand zeichnen, kannst du also entweder den Zeichenassistenten wieder deaktivieren oder du zeichnest auf einer neuen Ebene, auf der er nicht aktiviert wurde. So wechselst du auch schnell zwischen den Ebenen mit und ohne Zeichenassistenten.

## 11.2 QuickShape einsetzen

Wenn du einen perfekten Kreis, ein Quadrat oder eine wirklich gerade Linie zeichnen möchtest, hilft dir QuickShape. Egal, mit welchem Pinsel du arbeitest, lass einfach am Ende deines Strichs den Stift noch einen Moment auf dem Bildschirm, und Procreate wird deine gezeichnete, vielleicht etwas schiefe Linie in eine akkurate Form verwandeln. Auch für Bögen, Dreiecke und Rechtecke ist diese Funktion hilfreich.

### Einen Kreis zeichnen

Nehmen wir als Erstes einen Kreis. Du lässt den Stift noch einen Moment auf dem Bildschirm und setzt nicht nach dem Strich ab. Schon erstellt Procreate mit QuickShape eine perfekte Ellipse. Du kannst jetzt direkt durch Ziehen des Stifts noch die Größe und die Drehung verändern.

Sobald du den Stift vom Bildschirm löst, bietet Procreate dir an, die Form noch zu bearbeiten. Oben am Rand der Leinwand erscheint dafür ein kleiner, blauer Button ❶. Ähnelte deine Form bereits einem Kreis, wird dir hier auch direkt die Wahl KREIS angeboten.

Es werden nun vier blaue Ankerpunkte ❷ angezeigt, die es dir erlauben, die Form im Nachhinein zu verändern. Bei einer Ellipse passiert nicht so viel, anders bei einem Rechteck, bei ihm lassen sich die Ecken und Kanten noch deutlich verändern. Hier kannst du die Ellipse nun auch in einen Kreis verändern lassen.

Soll es keine Ellipse werden, sondern wirklich ein Kreis, brauchst du, bevor du den Stift vom Bildschirm löst, nur einen Finger zusätzlich auf den Bildschirm zu legen. Dann entsteht ein perfekter Kreis. Möchtest du deinen Kreis noch nachbearbeiten, wird dir oben am Rand auch die Option ELLIPSE angeboten, falls du vom Kreis dorthin zurückgehen möchtest. Andersherum geht das nicht.

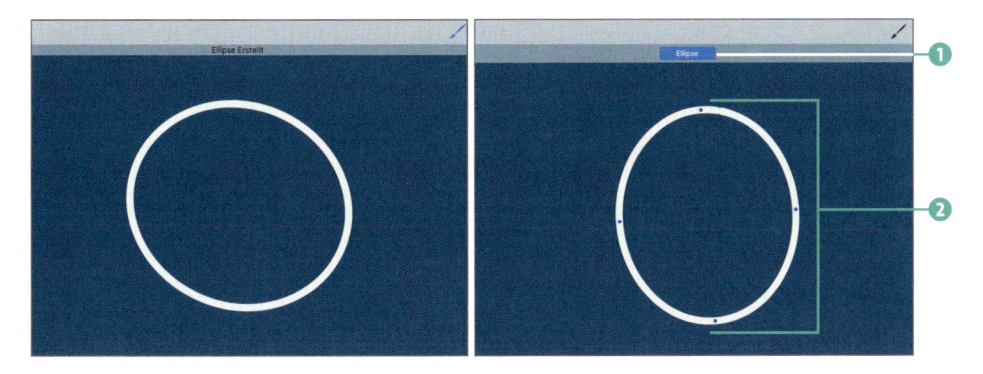

**Abbildung 11.12** *Eine wunderbare Ellipse ohne Dellen (links). Die vier blauen Anfasser erlauben dir nachträgliche Änderungen an der Form (rechts).*

### Drehen mit fixen Winkeln

Legst du beim Drehen der Ellipse einen Finger auf den Bildschirm, werden die Rotationen in Winkeln von 15° ausgeführt, deine Form rastet also an gedachten Hilfslinien ein. Hier musst du gegebenenfalls etwas ausprobieren, wann genau du drehst und den Finger dazu legst.

## Rechteck

Bei einem Rechteck erstellt QuickShape als Erstes aus deiner Linie so gut es eben geht ein Viereck, möglicherweise ist es in sich immer noch etwas schief, aber die Linien verlaufen gerade.

Wähle oben wieder den Button BEARBEITEN, und du bekommst drei Optionen angezeigt, VIERECK, RECHTECK oder HILFSKONTUR. Die Bearbeitungsmöglichkeiten, die dir zur Verfügung stehen, hängen von deiner gezeichneten Form ab.

Bei einem Viereck bleiben die Winkel der Ecken etwas unterschiedlich, du erhältst aber an den Ecken und mittig der Linien Ankerpunkte, die dir erlauben, die Form zu bearbeiten, indem du an ihnen ziehst und schiebst. Bei RECHTECK passiert das Gleiche, nur erhältst du hier rechte Winkel, die du dann aber beim Verschieben wieder veränderst. Eine HILFSKONTUR erstellt dir überall dort Ankerpunkte, wo die Linie sich ändert. Also in diesem Fall an den vier Ecken. Sollte die Form nicht ganz geschlossen sein, erscheinen Ankerpunkte auch am Ende und am Anfang der Linie. Diese Punkte kannst du nun wiederum verschieben. War deine gezeichnete Linie nahe an einem Quadrat, bietet dir QuickShape oben auch das Quadrat als mögliche Option an.

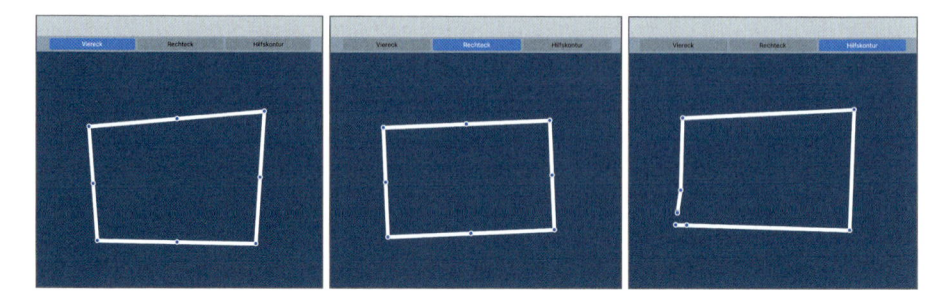

**Abbildung 11.13** *QuickShape bietet dir bei* Viereck *an den Ecken und mittig der Seiten Anfasser zum Verschieben an (links). Ebenso bei* Rechteck*, hier wird dir allerdings eine gleichmäßige Form erstellt (Mitte). Wählst du* Hilfskontur *aus, bilden sich überall dort Anfasser, wo die Linie sich ändert, also gegebenenfalls auch am Ende, wenn die Form nicht exakt geschlossen war (rechts).*

Zeichnest du ein Rechteck, entsteht mit einem zusätzlichen Finger auf dem Bildschirm ein perfekt rechtwinkliges Rechteck oder ein gleichseitiges Quadrat, wenn deine gezeichnete Form schon nah an einem Quadrat war. Wenn du deine Form drehst und einen Finger dazulegst, rastet sie wieder mit Winkeln von 15° ein, und gleichzeitig erhältst du dein perfektes Rechteck.

### Gerade Linien

Auch mit geraden Linien hilft QuickShape. Ziehst du einen Strich und lässt den Stift am Ende noch auf dem Bildschirm, wird eine gerade Linie daraus. Wenn du den Stift noch länger auf der Leinwand liegen lässt, kannst du die Linie um ihren Startpunkt drehen. Möchtest du sie in einem bestimmten Winkel ausrichten, lege wieder einen Finger dazu, bewege den Stift über das Tablet, und schon richtet sich die Linie im Winkel von 15°-Schritten aus.

### Gebogene Linien

Ebenso erstellst du eine wunderbar gebogene Linie, indem du mit dem Stift einen Bogen ziehst und auf dem Bildschirm verweilst. Tippst du anschließend oben am Rand der Leinwand auf Form bearbeiten, steht dir die Option Bogen zur Verfügung. Deine Linie bekommt drei Anfasser zugewiesen, an den Enden und mittig. Was nicht so gut klappt, ist, eine Schlangenlinie oder einen S-förmigen Bogen zu zeichnen, den wandelt QuickShape gerne in eine Gerade oder ein Rechteck um (dieses enthält aber einige Lücken innerhalb der Linie).

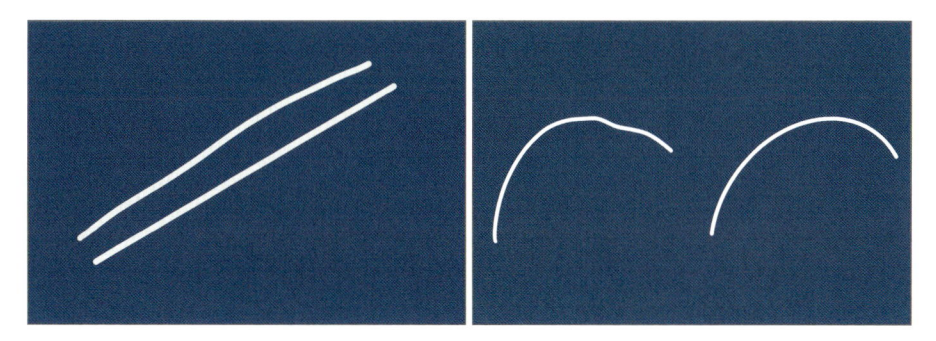

**Abbildung 11.14** *Eine handgezeichnete Gerade und eine mit QuickShape korrigierte (links). Das ganze funktioniert auch mit Bögen (rechts).*

### Dreieck

Natürlich funktioniert QuickShape auch für ein Dreieck. Dabei hast du ebenfalls die Möglichkeit, zusätzlich einen Finger auf den Bildschirm zu legen, dann wird es ein gleichseitiges Dreieck. Möchtest du es das Dreieck noch bearbeiten, werden wieder die blauen Anfasser erstellt. Zeichnest du eine Zickzack-Linie, wird diese von QuickShape ebenfalls in sich begradigt, und du kannst sie mithilfe der Anfasser nachbearbeiten.

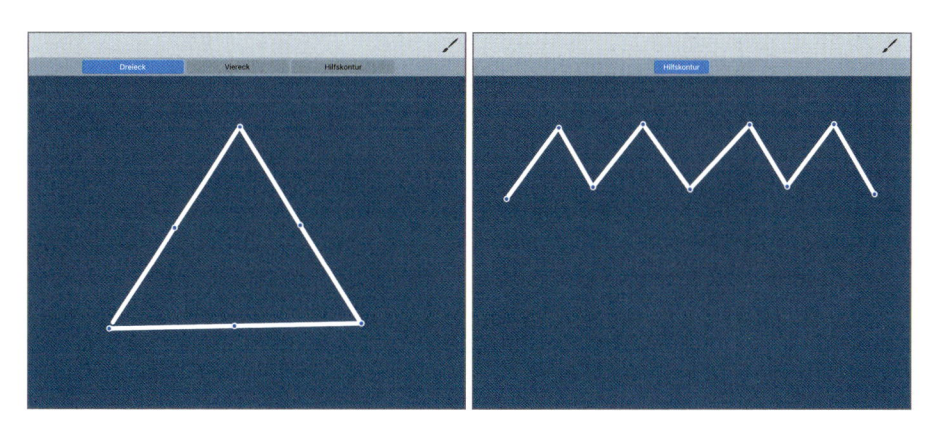

**Abbildung 11.15** *QuickShape funktioniert auch bei Dreiecken (links) und Zickzack-Linien (rechts).*

Immer gilt, dass du die Bearbeitung der Form abschließt, indem du einfach ein anderes Werkzeug auswählst oder auf den Bildschirm tippst. Ein Anwendungsbeispiel zu QuickShape findest du in Abschnitt 14.2.

### Einstellungen für QuickShape

Unter AKTIONEN • EINSTELLUNGEN • GESTENSTEUERUNG kannst du weitere Einstellungen für QuickShape vornehmen. Hier wählst du aus, wie lange die Verzögerung dauert, bis QuickShape aktiviert wird, wie lange du den Stift/Finger also auf der Leinwand belassen musst. Interessant ist auch, einzustellen, ob du durch bestimmte Gesten aus dem zuletzt gemachten Strich noch nachträglich eine Form erstellen lassen möchtest.

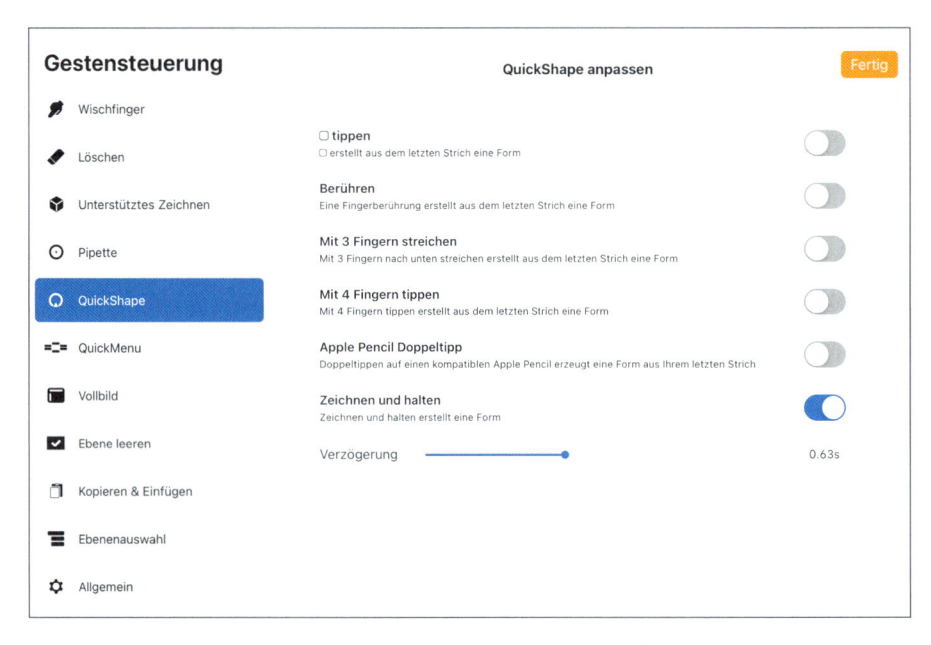

**Abbildung 11.16** *Nimm in der Gestensteuerung weitere Einstellungen vor.*

# Kapitel 12
# Animation

*In Procreate kannst du deine Zeichnung auch animieren, sprich sie sich bewegen lassen. Bring also Leben in dein Motiv. Am Ende stehen dir unterschiedliche Ausgabeformate zur Verfügung, ein GIF zum Beispiel, ein animiertes PNG, ein MP4 und das Windows-Format HEVC.*

## 12.1  Einstellungen für die Animation

Der Animationsassistent hilft dir dabei, dein statisches Motiv in Bewegung zu versetzen. Für jeden einzelnen Schritt arbeitest du mit sogenannten »Frames«, die werde ich dir gleich noch näher erklären. Es steckt ein bisschen Arbeit in einer Animation, aber die lohnt sich!

### Der Animationsassistent

Um eine neue Animation zu beginnen, schaltest du unter den AKTIONEN und dort unter LEINWAND den Animationsassistent an. Unten auf dem Bildschirm öffnet sich eine Zeitleiste mit den einzelnen Frames. Ein Frame ist ein Segment in der Animation, in diesem Fall ist ein Frame auch gleichzeitig eine Ebene. Du kannst unter den Einstellungen festlegen, wie viele Frames pro Sekunde abgespielt werden sollen. Je mehr, desto flüssiger läuft die Animation.

Fügst du unten einen Frame hinzu, erhältst du automatisch eine neue, leere Ebene. Alles, was du jetzt auf dieser Ebene zeichnest, ist im neuen Frame zu sehen. Auch umgekehrt funktioniert es, wenn du eine neue Ebene erstellst, wird automatisch ein neuer Frame angelegt, wenn der Animationsassistent eingeschaltet ist.

Sobald du den Animationsassistent anschaltest, zeigt dir Procreate deine gesamte Leinwand an, so dass du die Animation vollständig sehen kannst. Hattest du vorher also ins Bild hineingezoomt, wird jetzt automatisch herausgezoomt für eine Komplettansicht.

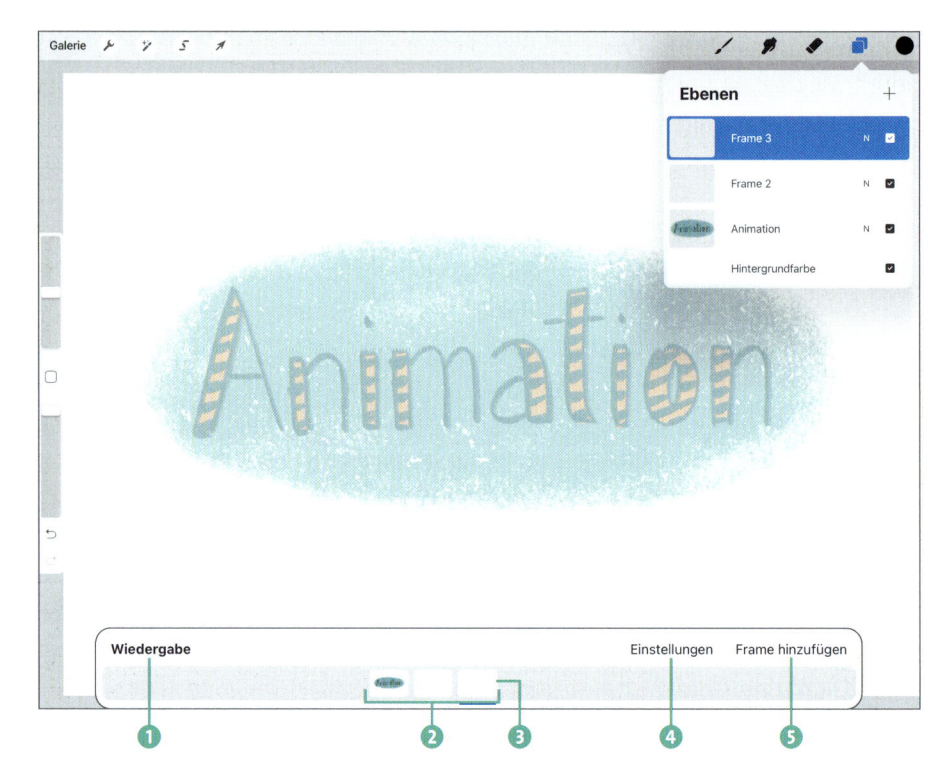

**Abbildung 12.1** *Jede Ebene ist gleichzeitig ein Frame, hier sind es also drei. Das Wort »Animation« liegt zu unterst und wird etwas abgesoftet dargestellt.*

### Die Zeitleiste

In deiner Zeitleiste siehst du jeden Frame als ein kleines Einzelbild ❷. Es wird dir angezeigt, was auf jedem Frame zu sehen ist. Diese Leiste erinnert an die Ebenen-Palette, nur liegt sie jetzt waagerecht. Die unterste Ebene in deiner Palette liegt ganz links in der Zeitleiste, dann geht es nach rechts weiter aufsteigend durch deine Ebenen/Frames.

Um in einen bestimmten Frame zu springen, um ihn zu bearbeiten, musst du ihn entweder kurz antippen oder auch innerhalb deiner Zeitleiste hin- und herschieben, bis der entsprechende Frame ausgewählt ist. Der ausgewählte Frame wird blau unterstrichen angezeigt ❸.

Du kannst auch einen Frame antippen, halten und dann an eine andere Position verschieben. Der kleine Wiedergabe-Button oben links in deiner Zeitleiste ❶ startet die Animation. Du siehst auf der Leinwand dein bewegtes Bild, und unten wandert Procreate durch alle dafür erstellten Frames. Es wird dir also live deine Animation angezeigt, bis du wieder den Button drückst. Tippe zum Stoppen auch einfach auf deine Leinwand oder in die Zeitleiste.

Ganz rechts auf der Zeitleiste kannst du tippen und einen neuen Frame hinzufügen ❺. Außerdem solltest du für jeden Frame noch einige weitere Einstellungen vornehmen, diese findest du unter EINSTELLUNGEN ❹.

### Einstellungen auf der Zeitleiste

Tippst du auf EINSTELLUNGEN, öffnet sich ein Fenster mit unterschiedlichen Möglichkeiten, die deine gesamte Animation beeinflussen. Zuoberst stellst du ein, wie deine Animation wiedergegeben werden soll:

- UNENDLICH, also immer wieder von vorne.
- Als PING-PONG, sie läuft dann von vorne zum Ende und dann wieder zurück zum Anfang, also immer hin und her.
- Nur einmal als ONE SHOT bis zum Ende, dann stoppt sie.

**Abbildung 12.2** *In den Einstellungen kannst du festlegen, ob deine Animation in Endlosschleife, einmalig oder vor und zurück abgespielt werden soll.*

Außerdem stellst du hier unter BILDER PRO SEKUNDE das Tempo der Wiedergabe ein, nämlich wie viele Bilder/Frames pro Sekunde gezeigt werden sollen. Üblich sind etwa 12 bis 24 Frames pro Sekunde, so wird die Animation als flüssige Bewegung empfunden. 24 Frames die Sekunde bedeutet dabei schon Kinoqualität. Es ergeben in diesem Fall 24 Bilder eine Sekunde Animation.

Es reicht aus, nur auf jedem zweiten Frame zu arbeiten und ein Bild auf zwei Frames auszudehnen. Die Bewegungen wirken sonst sehr hektisch. Also brauchst du nur 12 Bilder, um eine Sekunde Animation zu erstellen. Soll sich etwas in deiner Animation schnell bewegen, kannst du diese Bewegung mit vielen Einzelframes erzeugen, soll sich etwas langsamer bewegen, nutze eher sogar drei bis vier Frames für die Bewegung. Soll deine Person also den Arm heben, kann sie das zackig und sehr schnell tun, wenn in jedem Frame der Arm ein Stück angehoben wird. Soll es eine etwas geschmeidigere und natürlichere Bewegung sein, hebst du den Arm nur in jedem dritten Frame ein Stück an, dann läuft die Bewegung langsamer.

Möchtest du die Animation nun also verlangsamen, solltest du entweder die Bilder pro Sekunde in den Einstellungen verringern, oder du fügst Zwischenframes ein, auf denen nichts Neues passiert, sondern du denselben Inhalt wie auf dem vorherigen Frame siehst.

ZWIEBELSCHICHTEN-FRAMES ist die nächste Option bei den Einstellungen. Eine Zwiebelschicht meint, dass du beim Arbeiten durch deine Frames hindurchsehen kannst, so dass du weißt, was auf dem Frame vorher und auch danach passiert. Das hilft dir, im aktuellen Frame die Bewegung nahtlos weiterzuzeichnen. Der Regler stellt ein, wie viele dieser Schichten du siehst, 12 ist das Maximum. Stellst du den Regler hier auf KEINE, wird dir der vorherige Frame nicht angezeigt. Dann arbeitest du sozusagen blind und weißt nicht, wo genau du ansetzen musst, damit der Übergang von einem zum anderen Frame nahtlos wird. Das ist natürlich keine sinnvolle Einstellung, meistens reichen zwei bis drei Zwiebelschichten-Frames aber aus.

### Zwiebelschicht?

Der Begriff der Zwiebelschicht entstand bei der traditionellen Animation auf Papier. Dort wurden die Zeichnungen auf sehr dünnem Papier auf einen Leuchttisch gelegt und so konnte der Zeichner sehen, wo er auf dem neuen Blatt zeichnen musste, damit die Bewegung harmonisch aussah.

Auch die Zwiebelschichten-Deckkraft stellst du hier mit dem Regler ein, also wie stark siehst du die anderen Frames durchscheinen. Denke dabei an Transparentpapier, das mehr oder weniger dick ist und die Dinge durchscheinen lässt.

Primär-Frame überblenden kannst du aktivieren, wenn du möchtest, dass dein aktueller Frame die darunterliegenden Frames hindurchscheinen lässt, also nicht deckend angezeigt wird. Das kann helfen, auch beim Arbeiten zu sehen, was auf dem Frame vorher passierte. Würdest du auf dem aktuellen Frame etwas zeichnen, wären diese Striche normalerweise deckend und du siehst nicht mehr, was darunter ist. Aktivierst du aber Primär-Frame überblenden, siehst du trotzdem noch, was darunterliegt.

Farbe Sekundär-Frames meint, dass alle Frames, die vor deinem aktuellen liegen, grün dargestellt werden, die nachfolgenden rot. Das erleichtert es dir, zu erkennen, was vorher und nachher in deiner Animation passiert.

### Frame-Optionen

Auch für jeden einzelnen Frame kannst du ein paar Einstellungen vornehmen. Tippe dafür einmal auf den Frame, und die Frame-Optionen öffnen sich.

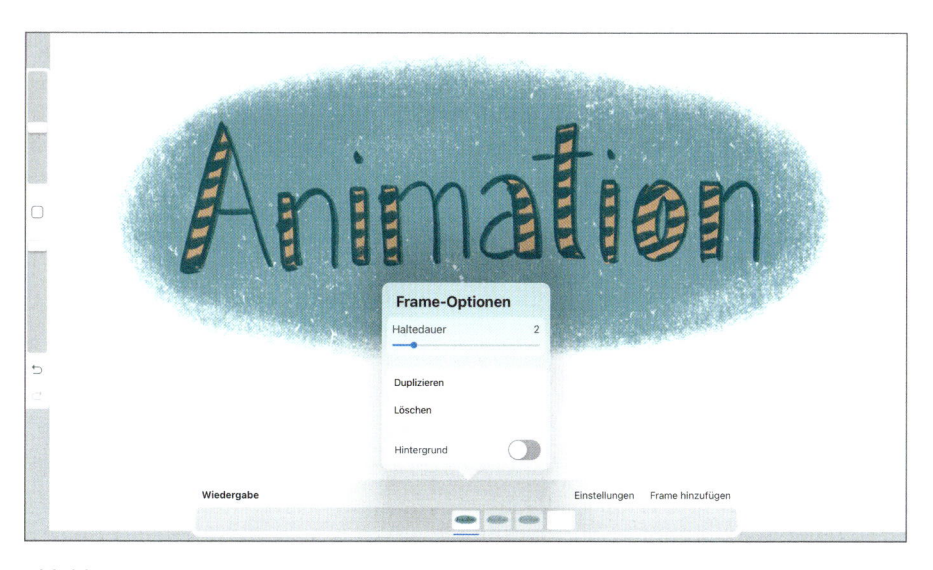

**Abbildung 12.3** Haltedauer *auf 2 gestellt erzeugt zwei neue identische Frames in deiner Zeitleiste.*

Hier kannst du die HALTEDAUER erhöhen, also auf mehreren folgenden Frames den gleichen Bildinhalt anzeigen lassen. So lässt sich deine Animation verlangsamen und die Bewegungen weniger hektisch gestalten. Du musst deine Ebene also nicht mehrfach duplizieren, damit dadurch weitere Frames mit gleichem Inhalt erstellt werden, sondern du machst das über die Haltedauer. Deine Ebenen-Palette bleibt so schön aufgeräumt. Diese so erzeugten Frames werden etwas ausgegraut in der Zeitleiste angezeigt. Du kannst sie nicht bearbeiten oder verschieben, sie gehören immer zu dem vorherigen Frame, dem sie gleichen. Lass deine Animation einfach einmal mit unterschiedlich hoher Haltedauer laufen, und du siehst, wie sich die Änderungen auswirken.

Duplizierst du hingegen einen Frame, darfst du ihn anschließend bearbeiten, es wurde dafür auch eine neue Ebene erstellt.

Soll dein Frame gelöscht werden, geht das ebenfalls über die Frame-Optionen, also mit einem Tipp auf den entsprechenden Frame.

### Hintergrund-Frames und Vordergrund-Frames

Eine weitere wichtige Einstellung ist HINTERGRUND. Deinen ersten Frame kannst du als Hintergrund definieren. Das geht nur mit einem Frame zugleich, ein weiterer, nämlich der letzte Frame, kann aber als Vordergrund eingestellt werden. Diese Frames werden dir etwas abgesetzt angezeigt und beim Antippen blau umrandet. Schauen wir uns das einmal genauer an.

Bewegt sich nur ein Teil in deinem Bild, zum Beispiel eine Person vor einem Haus, ist es sinnvoll, alles, was sich nicht bewegt und immer sichtbar bleiben soll, auf den Hintergrund zu reduzieren. Du zeichnest es also nur einmal, und zwar auf dem ersten Frame deiner Animation. Dann tippst du diesen Frame an und stellst HINTERGRUND ein. Dieses Bild bleibt jetzt immer sichtbar im Hintergrund der Animation.

Die Ebene mit deinem Hintergrund lässt sich in der Ebenen-Palette nicht verschieben, sie wird gesperrt. Genauso wenig kannst du den Hintergrund-Frame an eine andere Position in der Zeitleiste verschieben. Er muss immer links bleiben, es sei denn, du löst ihn wieder, indem du Hintergrund ausschaltest.

Alles, was du auf den folgenden Frames zeichnest, wird über deinem Hintergrund liegen und ihn also verdecken.

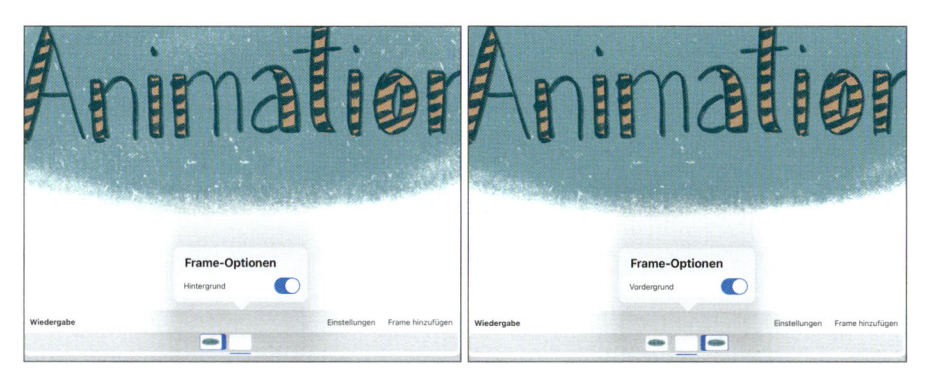

**Abbildung 12.4** *Öffnest du die Frame-Optionen, wird dir dein linker Frames als Hintergrund angezeigt, wenn du es so eingestellt hast (links), analog dazu funktioniert es mit dem Vordergrund (rechts).*

Das Gleiche kannst du mit einem Vordergrund machen. Die Elemente in deiner Animation, die sich nicht verändern sollen und die immer sichtbar bleiben, werden über die Frame-Optionen als VORDERGRUND definiert. Das geht, analog zum Hintergrund, nun nur mit dem letzten Frame. Da die fixierten Elemente im Vordergrund liegen, werden sich alle anderen Elemente der Animation darunter befinden, der Vordergrund verdeckt sie also gegebenenfalls.

## 12.2 Eine Animation erstellen

Jetzt geht es an die bewegten Bildelemente, die einen eigenen Frame bekommen. Füge einen neuen Frame hinzu und zeichne auf dieser Ebene das Element, das sich bewegen soll. Beginnen wir mit etwas Einfachem. Wir wollen einige Striche um das Wort »Animation« herum zum Wackeln bringen, die so auf das Wort aufmerksam machen. Fange einfach an, komplex kann es später noch werden. Zeichne also auf dem ersten Frame Striche um dein Wort herum.

Kommt nun ein zweiter Frame hinzu, wird alles vom ersten Frame mit reduzierter Deckkraft angezeigt. Du kannst also noch sehen, was du eben gezeichnet hast, aber etwas dezenter. Zeichne wieder um das Wort herum deine Striche. Dadurch, dass du sie händisch übereinandersetzt, werden sie zwangsläufig nicht ganz identisch, nicht gleich lang und dick. Das macht gar nichts, das ist der Effekt, den wir wollen. Später erzeugen dann diese Ungenauigkeiten den leichten Blinkeffekt. Mache das für vier Frames. Anschließend verlängerst du die Haltedauer jedes Frames um zwei Frames.

**Abbildung 12.5** *Auf Frame 1 werden Striche um das Wort herum gezeichnet (links). Auf dem zweiten Frame zeichnest du sie wieder, über die vorherigen, die dir transparent angezeigt werden (rechts).*

**Abbildung 12.6** *Mache das für vier Frames (links). Anschließend kannst du die Haltedauer jedes Frames verlängern (rechts).*

Mit dieser Technik kannst du auch deutlich komplexere Animationen erstellen. Stell dir einfach vor, für eine fließende Bewegung veränderst du von Frame zu Frame die Zeichnung ein wenig. Und wenn sich mehrere Dinge in deinem Bild bewegen sollen, musst du diese Bewegungen auf jedem Frame für die unterschiedlichen Objekte machen. Zum Beispiel zeichnest du eine Landschaft, die im Hintergrund liegt, und lässt drei oder viel Blätter durch das Bild wehen, dazu noch einen Hut, und der Strauch im Hintergrund bewegt sich auch ein wenig im Wind. Dann musst du für all diese Dinge auf jedem Frame Änderungen vornehmen. Du kannst dabei auch variieren und zum Beispiel auf Frame 3 nur den Hut ein Stück vorwärtsfliegen lassen, und erst auf Frame 4 bewegt sich wieder der Busch. Probiere es einmal aus und schaue dir an, was es mit deiner Animation macht. Spiele außerdem mit der Haltedauer deiner Frames und lass immer wieder zwischendurch die Animation abspielen, um das Ergebnis zu sehen. So behältst du den Überblick und entdeckst die Stellen, an denen es noch nicht rund läuft, zu schnell oder zu ruckelig.

Je komplexer alles wird, desto mehr Frames/Ebenen wird dein Dokument haben, und es ist einiges an Planung nötig, damit alles am Ende fließend funktioniert.

## 12.3 Animation bereitstellen

Bist du mit deiner Animation zufrieden, kannst du sie unter AKTIONEN • BEREITSTELLEN speichern. Dafür stehen dir unterschiedliche Formate zur Verfügung: ANIMIERTES GIF, ANIMIERTES PNG, ANIMIERTE MP4 und ANIMIERTES HEVC. GIFs und PNGs werden standardmäßig in Endlosschleife wiedergegeben.

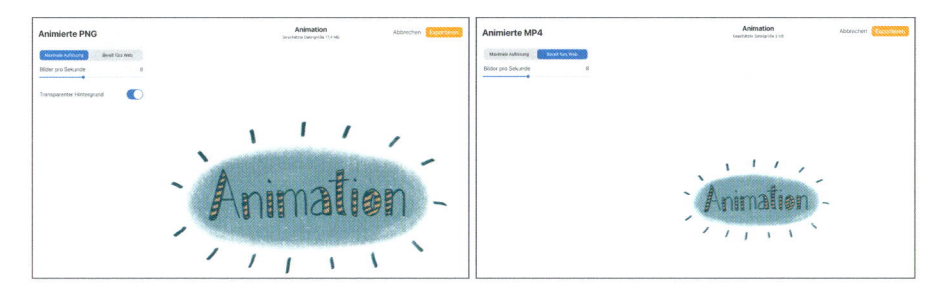

**Abbildung 12.7** *Ein animiertes PNG wird mit transparentem Hintergrund und maximaler Auflösung erstellt (links). Ein ähnlicher Dialog beim animierten MP4, hier sind nur keine Transparenzen möglich und es wurde* BEREIT FÜRS WEB *ausgewählt (rechts).*

- Ein GIF ist das gängige Format für Web-Animationen. Dabei darfst du wählen zwischen einer hohen Qualität (MAXIMALE AUFLÖSUNG) und dann auch einer größeren Datei oder einer etwas geringeren Qualität speziell fürs Web (BEREIT FÜRS WEB). Noch einmal kannst du hier BILDER PRO SEKUNDE bestimmen. Außerdem kannst du bei einem GIF einen transparenten Hintergrund wählen, wenn deine Animation keinen Hintergrund hat.

Schaltest du DITHERING ein, wird bei einer Farbreduktion durch Procreate etwas nachjustiert, so dass Farbübergänge auch mit wenigen Farben harmonisch aussehen. Gerade bei BEREIT FÜRS WEB wird die Qualität reduziert, damit das Dateiformat nicht zu groß ist. Da kann man das Dithering als Unterstützung zuschalten. Der Regler FARBPALETTE PRO FRAME bedeutet, dass Procreate für jedes Bild in der Animation eine eigene Farbpalette erstellt. Somit entsprechen die Farben mehr der Originalvorlage, denn ein GIF verfügt normalerweise über deutlich weniger Farben. Es kann aber dadurch auch passieren, dass die Farben nicht ganz identisch sind und ein Flimmereffekt entsteht. Probiere es aus.

- Du kannst beim Bereitstellen auch ein animiertes PNG wählen, es kann auch mit Transparenzen arbeiten. Hier hast du wieder die Auswahl zwischen einer hohen Qualität (MAXIMALE AUFLÖSUNG) und einer größeren Datei und dem Speichern fürs Web. Auch die Bilder pro Sekunde lassen sich hier im Dialog noch einstellen.

- Wählst du ANIMIERTES MP4 aus, hast du nicht die Möglichkeit, mit Transparenzen zu arbeiten. Die Frames werden zu JPGs umgewandelt, damit kann die Dateigröße deutlich minimiert werden. Wähle wieder zwischen der maximalen Auflösung und der geringeren fürs Web und bestimme die Bilder pro Sekunde.

- ANIMIERTES HEVC kann ebenfalls mit Transparenzen arbeiten. Die Datei ist tendenziell etwas kleiner als GIFs und PNGs. Auch ein HEVC läuft standardmäßig in Endlosschleife. Dieses Format ist ein Standard zum Kodieren von Videoinhalten, die Abkürzung steht für »High Efficiency Video Coding« und es kann eine 8K-Auflösung verarbeiten. Nicht jedes Endgerät kann derzeit ein HEVC abspielen, aber es ermöglicht eine höhere Qualität der Videokomprimierung bei recht kleiner Dateigröße. Zum Einsatz kommt dieses Format aktuell hauptsächlich bei Programmierungen, bei Blu-rays, Greenscreens im Film oder Webintegrationen.

# Kapitel 13
# Gestensteuerung

*Procreate bietet dir unzählige Möglichkeiten, mit den Fingern, also den sogenannten Touchgesten, direkt auf dem Bildschirm zu arbeiten. Du hast hier schon einige kennengelernt, ich möchte dir aber noch viele weitere großartige Möglichkeiten nennen, wie du mithilfe deiner Finger und der entsprechenden Gesten sehr intuitiv arbeiten kannst.*

## 13.1  Gesten mit zwei, drei oder vier Fingern

Procreate bietet die Möglichkeit, deinen Stift in der Hand zu halten und mit der anderen diverse Gesten auf dem Bildschirm auszuführen, um dir die Arbeit zu erleichtern und Menüs zu öffnen. Natürlich kannst du auch direkt mit dem Finger statt eines Stifts auf der Leinwand malen, radieren und den Wischfinger nutzen.

### Zoomen und drehen

Du kannst ganz einfach mit zwei Fingern auf der Leinwand von innen nach außen wischen, die Finger also spreizen, um in das Bild hineinzuzoomen. So lassen sich die Details gut erkennen. Schiebst du die zwei Finger wieder zusammen, wird der Ausschnitt wieder größer. Du zoomst also aus.

Gleichzeitig kannst du so auch deine komplette Leinwand innerhalb des iPad-Bildschirms verschieben oder drehen. Drehe einfach beide Finger über das Display, und deine Leinwand dreht sich mit. Das kann sehr praktisch sein, wenn du zum Beispiel für manche Linien lieber vertikal zeichnen möchtest. Anstatt das ganze iPad zu drehen, drehst du nur die Ansicht.

So bringst du Deine Leinwand schnell in die 100 %-Ansicht: Machst du mit zwei Fingern auf der Leinwand eine schnelle Bewegung aufeinander zu, als würden sich Daumen und Zeigefinger mit Schwung treffen, dann füllt die Leinwand wieder den gesamten Bildschirm aus.

**Abbildung 13.1** *Zwei Finger auf dem Display erlauben dir, deine Leinwand zu drehen.*

### Rückgängig machen

Es wird häufig vorkommen, dass du etwas rückgängig machen möchtest. Ein Strich ist nicht gelungen, die Farbe war doch die falsche oder du möchtest einfach die letzten Linien wieder löschen. Dann musst du nicht radieren, du kannst diese Schritte einfach rückgängig machen.

Das geht entweder über die Pfeile in der Seitenleiste, oder du tippst dafür mit zwei Fingern auf das Display, schon machst du schrittweise deine letzten Arbeitsschritte rückgängig. Tippst du mit drei Fingern, gehst du wieder schrittweise vorwärts.

Lässt du deine zwei Finger auf dem Bildschirm liegen, macht Procreate direkt sehr viele Schritte rückwärts. Unter Aktionen und Einstellungen kannst du bei Verzögerung • Schnelles Widerrufen einstellen, wie lange deine Finger auf dem Display verharren müssen, bis der schnelle Rücklauf aktiviert wird.

Lässt du dagegen drei Finger auf dem Bildschirm liegen, geht Procreate schnell alle eben gelöschten Schritte wieder vorwärts, stellt die Zeichnung also bis zum letzten Stand wieder komplett her.

**Vorsicht beim Schließen der Leinwand**
Beachte, dass diese Funktion nur so lange möglich ist, wie deine Leinwand und Procreate geöffnet sind. Schließt du deine Leinwand oder sogar die gesamte App, wird alles gespeichert, und es lässt sich später nichts mehr rückgängig machen. Das ist eines der Themen, bei denen ich mir für die nächsten Versionen von Procreate eine Verbesserung wünsche.

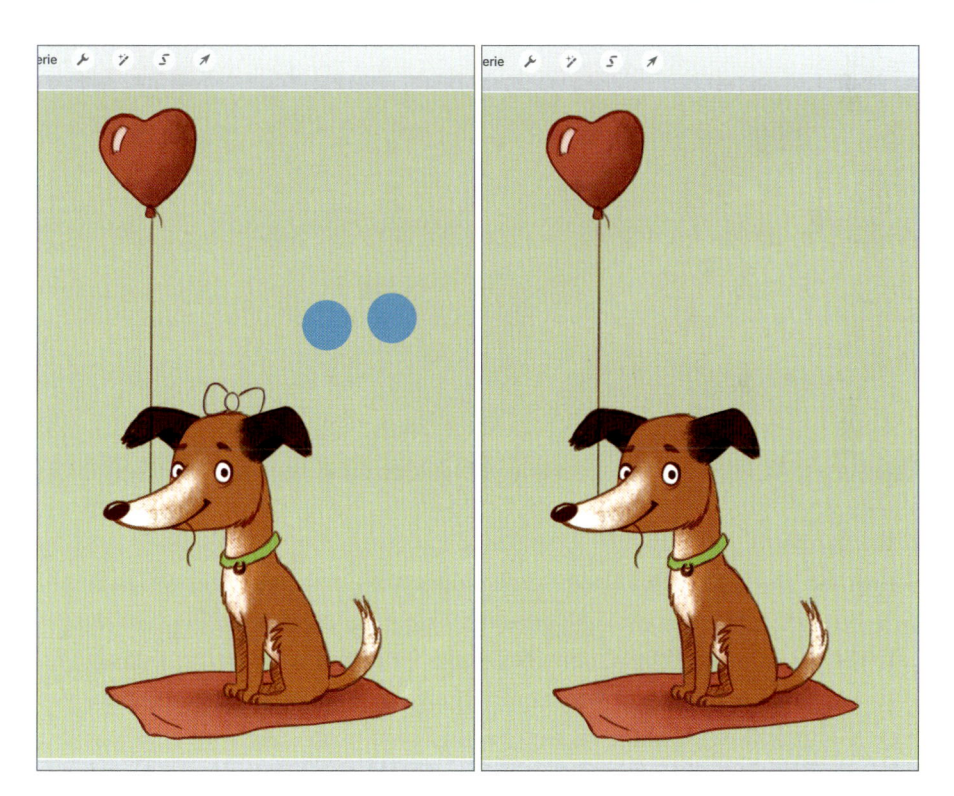

**Abbildung 13.2** *Ein Tippen mit zwei Fingern macht deine letzte Aktion rückgängig (links). In diesem Fall wurde der letzte Pinselstrich, die gezeichnete Schleife, rückgängig gemacht (rechts).*

### Kopieren und Einfügen

Wischst du mit drei Fingern auf dem Bildschirm nach unten, öffnet sich ein kleines Menü. Hier hast du jetzt verschiedene Möglichkeiten zum Ausschneiden, Kopieren und Einfügen, aus denen du auswählen kannst.

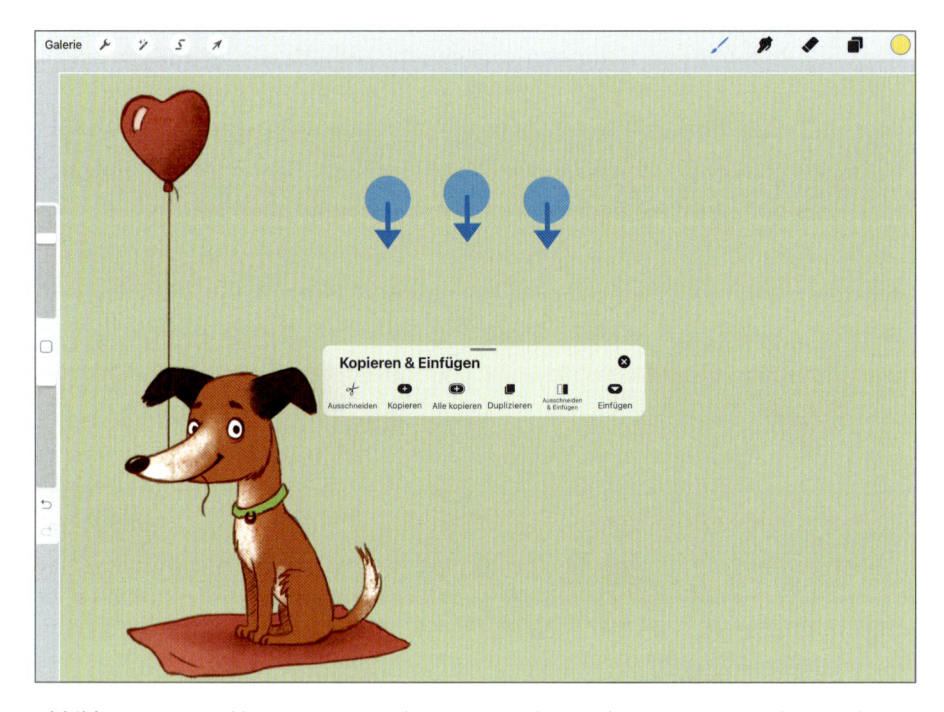

**Abbildung 13.3** *Ein kleines Menü erscheint, wenn du mit drei Fingern von oben nach unten wischst.*

Du kannst einen ausgewählten Bereich oder alles auf einer Ebene ausschneiden. Oder du wählst direkt Ausschneiden & Einfügen, dann wird dein ausgewählter Bereich auf einer neuen Ebene wieder eingefügt. Alternativ lässt sich eine Auswahl kopieren und wieder einfügen. So kannst du auch Elemente aus einer anderen Datei in deine neue Leinwand hineinkopieren.

Alle kopieren bedeutet, dass alle sichtbaren Ebenen kopiert werden, beim Einfügen werden dann sämtliche Bildinhalte gemeinsam auf einer neuen Ebene eingefügt.

Das kleine Menü schließt du mit einem Tippen auf das x oder mit einem Tipp irgendwo auf die Leinwand. Alternativ wählst du einfach ein neues Werkzeug aus.

## Ebenen in neue Leinwand verschieben

Möchtest du mehrere Ebenen in eine andere Leinwand verschieben, geht das so: Dafür wählst du deine Ebenen nacheinander mit einem Wisch nach rechts in der Ebenen-Palette aus. Anschließend hältst du den Finger/Stift auf eine der markierten Ebenen, belässt ihn dort und ziehst alle markierten Ebenen aus der Palette heraus. Nicht loslassen, sondern zweimal auf die Galerie tippen (das erste Mal, damit sich die Ebenen-Palette schließt, das zweite Mal, damit du in die Galerie gelangst). Dort wählst du deine gewünschte Leinwand aus, die Ebenen hältst du immer noch. Wenn sich die neue Leinwand geöffnet hat, öffnest du dort auch die Ebenen-Palette und schiebst deinen Schwung Ebenen hinein. Erst dann lässt du los. Alle Ebenen werden nun kopiert und eingefügt. Allerdings ändert Procreate die Reihenfolge, du musst sie also gegebenenfalls neu sortieren.

## Ebene leeren

Wischst du mit drei Fingern schnell von links nach rechts über die Leinwand hin und her, löschst du den gesamten Inhalt der ausgewählten Ebene. Das ist einfacher, als die Ebene selbst zu löschen und wieder eine neue Ebene zu erstellen.

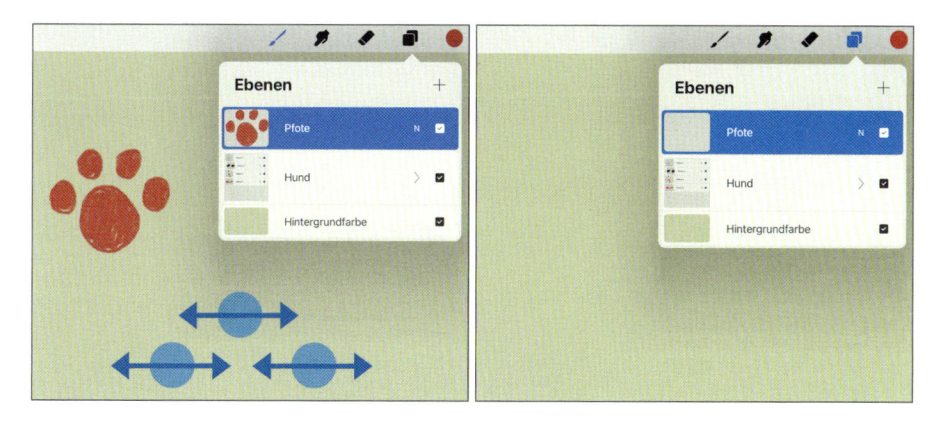

*Abbildung 13.4  Wische mit drei Fingern auf dem Bildschirm schnell hin und her (links), um alles auf der Ebene zu löschen (rechts).*

Manchmal musst du hier ein paar Anläufe unternehmen, damit es funktioniert und du nicht bloß die Leinwand hin- und herschiebst. Es kann dann sein, dass nicht alle drei Finger zeitgleich auf dem Bildschirm lagen.

## Full Screen

Tippst du mit vier Fingern auf den Bildschirm, werden die Seitenleisten mit den Werkzeugen ausgeblendet, du siehst dann also nur dein Bild im Vollbildmodus. Wenn du erneut mit vier Fingern tippst, machst du die Werkzeugleisten wieder sichtbar. Alternativ tippst du oben links auf das kleine Symbol in der Ecke und kehrst so zur gewohnten Ansicht zurück. Manchmal ist es sehr hilfreich, alle Werkzeuge am Rand auszublenden, um das Motiv auf sich wirken zu lassen. Nichts stört oder irritiert, nichts wird durch offene Paletten verdeckt.

**Abbildung 13.5** *Ein Tippen mit vier Fingern blendet alle Werkzeuge aus.*

### Gesten für Ebenen

Gesten sind auch hilfreich, um mit Ebenen zu arbeiten: Mit zwei Fingern ziehst du mehrere Ebenen wie mit ABWÄRTS ZUSAMMENFÜGEN zusammen. Um mehrere Ebenen auszuwählen, wische auf den einzelnen Ebenen von links nach rechts. Und tippst du eine Ebene mit zwei Fingern an und hältst den Finger auf dem Bildschirm, wird die gesamte Ebene ausgewählt.

### Dieselbe Pinselspitze für Radiergummi und Wischfinger

Es kann vorkommen, dass du mit derselben Pinselspitze, mit der du gerade gezeichnet hast, nun auch radieren möchtest. Dafür musst du nicht erst die Pinselsammlung öffnen und den entsprechenden Pinsel suchen, du kannst einfach auf das Radiergummi tippen und den Finger/Stift dort einen Moment halten. Dann ändert sich das Radiergummi zu genau der Pinselspitze, die du auch bei den Pinseln ausgewählt hast.

## 13.2  Einstellungen für die Gestensteuerung

Du hast die Möglichkeit, viele Gesten noch individuell anzupassen. Dafür öffnest du unter AKTIONEN die EINSTELLUNGEN und gehst dort auf GESTENSTEUERUNG. Nun kannst du beispielsweise auswählen, wann welche Funktionen ausgewählt werden oder wie viel Verzögerung es braucht, bis eine Geste etwas auslöst. Für jede Funktion darfst du nur eine Geste definieren. Sollte es einen Konflikt geben, zeigt Procreate dir ein gelbes Warnsymbol an.

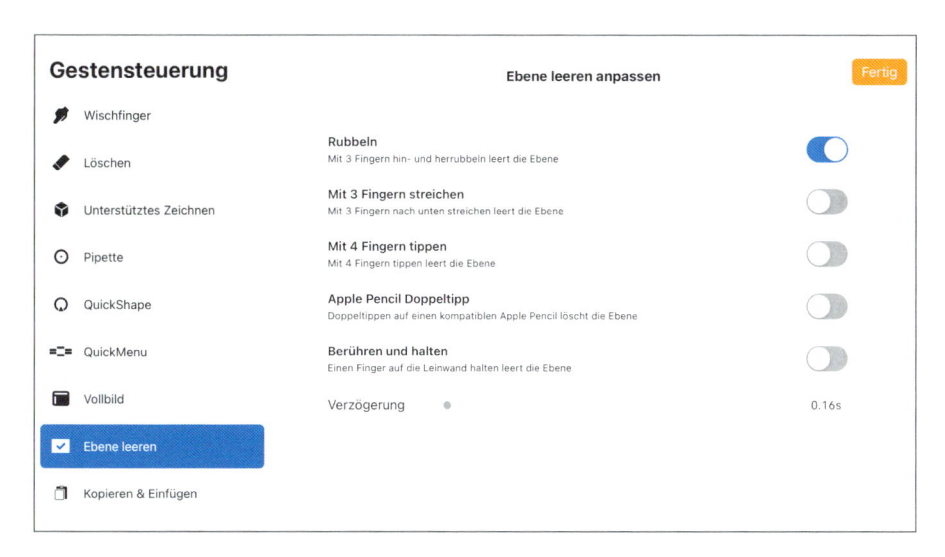

**Abbildung 13.6**  *Stelle ein, welche Gesten was bewirken sollen.*

So kannst du ganz individuell deine Gestensteuerung beeinflussen und für dich definieren. Manches musst du vielleicht auch einfach einmal ausprobieren, damit du weißt, welche Geste dir leicht von der Hand geht.

## Shortcuts auf der Tastatur

Du kannst via Bluetooth oder iPad Pro Smart Connector eine Tastatur mit deinem iPad verbinden. Dann hast du die Möglichkeit, auch sehr viele Befehle und Werkzeuge in Procreate mit einem Tastenkürzel auszuwählen und zu aktivieren.

Möchtest du eine Übersicht über alle Tastenkürzel, drücke einfach die Command-Taste.

| Befehl | Kürzel |
|---|---|
| Schnellmenü ein/aus | Leerzeichen |
| Pinselgröße um 5% verkleinern | [ |
| Pinselgröße um 5% vergrößern | ] |
| Debug-Befehl | ` |
| Zeichnen-Tool aktivieren | B |
| Farb-Popover öffnen | C |
| Löschen-Tool aktivieren | E |
| Ebenen-Popover öffnen | L |
| Auswahlmodus aktivieren | S |
| Transformationsmodus aktivieren | V |
| Wechsel zwischen vorheriger und aktueller Farbe | X |
| Bearbeiten-Taste (⌥) in der Seitenleiste aktivieren | ⌥ |

**Abbildung 13.7** *Es stehen dir nach dem Anschließen einer Tastatur verschiedene Shortcuts zur Verfügung.*

# Kapitel 14
# Anwendungsbeispiele

*Procreate bietet viele im Arbeitsprozess sehr hilfreiche Funktionen an. Ich möchte dir in diesem Kapitel einige Anwendungsbeispiele zeigen, damit du die vielen Möglichkeiten im Einsatz siehst.*

## 14.1 Die Zeichenhilfe im Einsatz

Die Zeichenhilfe habe ich dir in Abschnitt 11.1 näher erklärt und auch gezeigt, wie man sie aktiviert und einsetzt. Wann aber ist es sinnvoll, sie zu nutzen, um sich das Arbeiten zu erleichtern?

### Beispiel Symmetrie

Du kannst die Zeichenhilfe für alles nutzen, was symmetrisch aufgebaut ist. Dabei hast du die Wahl zwischen vertikaler und horizontaler Symmetrie, aber auch einer Symmetrie im Quadranten oder radial. Ich zeige dir ein Beispiel für den Einsatz der Quadranten. Dabei passiert in vier Bildbereichen dasselbe. Diese Einstellung ist sehr nützlich beim Zeichnen von Rahmen und Ornamenten.

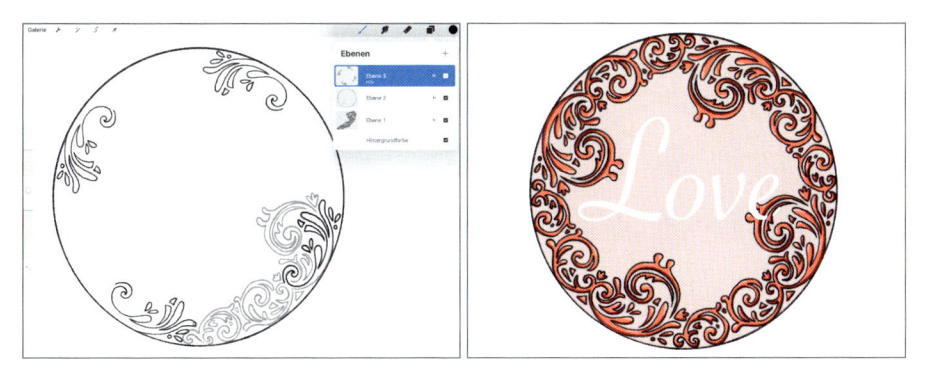

**Abbildung 14.1** *Die Viertelkreis-Skizze wird nachgezeichnet (links), die Zeichenhilfe vervollständigt die Form (rechts).*

Du zeichnest deine Muster nur in einem Viertel des Kreises, und mit der Zeichenhilfe wird dein Rahmen gleich vervollständigt. Das bedeutet natürlich eine enorme Zeitersparnis und vor allem stellst du sicher, dass deine Zeichnung ringsherum gleich aussieht.

Dabei variiert die Optik, je nachdem, ob du in den Einstellungen der Zeichenhilfe die Drehsymmetrie ein- oder ausschaltest. Probiere es einmal aus.

Für meine Ornamente habe ich eine kleine Skizze erstellt, die ich dann mit aktiver Zeichenhilfe und eingeschalteter Drehsymmetrie nachgezeichnet habe. So kann ich mit wenigen Strichen einen Kranz erstellen, der sich dann für ein Logo, eine Grußkarte, eine Verzierung oder Ähnliches einsetzen lässt.

Nutzt du nur die vertikale Symmetrie, kannst du damit wunderbar Vasen, Gläser, alles Symmetrische eben, erstellen. Beide Seiten des Gefäßes gelingen gleichmäßig gebogen. Du kannst den Zeichenassistenten mit einem Tipp auf die jeweilige Ebene im Ebenen-Menü an- und ausschalten und so auch wieder kurzfristig ohne die Zeichenhilfe weiterarbeiten.

### Isometrisches Raster

Das isometrische Raster der Zeichenhilfe setzt du ein, wenn du eher konstruierte, technische Zeichnungen in exakt dieser Optik entstehen lassen möchtest. Man sieht Isometrie gerne bei Aufrisszeichnungen, um ohne Verzerrung eine gute Vorstellung von dem jeweiligen Objekt oder der Planskizze zu erhalten.

**Abbildung 14.2**  *In das isometrische Raster wurde das Haus konstruiert/gezeichnet (links) und anschließend ohne sichtbares Raster ausgearbeitet (rechts).*

Außerdem hat Isometrie einen ganz eigenen Charme. Deine Zeichnungen wirken immer so, als würde man alles aufeinanderstapeln können, denn es gibt immer die genau gleiche Ansicht ohne perspektivische Verzerrungen. Du kannst innerhalb eines in Isometrie gezeichneten Bildes Objekte einfach verschieben, und sie passen immer noch ins Gesamtbild.

In diesem Beispiel habe ich ein kleines Haus illustriert und das isometrische Raster zugrunde gelegt. Allerdings habe ich die Zeichenhilfe nur als Orientierung genutzt und den Zeichenassistenten nicht eingeschaltet. Dann habe ich mein Haus konstruiert und später ausgearbeitet. Dafür ist das Raster dann nicht mehr notwendig, deine Zeichnung ist ja bereits mithilfe des Rasters isometrisch angelegt.

## 14.2 QuickShape

Für alles, was wirklich exakt rund, oval oder ganz gerade sein soll, eignet sich QuickShape. Darüber spreche ich ausführlich in Abschnitt 11.2. Überlege dir also, ob du bei deiner Zeichnung solche exakten Formen benötigst. Wenn ja, ist diese Funktion sinnvoll. Belasse für die QuickShape-Korrekturen nach dem Zeichnen der entsprechenden Linie einfach den Stift noch einen Moment auf dem Bildschirm, und QuickShape wird aktiviert. Lässt du den Stift noch länger oder tippst du mit einem Finger zusätzlich auf den Bildschirm, kannst du die Linien um den Drehpunkt oder in Winkeln von 15° drehen.

Es hat seinen ganz eigenen Charme, wenn du in deinem Bild einmal auf exakte Kreise und gerade Linien achtest. Es entsteht ein sehr geordneter Eindruck, das ganze Motiv erscheint in sich ruhig und ausgewogen. Wenn du außerdem noch mit einem ganz glatten Pinsel wie Monoline arbeitest, wird dieser Eindruck zusätzlich verstärkt.

Ich habe als Beispiel eine Schneekugel erstellt, in der ein Schneemann steht. Dafür waren viele runde und sehr ordentliche Formen nötig. Die Ovale für den Sockel habe ich mit QuickShape erstellt, ebenso die Kugel selbst und den Schneemann im Inneren der Kugel. Die seitlichen senkrechten Kanten des Sockels sind ebenfalls mit der Unterstützung von QuickShape entstanden, damit sie wirklich gerade und auch noch senkrecht gelingen.

**Abbildung 14.3** *Nutze QuickShape für Kreise und ovale Formen (links). Für die Schneekugel ist das eine ideale Hilfe (rechts).*

Kreise können aber auch für Räder gut funktionieren und sie wirklich rund machen. Und sollen Linien exakt parallel sein, bietet sich auch dafür QuickShape an, damit deine Striche wirklich gerade werden. Du kannst dann eine Linie zeichnen und diese Linie einmal duplizieren und verschieben.

**Zeichenhilfe nutzen**

Möchtest du den Sockel rechts und links gleichmäßig einfärben, in unserem Fall etwas dunkler und ganz am Rand wieder heller, aktivierst du dafür die Zeichenhilfe mit vertikaler Symmetrie. Dann machst du die Schattierungen nur an einer Seite und sie werden direkt gespiegelt.

## 14.3 Alphasperre und Clipping-Maske

Mit der Alphasperre sperrst du alle nicht farbigen Pixel auf einer Ebene, so dass du dort nicht mehr zeichnen kannst. Anders gesagt: Alles außerhalb deiner Form ist für weitere Striche gesperrt, du zeichnest nur noch innerhalb deiner bereits gemalten Flächen. Alles passiert auf derselben Ebene. Dagegen erstellst du bei der Clipping-Maske eine neue Ebene, die sich auf die darunterliegende bezieht. Malst du auf der Clipping-Maske, werden diese Striche nur innerhalb der Formen und Flächen sichtbar, die sich auf der Ebene darunter befinden. Das Ergebnis ist optisch das gleiche, durch die zwei getrennten Ebenen behältst du aber deutlich mehr Flexibilität für spätere Änderungen. Mehr dazu steht auch in Kapitel 8.

## Alphasperre nutzen

Die Alphasperre bietet sich an, wenn du einer Fläche, einer Figur oder einem Gegenstand Licht und Schatten, etwas Textur oder Ähnliches geben möchtest. Durch die Sperre kannst du beruhigt auch mit größeren Pinseln arbeiten und dennoch wird sich alles nur innerhalb deiner Fläche abspielen. Du malst nicht mehr über den Rand.

In diesem Beispiel habe ich ein kleines Erdbeertörtchen gezeichnet, es besteht aus mehreren Ebenen. Alle Einzelteile befinden sich auf einer einzelnen Ebene, schon das macht das Arbeiten deutlich leichter und übersichtlicher, als das ganze Motiv auf einer Ebene zu erstellen.

Dann aktiviere ich die Alphasperre. Du siehst es daran, dass die gesperrten Ebenen graue Kacheln in der Vorschau anzeigen. Alles außerhalb der Farbfläche auf der Ebene ist jetzt gesperrt. Ganz in Ruhe kann ich nun die Schatten malen oder beispielsweise die hellen Bereiche innerhalb der Erdbeere.

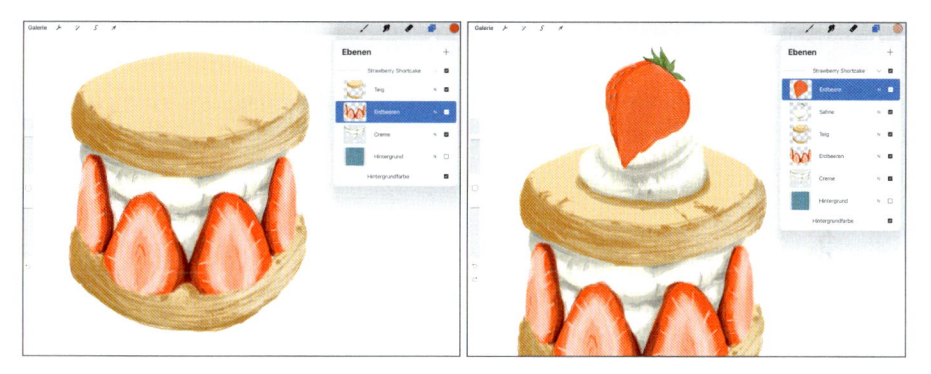

**Abbildung 14.4** *Jedes Einzelteil des Motivs bekommt seine eigene Ebene (links). Mit Hilfe der Alphasperre kannst du ohne Sorgen, über die Form hinauszumalen, Feinheiten ergänzen und Lichter, Schatten oder Strukturen hinzufügen (rechts).*

## Clipping-Maske im Einsatz

Eine Clipping-Maske nutze ich immer dann, wenn ich zum Beispiel noch unsicher bin, ob mir die Schatten so wie gezeichnet gefallen. Falls ich Schatten einen Ebenenmodus, wie beispielsweise MULTIPLIZIEREN, geben möchte, muss ich sie auf einer separaten Ebene organisieren. Durch die Clipping-Maske kann ich auf der neuen Ebenen ganz frei arbeiten, alles wird nur dort sichtbar, wo auf der darunterliegenden Ebene Farbe ist. Also auch hier: Du malst nicht über den Rand.

Eine solche Maske eignet sich auch, wenn eine Fläche ein Muster bekommen soll, ein Pullover also zum Beispiel noch Ringel oder Bündchen braucht. Diese setze ich einfach auf der Clipping-Maske ein, dann kann ich sie später wieder entfernen oder umfärben. Was besonders gut ist: Auch der Clipping-Maske kann ich eine Alphasperre geben, die transparenten Pixel also sperren. Dann kann ich dem Muster auf dem Pullover beispielsweise noch Schatten verleihen, damit es auch optisch mit dem einfarbigen Pullover zusammenpasst.

Bleiben wir bei unserem Beispiel mit dem Erdbeertörtchen. Es soll mit Puderzucker dekoriert werden. Mit einem entsprechenden Pinsel auf einer neuen Ebene kannst du einige weiße Krümel und Pünktchen ergänzen, aber natürlich gehen sie dann über den Rand des Törtchens hinaus, der Pinsel ist grob und recht groß eingestellt, damit man die einzelnen Sprenkel auch sieht. Aktivierst du aber nun die Clipping-Maske, ist dein Puderzucker nur noch dort sichtbar, wo er auch hingehört, oben auf dem Törtchen.

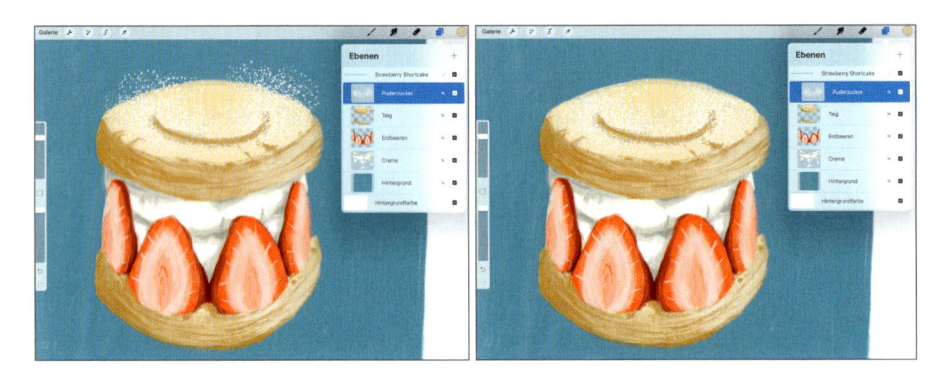

**Abbildung 14.5** *Puderzucker wird auf einer neuen Ebene ergänzt und bedeckt nicht nur das Törtchen, sondern geht darüber hinaus (links). Mit aktivierter Clipping-Maske siehst du die weißen Sprenkel nur noch oben auf dem Törtchen (rechts).*

Du darfst auch noch gröber starten und sämtliche Ausarbeitungen deiner Flächen auf der Clipping-Maske vornehmen, also nur eine einfarbige Grundform erstellen und auf der Ebene darüber (als Clipping-Maske) dann mit Farbe weiterarbeiten.

Pro Ebene kannst du nicht nur eine Clipping-Maske nutzen, es können auch mehrere sein, die sich dann alle auf diese eine Ebene mit deiner Grundform beziehen. Dir stehen hier also sehr viele Möglichkeiten offen, maximal flexibel zu arbeiten und jederzeit Dinge wieder verändern oder löschen zu können, ohne das ganze Bild zu gefährden.

## 14.4 Der Ebenenmodus

Jeder Ebene lässt sich ein Modus zuweisen. Das bedeutet: Du legst fest, wie diese Ebene mit der darunterliegenden interagieren soll. Dadurch kannst du sehr interessante Effekte erzielen und dir die Arbeit sehr erleichtern. Alles über Ebenenmodi findest du in Abschnitt 8.3.

### Sehr hilfreich: das Multiplizieren

Einer der Ebenenmodi, den ich häufig anwende, ist das MULTIPLIZIEREN. Dabei werden die Farbwerte der Ebene mit denen der Ebene darunter multipliziert, die Farben verdunkeln sich dadurch. Aus diesem Grund kannst du den Modus MULTIPLIZIEREN auch sehr gut für Schatten einsetzen. Die Farbabstufungen im Bild bleiben nämlich erhalten, es wird nicht nur platt eine dunkle Farbfläche darübergelegt.

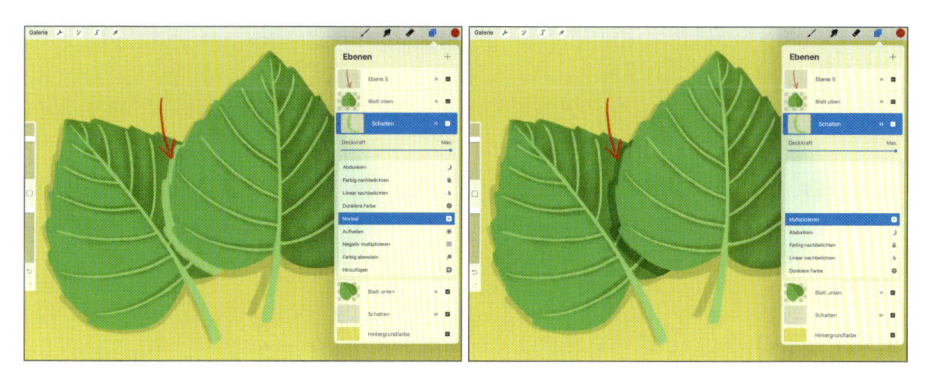

**Abbildung 14.6** *Der helle Bereich zwischen den Blättern soll der Schatten werden (links). Dazu stellst du den Modus auf* MULTIPLIZIEREN *(rechts).*

Im Beispiel siehst du die Ebene mit dem Schatten, den das obere Blatt auf das untere wirft. Es ist einmal der Ebenenmodus NORMAL eingestellt, noch siehst du einfach nur den hellen Bereich, der einmal der Schatten werden soll.

Änderst du jetzt den Modus auf MULTIPLIZIEREN, sieht es schon ganz anders aus. Das helle Grün verdunkelt sich, weil sich die Farbwerte mit denen des unteren Blattes mischen. Die Blattrispen werden wieder sichtbar, auch die leichte Textur innerhalb der Fläche bleibt erhalten. Gegebenenfalls kannst du diese Ebene auch noch etwas in der Deckkraft reduzieren, wenn die Komposition doch zu dunkel geraten ist.

## Weiches Licht

Auch dieser Modus ist oftmals sehr schön im Einsatz, dann aber im umgekehrten Fall als eben, wenn nämlich ein Bereich etwas aufgehellt werden soll.

Nehmen wir also an, deine Zeichnung soll stellenweise noch ein paar hellere Bereiche bekommen, die du auf einer separaten Ebene anlegst. Wenn du hier einfach nur mit einer hellen Farbe arbeitest, verdeckst du damit die Feinheiten des Motivs darunter, man sieht keine Strukturen oder Farbabstufungen mehr.

Daher solltest du in einen anderen Ebenenmodus wechseln, in den Ebenenmodus WEICHES LICHT. So stellst du sicher, dass der Bereich immer noch etwas aufgehellt wird, aber auch alles auf der Ebene darunter sichtbar bleibt. Du siehst den Unterschied in meinem Beispiel sehr deutlich.

**Abbildung 14.7** *Der helle Bereich verdeckt viel von der Kürbisoberfläche (links). Änderst du den Modus, werden die Strukturen darunter wieder sichtbar (rechts).*

Du kannst natürlich auch einen der vielen anderen Modi ausprobieren, die dir zur Verfügung stehen. Je nach Bildmotiv eignet sich vielleicht ein anderer für deine Bedürfnisse noch besser.

## 14.5 Mit Verläufen arbeiten

Procreate bietet ein sehr mächtiges Tool für die Arbeit mit Verläufen, die Verlaufsumsetzung. Hast du zum Beispiel ein Graustufenbild angelegt, kannst du damit sehr schön das Motiv umfärben und so das Coloring machen.

Wenn du über Anpassungen die Verlaufsumsetzung öffnest, darfst du im unteren Bereich einen Verlauf auswählen. Es mag aber hilfreich sein, einen eigenen Verlauf anzulegen oder einen bestehenden zu bearbeiten. Dafür sollst du das Original vorher duplizieren. Du kannst den Verlauf auf die gesamte Ebene anwenden oder nur auf Teile des Bildes, die du dann mit dem Pinsel definierst.

Tippst du auf einen Verlauf, siehst du links im Balken die Farbe, die für die dunkelsten Töne im Bild verwendet wird, rechts die für die hellsten. Du musst darauf achten, dass du mit den dunklen Tönen nicht zu weit nach rechts wanderst, denn irgendwann kehrt sich das Bild ins Negative um, und die Helligkeiten werden dunkel eingefärbt.

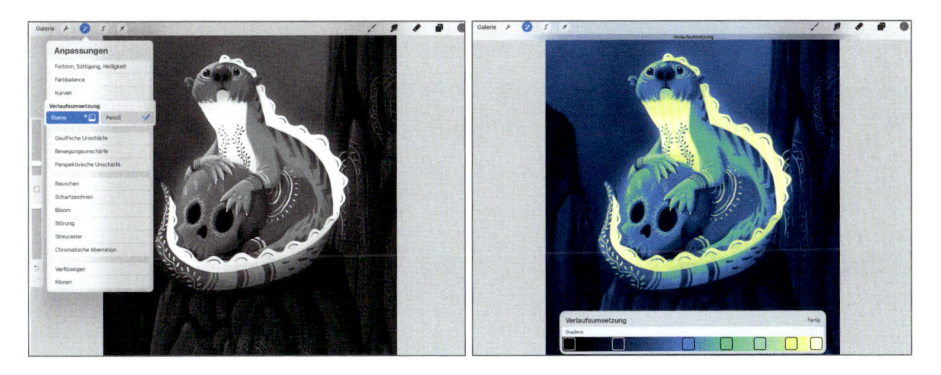

**Abbildung 14.8** *Das Graustufenbild wird mit der Verlaufsumsetzung eingefärbt (links). Unten kannst du den Verlauf bearbeiten (rechts).*

Du darfst dem Verlauf auch Zwischentöne hinzufügen, indem du einfach auf den Verlauf tippst und eine neue Farbe auswählst.

Möchtest du das Motiv weiter ausarbeiten, solltest du die Ebene duplizieren und einen neuen Verlauf anwenden, den dann aber vielleicht nur partiell für manche Bildbereiche anwenden. So kannst du auf einfache Art und Weise bestimmte Bildbereiche farblich etwas abheben oder zurücknehmen, so dass nur das Hauptmotiv hervorsticht.

In diesem Beispiel habe ich die Kreatur bläulich belassen und in einem zweiten Verlauf die Felsen bearbeitet. Du kannst das Ganze noch weitertreiben und weitere Bildbereiche anders einfärben, indem du dort wieder andere Verläufe nutzt oder die Gewichtung der Farbverteilung änderst.

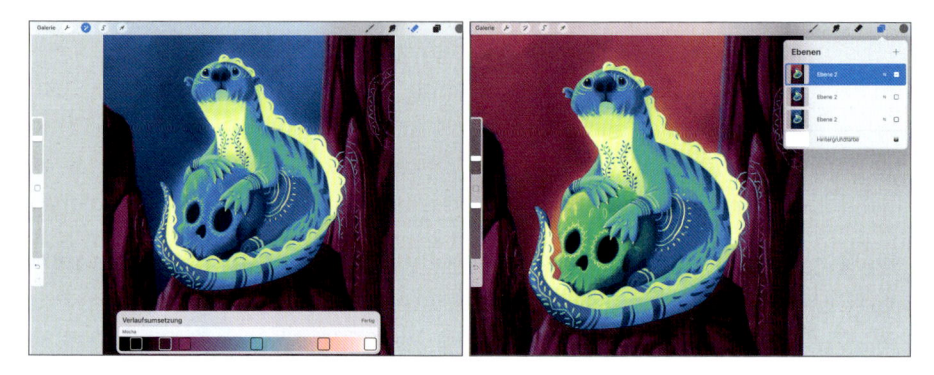

**Abbildung 14.9** *Ein zweiter Verlauf wird nur auf bestimmte Bildbereiche angewendet (links). Die Bildbereiche haben unterschiedliche Verläufe erhalten (rechts).*

Die Arbeit mit Graustufen ist eine beliebte Technik, um sich einem Bildmotiv über die Lichter und Tiefen zu nähern. Sie erfordert etwas Übung und passt auch nicht immer, aber im Zusammenspiel mit der Verlaufsumsetzung kannst du im Anschluss sehr einfach Farben ergänzen.

### Original sichern

Wichtig zu wissen ist, dass alles, was auf der ausgewählten Ebene liegt, dann auch eingefärbt wird. Der Verlauf legt sich nicht auf einer neuen Ebene darüber, sondern färbt die vorhandene um. Da kann es sinnvoll sein, die Ebene vorher einmal zu duplizieren, damit dir das Original erhalten bleibt.

# Kapitel 15
# Workshop 1 – Ebenen im Einsatz

*In diesem Workshop habe ich einen Seemann illustriert, relativ reduziert gearbeitet mit schwarzer und weißer Outline und farbigen Flächen. Dabei kommen verschiedene Ebenen und auch Ebenenmodi zum Einsatz, unterschiedliche Pinsel, QuickShape und die Alphasperre.*

## Mit Referenzen arbeiten

Um deine Skizze zu erstellen, solltest du dir Referenzmaterial suchen, wenn du aus dem Kopf noch keine Person zeichnen kannst. Porträts sind auch mit das schwierigste Thema, das du dir aussuchen kannst, also sei nicht zu kritisch mit dir. Es ist nichts dabei, auch Referenzen zu verwenden und von Fotos abzuzeichnen, um zu üben. Wichtig ist, dass du keine genauen Kopien anfertigst, denn dann kann es urheberrechtliche Probleme geben, wenn du die Motive kommerziell nutzt oder öffentlich postest.

### Referenzen herunterladen

Du findest frei verwendbare Fotos zum Beispiel auf der Webseite *www.unsplash.com*. Wenn du dort eine gute Referenz gefunden hast, kannst du das Foto auf deinem iPad speichern und es über AKTIONEN • HINZUFÜGEN • FOTO EINFÜGEN auf eine neue Ebene legen.

## Skizze erstellen

Du kannst direkt auf einer separaten Ebene deine Skizze erstellen und dafür einen der Pinsel aus der Kategorie Skizze nutzen. Ich habe den 6B Stift gewählt und anschließend die Ebene mit der Skizze etwas in der Deckkraft reduziert. Sie soll dir später nur als Orientierung dienen, wenn du die schwarze Outline zeichnest (siehe Abbildung 15.1).

Damit du die zarten Linien noch besser sehen kannst, solltest du den Ebenenmodus auf Multiplizieren stellen, dann bleiben die Striche auch gut sichtbar, wenn eine farbige Fläche darunter liegt. Tippe dafür auf das N auf der Ebene und suche dort den Modus Multiplizieren.

## Hintergrund gestalten

Als nächstes legst du den blauen Hintergrund an. Erstelle dafür eine neue Ebene unter der Skizzenebene und fülle sie mit blauer Farbe, indem du einen Blauton in der Farbpalette auswählst und dann einfach den farbigen Kreis aus der Werkzeugleiste auf die Leinwand ziehst. Die Ebene füllt sich dann komplett mit Farbe. Alternativ tippst du die leere Ebene an, nachdem du deinen Blauton ausgewählt hast, und wählst im Ebenen-Menü Ebene füllen. Auch dann wird die komplette Ebene mit Farbe gefüllt.

**Abbildung 15.1** *Reduziere die Deckkraft der Skizzenebene und stelle den Modus auf* Multiplizieren *(links). Dann beginne mit dem Hintergrund und verfeinere die Fläche mit einem großen Spraypinsel (rechts).*

Wir verwenden hier nicht die eigentliche Hintergrundebene, da wir die Hintergrundfarbe noch bearbeiten wollen. Denn damit die Fläche nicht einfach nur eintönig blau ist, kannst du ein paar Texturen mit einem großen Spraypinsel und einem etwas dunkleren oder helleren Blauton hinzufügen. Damit lockerst du den Hintergrund auf. Solche Pinsel findest du unter SPRÜHEN. Einen weicheren Übergang erzeugen große Airbrush-Pinsel, wenn dir die Spritzer nicht zusagen (siehe Abbildung 15.2).

## Den Seemann zeichnen

Gefällt dir der Hintergrund, legst du darüber eine neue Ebene an und beginnst mit deiner schwarzen Outline. Hierfür kannst du den Pinsel MERCURY unter TINTE nutzen, seine Linie ist etwas unregelmäßig und läuft zu den Enden schmal zu. Das erzeugt eine interessante Optik.

Da du auf einer neuen Ebene arbeitest, kannst du deine Skizze später einfach ausblenden, und übrig bleibt nur die Outline. Es macht deswegen auch gar nichts, wenn in der Skizze nicht jeder Strich perfekt sitzt, dafür ist es ja schließlich nur eine Skizze. Bist du mit deiner schwarzen Outline zufrieden, solltest du die Skizzenebene ausblenden oder auch löschen, sie wird jetzt nicht mehr benötigt.

**Abbildung 15.2** *Der Hintergrund ist fertig (links) und du kannst auf einer neuen Ebene deine Outline anlegen (rechts).*

## Hautpartien zeichnen

Lege dir unter der Ebene mit deiner Outline eine neue an, diese wird für alle Hautbereiche sein. Du solltest sie auch direkt entsprechend umbenennen, dann verlierst du bei deinen Ebenen nicht so schnell den Überblick. Tippe dafür auf die Ebene und wähle im Ebenen-Menü ganz oben UMBENENNEN aus. Es öffnet sich unten deine Tastatur.

Um die Hautpartien zu zeichnen, musst du keinen Pinsel nehmen, du kannst die Bereiche mit dem Auswahlwerkzeug umkreisen und die Fläche dann einfach mit Farbe füllen. Da die Outline obendrüber liegt, verdeckt sie eventuelle kleine Ungenauigkeiten am Rand. Wähle das S-förmige Symbol oben links und umkreise im Modus FREIHAND alle deine Bereiche, die die Haut des Seemannes enthalten. Bart, Haare und Augen spare einfach aus (siehe Abbildung 15.3).

### Das T-Shirt zeichnen

Weiter geht es mit dem Ringelshirt des Seemannes. Da das auch blau werden soll, blende ruhig kurz die blaue Hintergrundebene einmal aus. Lege eine neue Ebene über dem Hintergrund, aber unter der Outline an. Nutze wieder das Auswahlwerkzeug, um den Bereich des Shirts zu erfassen, und male mit GROSSE DÜSE unter SPRÜHEN locker einige Farbflächen in die Auswahl.

**Abbildung 15.3** *Wähle mit dem Auswahlwerkzeug alle Bereiche aus, die du einfärben möchtest (links). Auf einer neuen Ebene wird das Shirt eingefärbt (rechts).*

Es wird gleich eine zweite Ebene darüber erstellt, die dann im Ebenenmodus MULTIPLIZIEREN mit der aktuellen Ebene interagiert. So entstehen interessante Mischungen und Effekte, die das Shirt etwas spannender gestalten. Für diese zweite Ebene kannst du einfach die des Shirts duplizieren und auf dem Duplikat weiterarbeiten. Wische dazu auf der Ebene einmal nach links und wähle DUPLIZIEREN aus. Dann erhältst du die exakt gleiche Form des Shirts und musst es nicht neu zeichnen.

Du kannst auch die Ebene mit Shirt über das Ebenen-Menü auswählen, eine neue Ebene darüber anlegen und dort dann in dieser Auswahl arbeiten. Das funktioniert allerdings nur, wenn auch das gesamte Shirt auf der ersten Ebene mit Farbe gefüllt ist. In meinem Fall habe ich nur ein paar zarte Farben gesprüht und es kann sein, dass nicht jeder Pixel innerhalb des Shirts Farbe abbekommen hat. Gehe ich jetzt über Alles auswählen, werden nur die Pixel mit Farbe erfasst, und meine Auswahl hat gegebenenfalls Löcher.

Bist du dir nicht sicher, ob wirklich die gesamte Fläche des Shirts ausgewählt wird, lege lieber auf der neuen Ebene händisch mit dem Auswahlwerkzeug eine neue Form an und fülle diese mit Farbe. Dann sind in jedem Fall alle Pixel erfasst, und es bleiben keine weißen Blitzer sichtbar. Da du unterhalb der Outline arbeitest, muss deine Auswahl nicht hundertprozentig exakt sein, sie muss sich nur unter der schwarzen Outline befinden. Diese verdeckt dann mögliche kleine Ungenauigkeiten.

Hast du auf deiner neuen Ebene die Fläche des Shirts eingefärbt, kannst du die Ebene auch mit einer Alphasperre sperren. Dann malst du alles Weitere nur innerhalb der farbigen Pixel, malst also mit deinen Strichen nicht mehr über den Rand hinaus. Wische dafür mit zwei Fingern auf der Ebene nach rechts oder gehe über das Ebenen-Menü und wähle dort Alphasperre.

Werde auf der neuen Ebene ruhig dunkler in den Farben, nutze gerne auch Kleckse und Flecken, all das bringt dir Lebendigkeit in die Fläche und kann als Stilelement eingesetzt werden. Du könntest auf dieser Ebene außerdem die Mütze des Seemanns farbig ausarbeiten.

**Abbildung 15.4** *Auf einer weiteren Ebene wird erneut die Form des Shirts erfasst und farbig gefüllt (links), anschließend kannst du hier mit Flecken und Kleksen Texturen schaffen (rechts).*

Als Nächstes wählst du wieder das N auf der Ebene an und wechselst den Modus zu Multiplizieren. Probiere auch einen anderen Modus, schau doch mal, was sich dann für Effekte ergeben (siehe Abbildung 15.5).

### Die Streifen malen

Lege dir noch eine neue Ebene an, oberhalb des T-Shirts, aber weiterhin unterhalb der Ebene mit der schwarzen Outline. Auf dieser neuen Ebene werden die weißen Streifen für das T-Shirt erstellt. Das hat den Vorteil, dass du sie jederzeit verändern kannst, ohne das T-Shirt an sich neu erstellen zu müssen. Du erhältst dir mit unterschiedlichen Ebenen also viel Flexibilität in deiner Arbeit.

**Abbildung 15.5** *Ändere den Ebenenmodus und schaue, wie beide Ebenen miteinander interagieren (links). Für die Streifen habe ich den Pinsel* Terpentin *unter* Malen *verwendet (rechts).*

Für die Streifen auf dem T-Shirt habe ich unter der Kategorie Malen den Pinsel Terpentin gewählt und außerdem die Farbe auf Weiß gewechselt. Jetzt kannst du entweder locker deine Streifen über das T-Shirt ziehen und alles, was darüber hinausgeht, einfach wegradieren, oder du wählst die Ebene mit dem T-Shirt an und tippst im Menü auf Auswählen. Dann werden alle Pixel außerhalb des T-Shirts gesperrt. Jetzt gehe zurück auf deine leere, neue Ebene und male dort die Streifen. Sie enden dann an der Auswahlkante.

> **Guter Trick: Ebenenreihenfolge**
> Da ja deine Ebene mit der schwarzen Outline über allen anderen Ebenen liegt, verdeckt sie auch hier kleine Ungenauigkeiten an den Rändern.

## Die Umgebung gestalten

Als Nächstes gruppierst du die Ebenen, die zum Seemann gehören. Markiere alle Ebenen, indem du auf jeder Ebene nach rechts wischst (sie werden dann blau hervorgehoben), und wähle dann oben Gruppe aus. Dieser Gruppe kannst du einen Namen geben, indem du sie umbenennst. Dafür tippe einmal auf die Gruppe und wähle Umbenennen.

Lege anschließend eine neue Ebene an und zeichne dort mit einem weißen Pinsel deine Wellenformen. Ich habe hier den 6B Stift genutzt, du kannst aber auch weiterhin den Pinsel Mercury verwenden, dann unterscheiden sich die Wellen in ihrem Strich nicht von der Outline des Seemanns. Der 6B Stift hat eine deutlich weichere Struktur.

**Abbildung 15.6** *Ein Blick in die Ebenen-Palette (links). Erfasse alle Ebenen, die zum Seemann gehören, in einer Gruppe und lege die Wellen auf einer neuen Ebene an (rechts).*

Schiebe die Ebene mit der Wellenform unter deine Gruppe mit dem Seemann, so dass er im Vordergrund ist. Darunter erstellst du noch einmal eine neue Ebene, auf der du die Wellen blau einfärbst. Ich habe hier weiterhin mit dem 6B Stift gearbeitet, ihn recht groß gestellt und so eine weiche Textur erzeugt. Es lässt sich aber natürlich jeder Pinsel nutzen, der dir gefällt.

Zu guter Letzt benötigen wir eine neue Ebene für die Wolken und die Sonne. Diese Ebene sollte wieder unterhalb des Seemanns liegen. Für die Sonnenstrahlen solltest du einfach QuickShape nutzen, also die Linie ziehen, aber den Stift am Ende nicht absetzen, sondern QuickShape die Linie begradigen lassen. Dann sind alle Strahlen ganz gerade. Natürlich wäre es auch möglich, die Wolken anschließend noch einzufärben, wenn gewünscht.

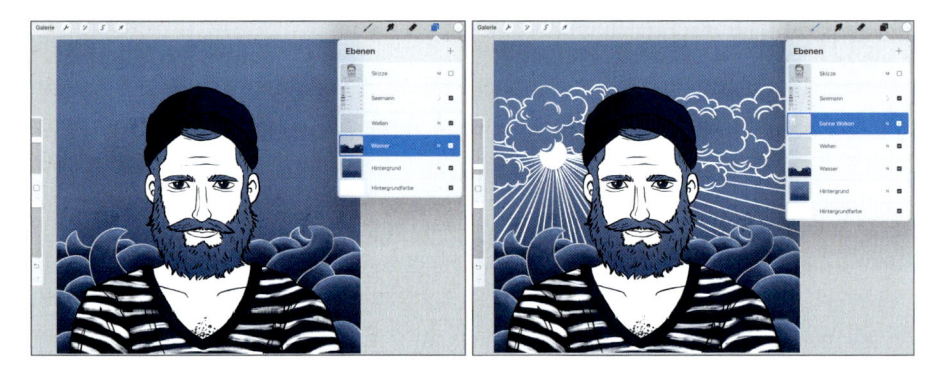

**Abbildung 15.7** *Die Wellen wurden farbig gestaltet (links). Für die Strahlen kannst du QuickShape einsetzen, dann werden sie gerade (rechts).*

## Fazit

Mit unterschiedlichen Ebenen zu arbeiten, kann sehr nützlich sein und dir die Arbeit erheblich erleichtern. Gewöhne dir am besten direkt an, für unterschiedliche Bildbereiche oder Dinge, die übereinanderliegen, immer eine neue Ebene zu erstellen. Wenn du sie am Ende doch nicht brauchst, kannst du Ebenen auch jederzeit zu einer zusammenfassen. Eine Benennung oder Gruppierung hilft dir dabei, den Überblick zu behalten.

# Kapitel 16
# Workshop 2 – Muster erstellen

*Ein Muster zeichnet sich dadurch aus, dass du es nahtlos beliebig erweitern kannst, sich die Elemente also immer wiederholen. Um so ein Muster zu erstellen, bietet dir Procreate ein paar Tricks an, und schon hast du einen nahtlosen Rapport erstellt, wie der Fachbegriff lautet.*

## Vorbereitungen

Du brauchst für dein eigenes Muster als Erstes deine einzelnen Bildelemente, die im Muster vorkommen sollen. Überlege dir ein Thema, vielleicht auch ein Farbschema, lege dir dafür gerne eine eigene Palette an (alles über Farben und Farbpaletten findest du in Kapitel 9), und zeichne und illustriere im ersten Schritt deine Elemente. So viele, wie du möchtest.

## Die Musterdatei anlegen

Es ist hilfreich, wenn du für dein Muster eine quadratische Leinwand anlegst. In meinem Beispiel ist sie 2000 × 2000 Pixel groß bei 300 dpi. Du kannst in einem Quadrat viel einfacher deine Bildbereiche verschieben und sich wiederholen lassen, als wenn du ein rechteckiges Format hast. Das wirst du später beim Arbeiten merken.

Erstelle also in der Galerie über das Pluszeichen oben rechts und dann über den kleinen Ordner eine neue quadratische Leinwand.

Auf dieser Leinwand erstellst du deine Einzelelemente, die in deinem Muster vorkommen sollen. Du kannst dabei gerne mit Ebenen arbeiten, wenn du möchtest. Alles über Ebenen beschreibe ich in Kapitel 8. Oder kopiere die Motive aus einer anderen Leinwand hierher, wenn du sie schon erstellt hast.

Ich habe verschiedene Turnschuhe illustriert und bin dabei in einer Farbpalette geblieben, die ich mir aus einem Foto angelegt habe. Du darfst aber auch deine Lieblingsfarben wählen oder eine vorinstallierte Palette.

Es kommt nicht darauf an, wie viele Einzelteile du erstellst, sie dürfen auch unterschiedlich groß sein, dann wird das Muster später noch interessanter. Oder du kombinierst etwas detailliertere Motive und eher einfache, die dann kleine Lücken auffüllen können. Ich habe sechs unterschiedliche Turnschuhe in einer ähnlichen Größe erstellt. Alle Ebenen für einen Schuh liegen in einer separaten Gruppe.

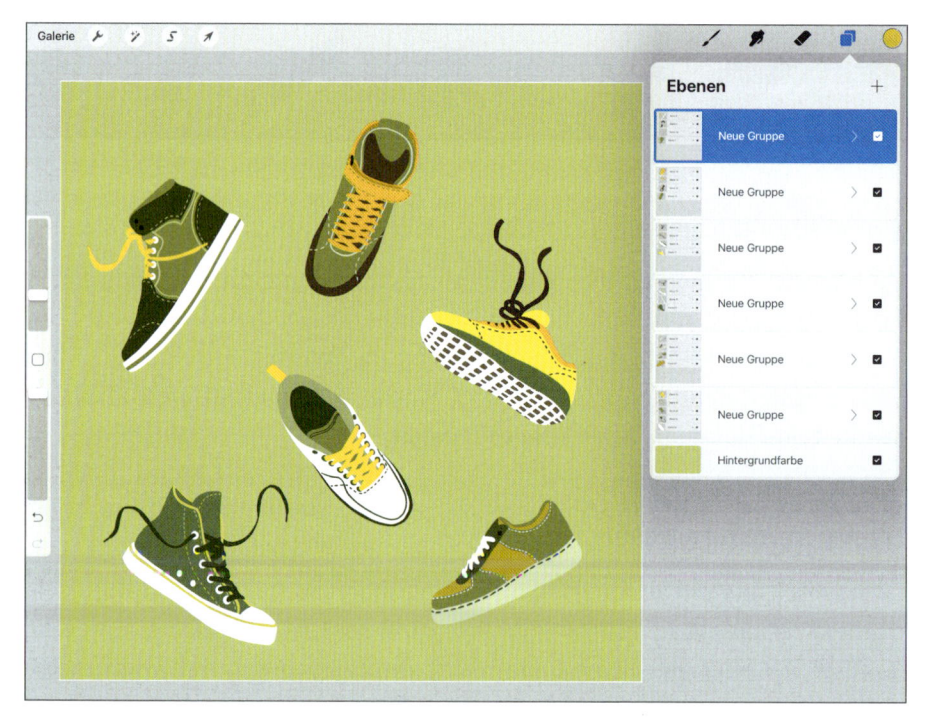

**Abbildung 16.1** *Sechs Turnschuhe, die Einzelebenen habe ich jeweils in einer Gruppe zusammengefasst.*

Ich habe außerdem die Hintergrundebene eingefärbt, du kannst aber natürlich auch auf Weiß arbeiten oder sie später umfärben.

## Die Ebenen organisieren

Hast du für ein Bildelement mehrere Ebenen genutzt, füge diese jetzt zu einer Ebene zusammen, anstatt sie in der Gruppe zu belassen. Das spart dir viele Ebenen, und die Ebenen-Palette bleibt übersichtlicher. Um alle entsprechenden Ebenen in einer Gruppe auf eine zu reduzieren, tippe die Gruppe an und wähle im Ebenen-Menü REDUZIEREN aus.

Du solltest vorher noch jede Gruppe einmal duplizieren, damit du für den Notfall noch alle Einzelebenen griffbereit hast. Das geht, wenn du auf der Gruppe nach links wischst und DUPLIZIEREN auswählst. Es gibt dann also jedes deiner Musterelemente zweimal, einmal mit Einzelebenen in einer Gruppe, einmal auf eine Ebene reduziert.

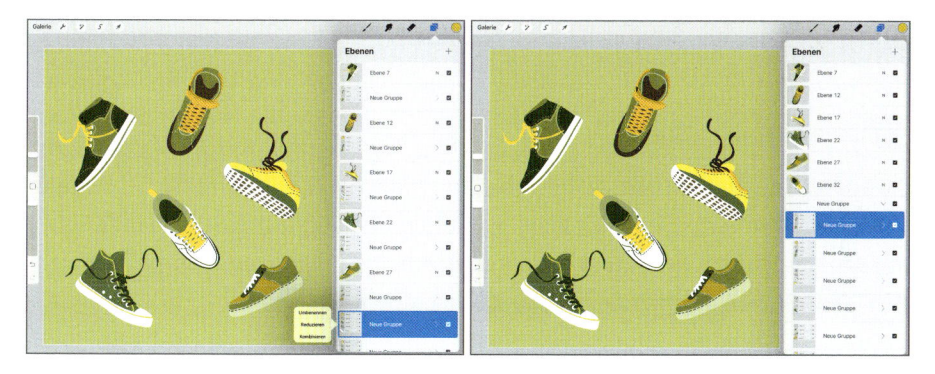

**Abbildung 16.2** *Jedes Bildelement wird dupliziert und auf eine Ebene reduziert (links). Anschließend kannst du alle Gruppen in einer weiteren Gruppe zusammenfassen und blendest diese dann aus, das ist dein Backup (rechts).*

Alle Gruppen solltest du in einer weiteren Gruppe zusammenfassen und ausblenden, das verschafft dir noch einmal etwas mehr Überblick in der Ebenen-Palette. Das machst du, indem du alle Gruppen mit einem Wisch nach rechts markierst und sie dann über das oben erschienene Wort GRUPPE zusammenfasst. In dieser Gruppe liegen also alle deine Originale. Blende die Gruppe anschließend aus.

## Mit der Zeichenhilfe arbeiten

Du solltest jetzt die Zeichenhilfe aktivieren. Gehe dafür unter Aktionen auf Leinwand und aktiviere sie. Außerdem tippe auf Bearbeiten Zeichenhilfe. Wähle das 2D-Gitter und stelle die Rastergrösse auf Max. Damit erreichst du, dass deine Leinwand in vier gleich große Quadrate geteilt wird. Bestätige alles mit Fertig.

Nun kannst du dieses Raster als Orientierung nutzen. Du aktivierst nicht den Zeichenassistenten, wie in Abschnitt 11.1 beschrieben, du möchtest die Linien nur als optische Hilfe nutzen (siehe Abbildung 16.3).

## Die Bildelemente anordnen

Schiebe nun einige deiner Bildelemente so, dass sie über die Mittelachsen hinausgehen, aber nicht den Rand der Leinwand berühren oder sogar hinausgeschoben werden. Alles, was du über die Leinwand hinausschiebst, wird abgeschnitten, wie du weißt. Um ein Bildelement zu verschieben, gehe auf die entsprechende Ebene und wähle das Transformieren-Werkzeug aus, den kleinen Pfeil oben links in der Werkzeugleiste. Nun kannst du es schieben, spiegeln, skalieren oder auch drehen.

Du solltest auch nicht alle deine erstellten Bildelemente in diesem Schritt einsetzen und verteilen. Spare dir zwei oder drei für später auf, wenn du die Lücken des Musters füllst. Du solltest die entsprechenden Ebenen erst einmal ausblenden, dann stören sie dich beim Arbeiten nicht.

**Abbildung 16.3** *Aktiviere die Zeichenhilfe und dort das* 2D-Gitter *mit einem maximalen Raster (links). Verteile deine Bildelemente über die Achsen der Zeichenhilfe (rechts).*

Es ist wichtig, dass du in diesem Schritt die Objekte über den Mittelachsen platzierst. Denn später in deinem Muster werden diese Linien die Schnittkanten sein und den Rand deines Musters bilden. Die Flächen, die sich jetzt an den Ecken befinden und vielleicht noch etwas leer geblieben sind, bilden später die Mitte deines Musters, dort kannst du die anderen Bildelemente, die aktuell noch ausgeblendet sind, einsetzen.

Ich habe drei von sechs Turnschuhen zunächst ausgeblendet und arbeite mit den restlichen. Diese schiebe ich so, dass sie über die Mittelachsen laufen und nicht über die Leinwand hinausreichen. Außerdem achte ich darauf, dass die Abstände zueinander schon recht ausgewogen sind. Später lassen sich an diesen Bildelementen nämlich keine Änderungen mehr vornehmen.

Wenn du mit deiner Platzierung zufrieden bist, male noch mit einem Pinsel eine Markierung in die obere rechte und untere linke Ecke. Wir werden gleich die Bildelemente kopieren, und dafür ist es wichtig, dass wir das quadratische Format erhalten. Wären an den Rändern keine Pixel mit Farbe, würde Procreate nur die Elemente selbst kopieren und nicht das ganze Format, die Kopie wäre dann also kleiner als unsere komplette Leinwand und das wollen wir nicht. Damit das nicht passiert, machen wir diese Markierung, die wir später wieder entfernen.

Es ist dabei egal, welche Farbe du nutzt, wie groß deine Markierung ist und auf welcher der Ebenen du sie machst. Wichtig ist nur, dass sie alle vier Ränder der Leinwand erreicht, deswegen nehmen wir zwei Ecken.

**Abbildung 16.4** *Oben rechts und unten links in den Ecken wurde eine farbige Markierung gemacht (links). Wähle aus dem Menü* ALLE KOPIEREN *aus und anschließend* EINFÜGEN *(rechts).*

Blende nun den Hintergrund deiner Leinwand aus und wische mit drei Fingern von oben nach unten. Damit öffnest du den Dialog Kopieren & Einfügen. Hier wählst du Alle kopieren aus. Wische erneut mit drei Fingern nach unten und tippe dann auf Einfügen. Alle kopieren bedeutet, du kopierst alle sichtbaren Ebenen (deswegen wurde auch der Hintergrund ausgeblendet, wir möchten nur die Bildelemente kopieren) und fügst sie mit Tippen auf Einfügen alle zusammen auf einer einzigen Ebene wieder ein.

Du kannst alle Einzelelemente, die wir gerade kopiert und eingefügt haben und die, die noch nicht zum Einsatz kamen, in einer Gruppe zusammenfassen und diese ausblenden. Das ist unsere Reserve, sollten wir später feststellen, dass etwas nicht geklappt hat. Wähle für diesen Schritt alle entsprechenden Ebenen mit einem Wisch nach rechts aus und tippe oben auf Gruppe. Wenn du deine Ebenen bündelst, sinnvoll sortierst und im besten Falle auch noch benennst, behältst du leichter den Überblick.

Von der neuen Ebene mit allen deinen sichtbaren Bildelementen machst du jetzt insgesamt drei Duplikate, indem du auf der Ebene nach links wischst und Duplizieren wählst. Du könntest außerdem den Hintergrund wieder einblenden, wenn dich die grauen Kacheln irritieren.

### Qualität beim Duplizieren erhalten

Wenn du Ebenen mehrfach duplizierst, nimm dafür am besten immer die ursprüngliche Ebene, dupliziere nicht die Duplikate weiter. Denn leider leidet bei jedem Duplikat auch die Qualität etwas und wird mit jeder weiteren Kopie immer schlechter. Deine ursprüngliche Ebene liegt immer ganz unten, die Duplikate darüber.

### Musterelemente verschieben

Im nächsten Schritt wollen wir die vier Ebenen verschieben und die Kanten des Rapports erstellen. Wähle dafür eine der vier Ebenen aus und aktiviere das Transformieren-Werkzeug. Es öffnen sich unten die Einstellungen. Wähle Gleichmässig aus und aktiviere ganz links Einrasten. Es lässt sich hier der Abstand auf Maximal hochsetzen, das garantiert dir ein einfaches Einrasten, wenn du gleich die vier Ebenen verschiebst. Verschiebe die Ebenen nur, verkleinere oder vergrößere sie nicht, das ist wichtig.

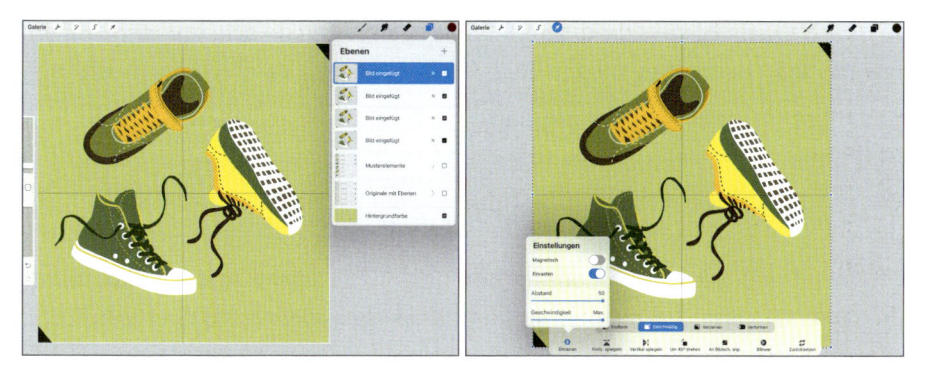

**Abbildung 16.5** *Deine Ebene mit den drei Schuhen wurde insgesamt dreimal dupliziert (links). Beim Transformieren wähle* GLEICHMÄSSIG *und aktiviere* EINRASTEN *(rechts).*

Verschiebe jetzt deine erste der vier Ebenen so, dass sie den oberen linken Quadranten der Leinwand füllt. Du darfst alle anderen Ebenen für diesen Schritt ausblenden, dann stören sie dich nicht. Lasse weiterhin die Zeichenhilfe angeschaltet, dann siehst du die Hilfslinien. Dadurch, dass du EINRASTEN ausgewählt hast, wird sich deine Ebene aber auch fast von selbst an den Mittelachsen ausrichten. Es ist gewollt, dass du am Ende nur noch ein Viertel deiner Ebene siehst und alles andere neben die Leinwand verschoben und damit abgeschnitten wurde.

Achte darauf, dass du exakt die gelben Markierungslinien in der Mitte triffst, und lass die Ebene los, wenn sie perfekt im oberen linken Leinwandquadranten sitzt. Mache diesen Schritt mit jeder der noch verbleibenden drei Ebenen, schiebe also jede in einen anderen Quadranten der Leinwand.

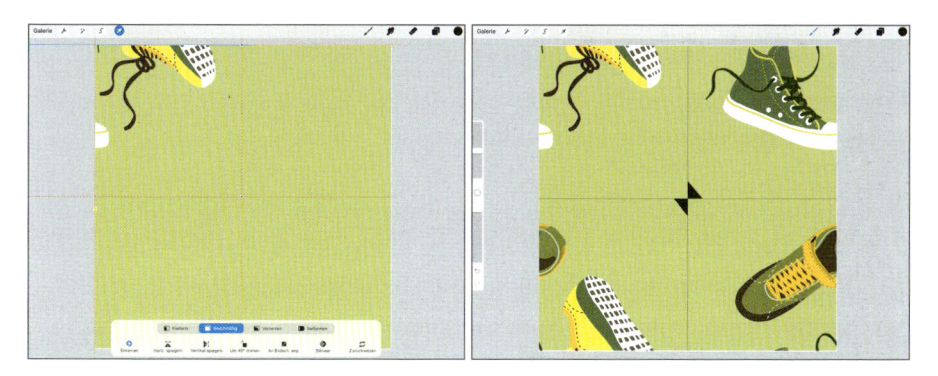

**Abbildung 16.6** *Verschiebe eine Ebene in den linken oberen Quadranten der Leinwand (links). Mache das mit allen vier Ebenen jeweils in einem anderen Quadranten (rechts).*

Es ist sehr wichtig, dass du in diesem Schritt sehr genau arbeitest und sich die Ebenen nicht doch um ein paar Pixel verschieben und dann nicht exakt an den Mittelachsen sitzen.

Du kannst anschließend deine vier Ebenen auf eine reduzieren, indem du alle vier mit zwei Fingern zusammenschiebst. Oder du wählst die oberste der vier Ebenen an, tippst sie erneut an und wählst im Menü Abwärts zusammenfügen aus. Dann wird sie mit der darunterliegenden Ebene zu einer. Das musst du dann noch zweimal machen, dann sind alle vier Ebenen auf eine reduziert.

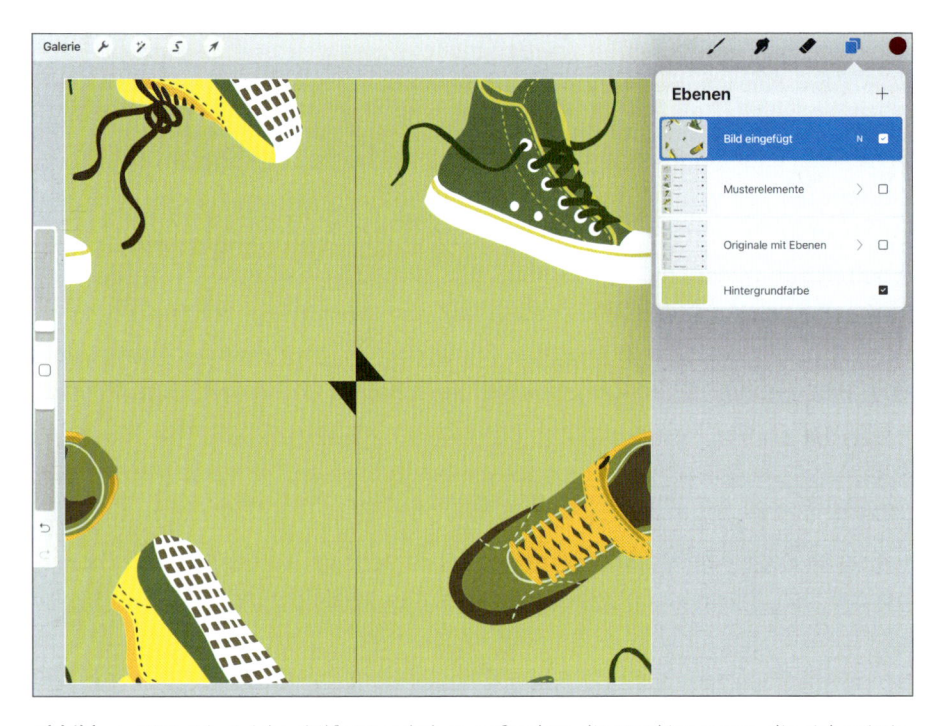

**Abbildung 16.7** *Die Zeichenhilfe ist sichtbar, außerdem die Markierungen, die sich mittig treffen. Alle vier Ebenen wurden auf eine reduziert.*

Du brauchst nun die Markierungen in der Mitte nicht mehr und kannst sie entfernen. Nutze dafür das Auswahlwerkzeug oben aus der Leiste (das S-förmige Symbol), umkreise im Modus Freihand die Markierungen und schiebe sie anschließend einfach mit dem Transformieren-Werkzeug von der Leinwand. Du erinnerst dich, alles, was sich außerhalb befindet, wird gelöscht. Oder wische bei aktiver Auswahl mit drei Fingern nach unten und wähle dann im Menü den Befehl Ausschneiden aus.

### Gestensteuerung individualisieren

Du kannst das Menü auch anders aktivieren. Öffne die Aktionen, dort unter Einstellungen findest du die Gestensteuerung. Und dort ist ein Bereich für Kopieren & Einfügen. Da definierst du, wann sich das Menü öffnen soll. Zum Beispiel, wenn du die mittlere Taste in deiner Seitenleiste antippst.

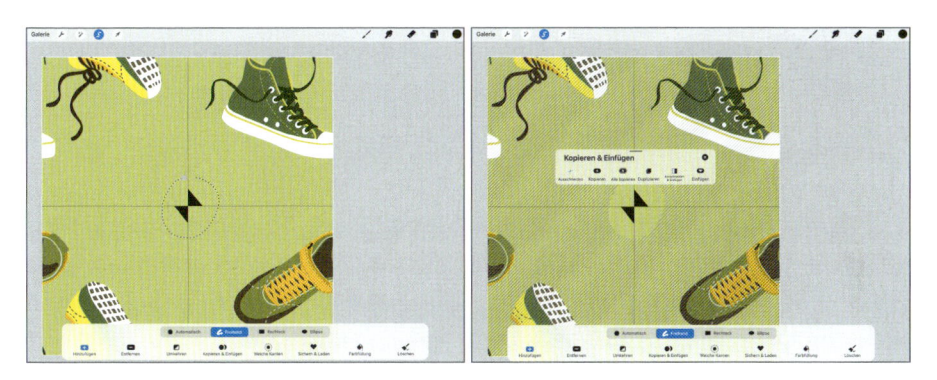

**Abbildung 16.8** *Wähle mit dem Auswahlwerkzeug die Markierungen aus (links). Schneide die Markierungen aus und lösche sie damit (rechts).*

Jetzt lässt sich erkennen, dass sich deine Motive vom oberen Bildrand unten fortsetzen, genauso die vom linken am rechten Bildrand. Das ist der nahtlose Rapport. Deswegen war es zu Beginn auch so wichtig, die Motive über den Mittelachsen zu platzieren, denn sie wurden hier durch das Verschieben geteilt.

## Das Muster ausarbeiten

Nun solltest du deine noch nicht genutzten Bildelemente einblenden und im freien Raum zwischen den angeschnittenen Motiven verteilen. Achte darauf, nicht über den Rand der Leinwand zu kommen, platziere sie mittig.

Bist du mit deiner Verteilung zufrieden, kannst du von den eben neu eingefügten Bildelementen ein Duplikat erzeugen. Schiebe jeweils eine der doppelten Ebenen aus deiner Gruppe heraus, in der Gruppe verbleibt nur von jedem Bildelement eine Version als Backup für dich. Du hast also eine Gruppe, die jedes deiner Bildelemente enthält. Darauf kannst du später zurückgreifen, wenn du doch noch Änderungen am Muster vornehmen willst. Die Ebene mit deinen Musterelementen blende aus.

Füge alle sichtbaren Ebenen zu einer zusammen, indem du sie alle wieder mit zwei Fingern zusammenschiebst oder die obere mit Abwärts zusammenfügen mit der darunterliegenden verbindest. Danach befinden sich alle Elemente deines Rapports auf einer Ebene.

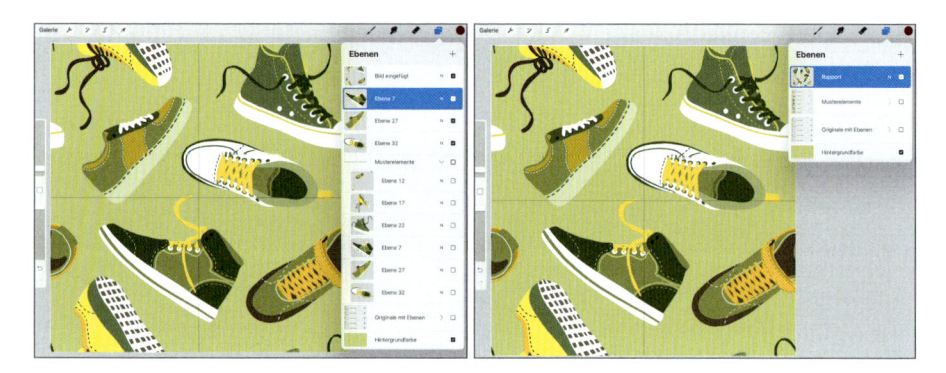

**Abbildung 16.9** *Alle Bildelemente wurden als Backup in einer Gruppe gebündelt (links), die aktuell sichtbaren Elemente befinden sich auf einer Ebene (rechts).*

## Der Rapport

Mache dir von dieser neuen Ebene insgesamt vier Kopien. Eine behältst du wieder als Backup von diesem Arbeitsschritt, die kannst du ausblenden. Sollte etwas nicht gelingen oder solltest du doch noch weitere Bildelemente einfügen wollen, greifst du auf diese Ebene zurück. Die anderen vier Kopien werden wieder wie eben auch schon in die vier Quadranten der Leinwand verteilt.

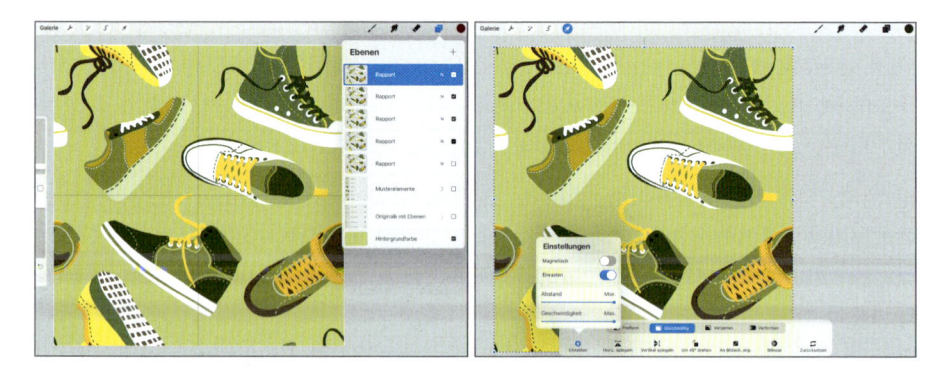

**Abbildung 16.10** *Die Ebene wurde viermal dupliziert (links). Wähle eine der Ebenen zum Transformieren aus und aktiviere* Einrasten *(rechts).*

Blende also alle nicht benötigten Ebenen für den Moment aus, wähle Transformieren aus, dann Gleichmässig und aktiviere das Einrasten, falls es nicht noch aktiviert ist. Diesmal verschiebst du deine Ebene aber nicht, sondern du skalierst sie, machst sie also kleiner. Passe sie direkt in einen Quadranten ein und achte darauf, dass die Kanten exakt an die Mittelachsen stoßen. Dabei hilft dir das automatische Einrasten. Diesen Schritt machst du mit allen vier Ebenen, jede wird in einen der vier Leinwandquadranten verschoben und dabei verkleinert. Es wird jetzt zum ersten Mal dein Muster sichtbar.

Achte wieder auf genaues Arbeiten, so dass die Übergänge auch wirklich nahtlos werden und sich nicht doch etwas um einen Pixel verschiebt oder zu klein wird. Dadurch können dann Blitzer in der Mitte entstehen, weil die Bildelemente nicht passgenau zusammentreffen.

**Abbildung 16.11** *Skaliere die erste der vier Ebenen in eine der vier Leinwandquadranten (links). Mache das mit allen vier Ebenen. So sieht das Ergebnis anschließend aus (rechts).*

Du solltest das auch im Anschluss noch einmal im Detail kontrollieren. Zoome rein und schaue dir die Übergänge an den Mittelachsen an. Blende dafür eine der vier Ebenen nach der anderen aus und ein, so siehst du, wie die Übergänge gelungen sind und kannst gegebenenfalls noch nachbessern.

Wenn du mit allen Übergängen an den Mittelachsen der Leinwand zufrieden bist, solltest du die vier Ebenen wieder zu einer vereinen, hier hast du nun deinen Rapport als 2×2-Muster angelegt. Jedes Musterquadrat kommt zweimal in der Höhe und zweimal in der Breite vor.

Du kannst deine Zeichenhilfe wieder ausblenden, sie diente ja nur als Orientierung, du brauchst sie nun nicht mehr.

**Abbildung 16.12** *Kontrolliere die Übergänge an den Mittelachsen deiner Leinwand (links) und fasse die vier Ebenen zu einer zusammen (rechts).*

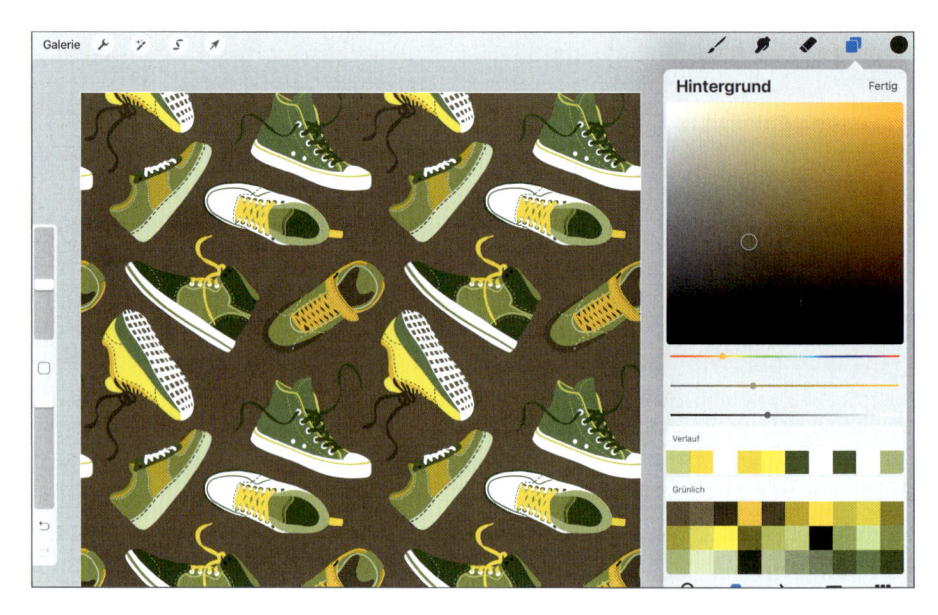

**Abbildung 16.13** *Du kannst die Hintergrundebene umfärben und neue Looks kreieren.*

Wenn du möchtest, kannst du mit unterschiedlichen Hintergrundfarben spielen und den Hintergrund umfärben. Das Muster wirkt zum Beispiel gleich ganz anders, wenn die Farbe von hell zu dunkel wechselt. So lassen sich unterschiedliche Farbkombinationen zusammenstellen.

Tippe dafür einfach die Hintergrundebene an, und es öffnet sich automatisch die Farbpalette. Schön ist es, wenn du weiterhin in deiner gewählten Farbpalette bleibst, dann passen die Hintergrundfarbe und die Farben deiner Bildelemente gut zusammen. Meine hier verwendeten Farben stelle ich dir online unter *https://www.rheinwerk-verlag.de/procreate* zur Verfügung.

## Rapport verkleinern

Wenn du möchtest, kannst du die letzten Schritte wiederholen und dein Muster noch einmal verkleinern, dann hättest du einen Rapport von 4 × 4 erstellt. Jedes Musterquadrat kommt in der Höhe und Breite jetzt viermal vor. Du legst dir also von der letzten Ebene wieder vier Kopien an und blendest eine davon aus, sie enthält den letzten Stand mit dem 2 × 2-Rapport und wird nicht weiter verkleinert. Nun aktivierst du wieder unter TRANSFORMIEREN das EINRASTEN und skalierst jede der vier Ebenen in die vier Leinwandquadranten. Das Muster an sich ist gleich geblieben, aber du hast auf derselben Fläche nun deutlich mehr Elemente angeordnet, der Rapport ist also kleiner geworden.

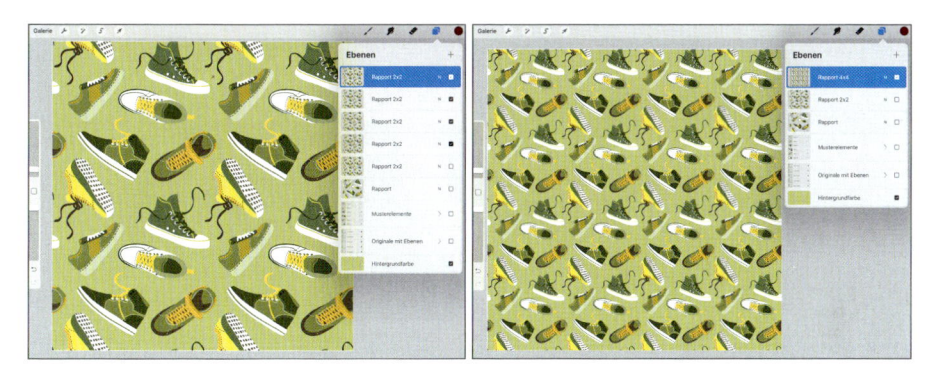

**Abbildung 16.14** *Erstelle vier neue Duplikate (links) und skaliere sie, bis sie in die vier Leinwandquadranten passen (rechts). So erhältst du einen Rapport von 4 × 4.*

## Fazit

Du hast jetzt dein eigenes Muster mit deinen Bildmotiven erstellt. Dabei wiederholt sich alles in regelmäßigen Abständen. Es gibt andere Varianten, damit der Rapport nicht so deutlich zu sehen ist, aber für den Anfang ist dieses Vorgehen wunderbar geeignet, auch die Methodik hinter einem Muster zu verstehen.

Wichtig: Lass dir von Procreate helfen und nutze die Zeichenhilfe und das Einrasten beim Transformieren, so dass dir das Verschieben deiner Musterelemente leichtfällt und alles genau aneinanderpasst.

# Kapitel 17
# Workshop 3 – Digitale Collagen

*In Procreate kannst du dein Motiv ganz einfach aussehen lassen wie ausgeschnitten und als Collage übereinandergelegt. Dafür nutzt du verschiedene Ebenen, die Gauß'sche Unschärfe und füllst deine Flächen mit Farben, indem du die Farbe einfach auf die Leinwand ziehst.*

Fange für diese Technik mit einer einfachen Bildidee an, komplexer darf es immer noch werden. In diesem Beispiel möchte ich es so aussehen lassen, als wären mehrere Lagen blaues Papier mit einem wellenförmigen Loch in der Mitte übereinandergelegt worden, so dass der Eindruck von Tiefe entsteht.

## Wellen-Ebenen erstellen

Beginne mit der obersten Ebene (Ebene 1) und zeichne mit dem Pinsel MONOLINE (den findest du unter KALLIGRAFIE) eine wellenförmige Form mittig auf die Leinwand. Ich habe für die Leinwand ein quadratisches Format von 2000 × 2000 px gewählt, aber das ist natürlich dir überlassen, hier gibt es keine Vorgaben für die Größe.

Deine Form muss am Ende geschlossen sein, dann füllst du sie mit Farbe. Wähle über die Farbpalette ein helles Blau aus, du wirst zur Mitte hin, also auf den anderen Ebenen, Schritt für Schritt dunkler werden. Ziehe deine Farbe oben rechts aus der Werkzeugleiste auf deine eben erstellte Form. Ziehe sie aber nicht in die Mitte, sondern fülle den Außenbereich, die Form in der Mitte soll frei bleiben.

**Abbildung 17.1** *Beginne mit einer geschlossenen Wellenform (links) und färbe anschließend den Außenbereich ein (rechts).*

Kleine Unregelmäßigkeiten in der Linie kannst du noch mit dem Pinsel oder dem Radiergummi ausbessern, bis du zufrieden bist. Lege dann über das Pluszeichen in der Ebenen-Palette eine neue Ebene an und verschiebe diese Ebene unter Ebene 1. Dafür tippst du sie mit dem Stift oder deinem Finger an, hältst sie gedrückt, bis sie sich etwas hervorhebt, und dann schiebst du sie schließlich unter Ebene 1.

Auch auf dieser Ebene malst du jetzt wieder eine wellenartige Form, etwas kleiner als die vorherige und ruhig mit anderen Bögen und Schwüngen als auf der oberen Ebene. Wähle einen etwas dunkleren Blauton in deinen Farben dafür aus und fülle wieder den Außenbereich auf dieser Ebene mit Farbe.

Du kannst jetzt durch das Loch auf Ebene 1 hindurchsehen und siehst deine Form auf der darunterliegenden Ebene. Je nachdem, wie du die Bögen gezeichnet hast, werden manche etwas verdeckt, andere sind sichtbar. Das wollen wir so, damit es abwechslungsreich aussieht und durch die Überlappungen noch mehr der Eindruck von Tiefe entsteht.

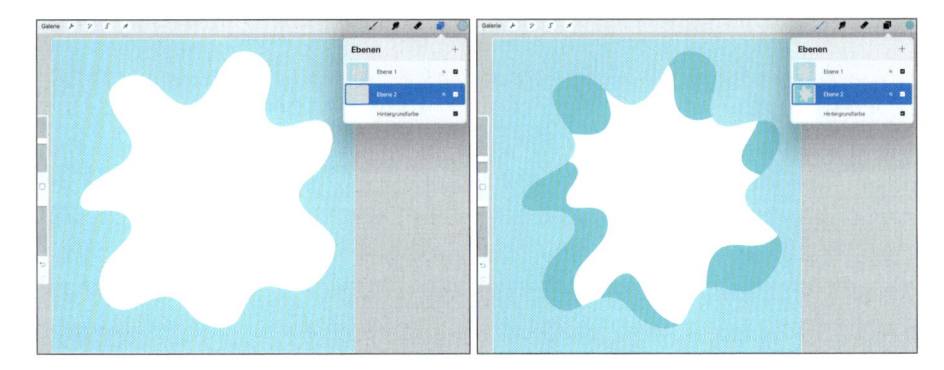

**Abbildung 17.2** *Schiebe die neue Ebene unter die erste (links). Die zweite Wellenform wird etwas dunkler eingefärbt (rechts).*

Lege als Nächstes noch drei weitere Ebenen an, verschiebe sie in der Ebenenreihenfolge ganz nach unten und zeichne darauf zwei Wellenformen, die jeweils etwas kleiner als die vorherige sind. Die fünfte und unterste Ebene füllst du komplett mit deiner dunkelsten Farbe.

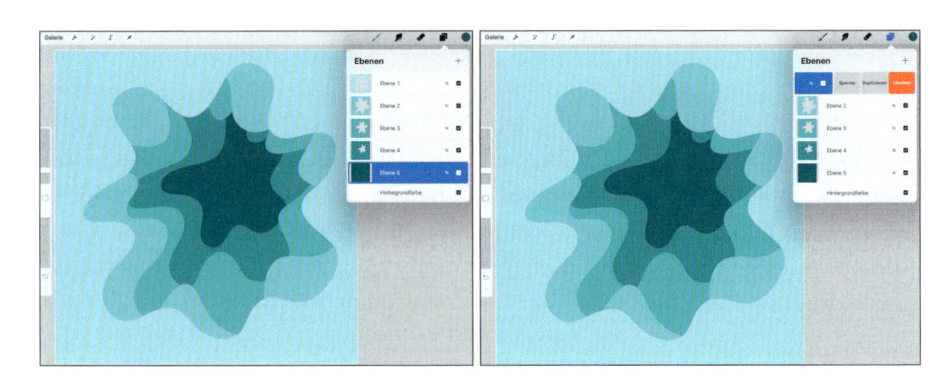

**Abbildung 17.3** *Du hast vier Ebenen mit Wellenform und eine komplett mit Farbe gefüllte Ebene erstellt (links). Lege dir jetzt von jeder Ebene ein Duplikat an (rechts).*

Du könntest dafür auch direkt die Hintergrundebene einfärben. Wenn du allerdings später noch eine leichte Papierstruktur hinzufügen möchtest, so dass die Collage noch mehr danach aussieht, als wäre sie analog erstellt worden, ist dafür eine eigene Ebene praktischer. Um den Hintergrund einzufärben, tippe auf die Hintergrundebene und wähle dann eine Farbe aus. Das ist übrigens neben dem An- und Ausschalten der Ebene das einzige, das du mit der Hintergrundebene machen kannst. Masken und Effekte lassen sich nicht auf sie anwenden.

## Die Schatten erzeugen

Mache von allen Ebenen mit einer Wellenform eine Kopie. Wische dafür auf der Ebene nach links und wähle DUPLIZIEREN aus.

Wenn dann jede Ebene zweimal vorliegt, kannst du die jeweils untere der beiden Ebenen mit schwarzer Farbe füllen. Das werden die Schatten. Wähle also Schwarz als Farbe aus, gehe auf die entsprechende Ebene und färbe die blauen Bereiche mit Schwarz, indem du einfach wieder den Farbkreis aus der Werkzeugleiste auf die Farbfläche ziehst. Du wirst davon allerdings erst einmal nichts sehen, weil ja die Ebene mit derselben Form in Farbe darüberliegt.

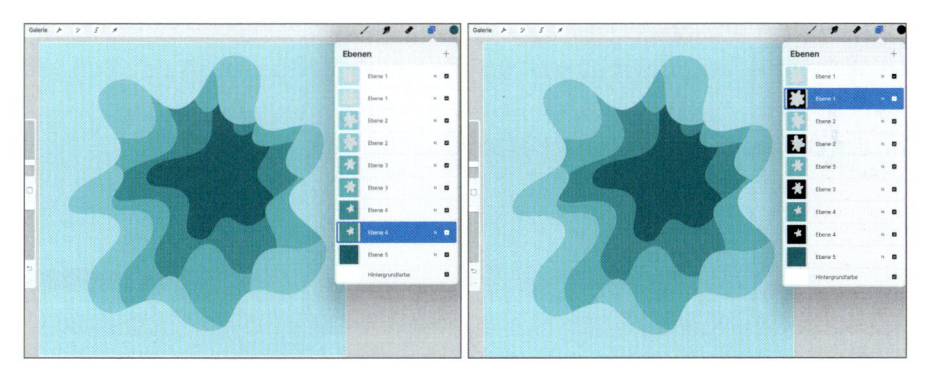

**Abbildung 17.4** *Jede Ebene wurde dupliziert (links) und die jeweils unteren Ebenen jeder Form mit Schwarz gefüllt (rechts).*

Den nächsten Schritt führst du für jede schwarze Ebene durch: Wähle eine der schwarzen Ebenen aus, gehe auf ANPASSUNGEN und wähle dort die GAUSS'SCHE UNSCHÄRFE. Tippe dann auf die Ebene und ziehe den Stift/Finger langsam nach rechts über den Bildschirm. Am oberen Rand der Leinwand siehst du auf dem Balken mit der Prozentangabe, wie stark die Ebene schon unscharf gezeichnet wurde. Ich habe in diesem Fall 7 % eingestellt.

### Gleiche Unschärfe einstellen

Es ist hilfreich, sich die Prozentangabe beim Einstellen der Unschärfe zu merken, denn dann kannst du bei allen Ebenen dieselbe Stärke bestimmen, damit die Schatten alle gleich aussehen.

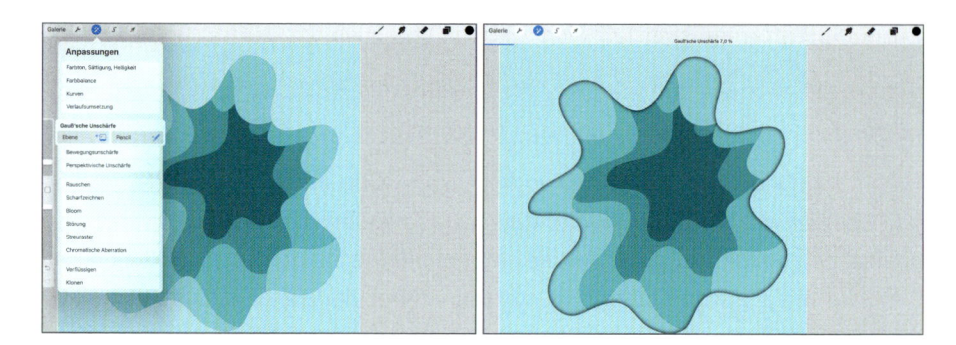

**Abbildung 17.5** *Wähle Gauss'sche Unschärfe aus (links) und wende sie auf die Ebene an (rechts).*

Diese Schritte wiederholst du jetzt für alle schwarzen Ebenen. Ist dein Bild also recht komplex, musst du den Schritt sehr oft durchführen, aber nur so erzeugst du den Look von vielen Papierschichten übereinander.

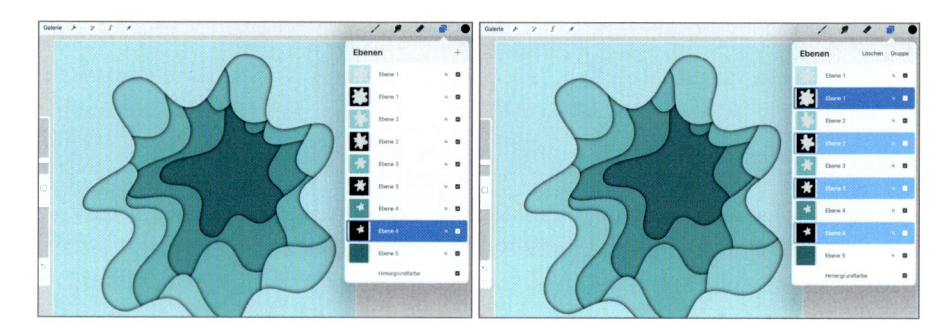

**Abbildung 17.6** *Führe diesen Schritt für alle schwarzen Ebenen durch (links). Wähle diese anschließend gleichzeitig aus (rechts).*

Die Schatten bilden sich an jeder Kante gleich stark. Damit es etwas natürlicher aussieht, verschiebst du alle Schatten-Ebenen ganz leicht. Dafür wählst du alle schwarzen Ebenen gleichzeitig aus, indem du auf ihnen nach rechts wischst. Sie werden blau hervorgehoben angezeigt. Nun kannst du das Transformieren-Werkzeug auswählen und alle Schatten ein wenig verschieben, vielleicht etwas nach schräg rechts unten. Das ist dir überlassen, probiere ruhig einmal aus, was am besten passt.

Damit sich die Schatten ein wenig besser einfügen und nicht ganz so hart und dunkel wirken, reduzierst du jetzt auf jeder dieser Ebenen noch die Deckkraft. Tippe dafür das N der jeweiligen Ebene an und ziehe den Regler der Deckkraft auf 60 %. Auch hier ist es hilfreich, für jede Ebene dieselbe Deckkraft einzustellen. Falls du merkst, dass durch das Reduzieren die Farben zu schwach werden oder es immer noch zu dunkel wirkt, reguliere die Deckkraft ruhig individuell.

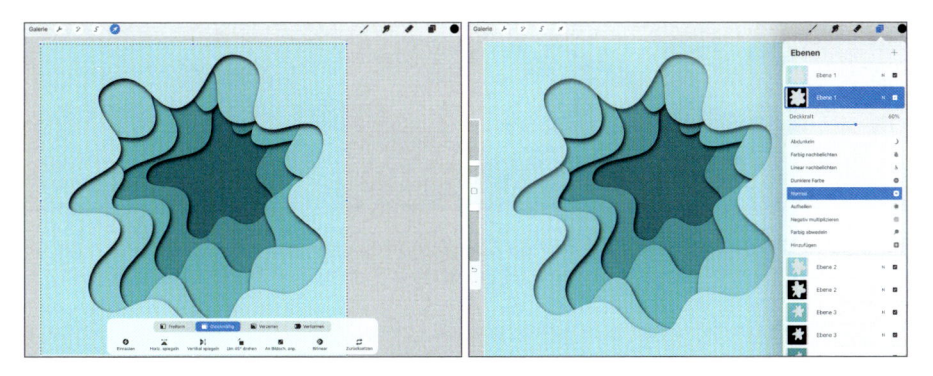

**Abbildung 17.7** *Alle Schatten werden mit dem Transformieren-Werkzeug etwas verschoben (links) und die Deckkraft reduziert (rechts).*

Wenn du den Schatten noch stärker anpassen möchtest, kannst du für die Schattenebenen auch noch einen Ebenenmodus einstellen. Probiere zum Beispiel einmal MULTIPLIZIEREN aus. Das habe ich in diesem Beispiel allerdings nicht gemacht.

### Die Figur einfügen

Lege jetzt eine neue Ebene an, auf der du dein Unterwassertier zeichnest. Ob es ein Fisch, ein Hai oder ein Delfin wird, ist natürlich dir überlassen. In unserem Workshop wird es ein Krake, den ich in einer Kontrastfarbe anlege. Auf deiner neuen Ebene zeichnest du nun die Form des Kraken und füllst diese mit deiner gewünschten Farbe. Fülle diesmal wirklich die Form, nicht den Rand. Verpasse dem Kraken gerne noch ein lustiges Gesicht.

Auch der Krake soll natürlich einen Schatten bekommen, also duplizierst du die Ebene wieder, färbst die untere mit Schwarz ein und arbeitest mit der Gauß'schen Unschärfe. Nimm wieder in etwa den gleichen Prozentwert. Wähle dann erneut das Transformieren-Werkzeug aus und verschiebe den Schatten etwas, so dass er zu den restlichen passt. Dann reduzierst du noch die Deckkraft. Alle Schatten sollten wie aus einem Guss aussehen, damit sich ein stimmiger Gesamteindruck ergibt.

# Kapitel 17 Workshop 3 – Digitale Collagen

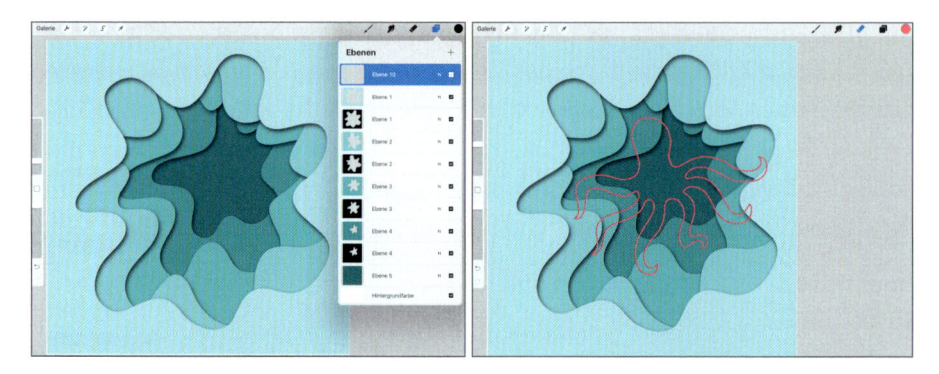

**Abbildung 17.8** *Lege eine neue Ebene an (links) und zeichne die Form des Kraken (rechts).*

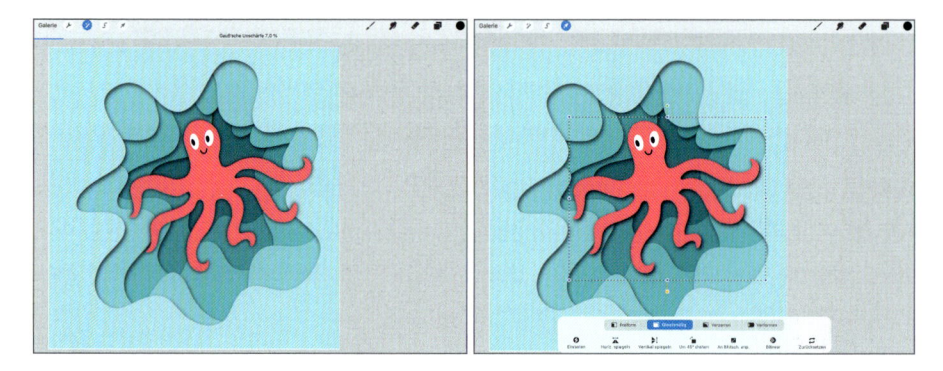

**Abbildung 17.9** *Der Krake bekommt einen Schatten auf einer neuen Ebene (links). Auch dieser Schatten wird etwas verschoben, und zwar in dieselbe Richtung wie die anderen zuvor auch (rechts).*

Damit der Eindruck von Papierlagen noch deutlicher wird, kannst du die Ebene mit dem Kraken samt seinem Schatten auswählen und unter die oberste Papierschicht schieben. Dann wird ein Teil der Figur von der oberen Wellenform verdeckt und durch diesen Wechsel von Vorder- und Hintergrund entsteht der Eindruck von Tiefe. Solche Überschneidungen sind außerdem für den Betrachter spannend.

### Reihenfolge hervorheben

Achte darauf, dass sich Dinge nicht nur ganz knapp berühren, sondern sich deutlich überschneiden, damit das Auge weiß, was vorne und was hinten liegt, und sich so eine optische Reihenfolge ergibt.

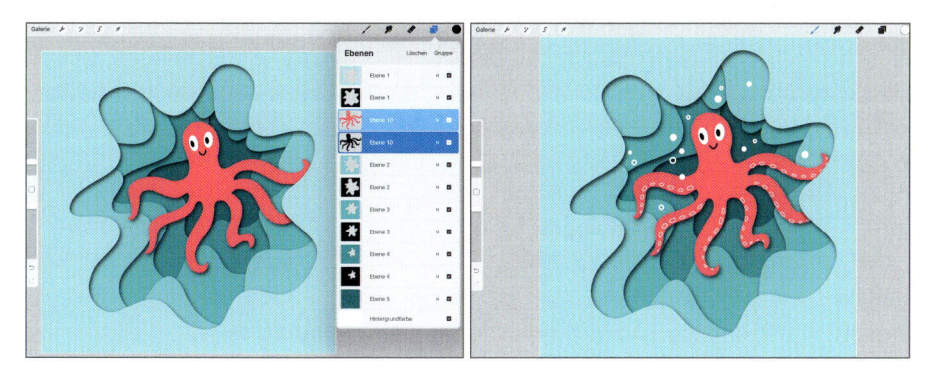

**Abbildung 17.10** *Möchtest du mehr Überschneidungen haben, schiebe die Ebenen mit Kraken und Schatten unter die oberste Wellenform (links). Füge Luftblasen hinzu (rechts).*

## Der letzte Schliff

Der Krake bekommt noch einige Luftblasen. Damit die Luftblasen kreisrund werden, solltest du QuickShape verwenden. Du zeichnest also eine runde Form, lässt den Stift aber am Ende noch nicht los. QuickShape formt dann ein Oval, legst du dazu einen Finger auf den Bildschirm, wird aus dem Oval ein perfekter Kreis. Möchtest du den einzelnen Ebenen jetzt noch eine Papiertextur verpassen, kannst du das zum Beispiel machen, indem du über AKTIONEN • HINZU- FÜGEN • FOTO HINZUFÜGEN ein Foto einer Papiertextur einfügst. Die Ebene mit dem Foto legst du zuoberst über deine anderen Ebenen und stellst den Ebenenmodus so ein, dass das Ergebnis eine dezente Textur ergibt. Reduziere außerdem die Deckkraft, dann wirkt es sehr natürlich.

## Fazit

Auf diese Art kannst du natürlich auch gänzlich andere Motive gestalten und auch deutlich komplexer werden. Je auffälliger du die Schatten gestaltest, desto mehr Abstand scheinen die Lagen voneinander zu haben.

> **Workshop-Kapitel zum Download**
> 
> Auf der Website zum Buch unter *https://www.rheinwerk-verlag.de/procreate* findest du ein weiteres Workshop-Kapitel zum Thema »Ebenen- und Clipping-Masken im Einsatz«.

# Index

2D-Gitter 209
3D-Illustration 209
6B Stift 101, 147, 250, 255
.abr 114
.brush 114
.brushset 114
.swatches 192

## A

Abdunkeln 171, 245
Abmessungen 15
Abnahme 121
Abstand 120
Abstrakt 106
Abwärts zusammen-
 fügen 167, 236
Adobe Photoshop 50
 Pinsel übernehmen 116
Airbrush 105
Aktionen 29, 41
 abspeichern 37
 Animations-
  assistent 46, 221
 Bereitstellen 49
 Einstellungen 51
 Hilfe 55
 Hinzufügen 41
 Leinwand 43
 QuickShape 220
 Referenz 46
 Text hinzufügen 197
 Video 51
 Zeichenhilfe 46, 207
Aktueller Zustand 146
Alle Einstellungen zurück-
 setzen 147
Alle kopieren 234

Alphasperre 153, 159, 164,
 243, 253
Alte Haut 109
Amplitude 72
Analog 185
An Bildschirm anpassen 96
An Display ausrichten 145
Anfasserpunkte 93
Animation 221
 Ausgabe 229
 bereitstellen 229
 erstellen 221, 227
 Wiedergabe 223
Animation der Spitze 122
Animationsassistent 46, 221
 einschalten 221
Animationswiedergabe 223
 Tempo 224
Animiertes HEVC 230
Animiertes PNG 230
Ankerpunkte 216
Anpassungen 29, 56
 Bewegungsunschärfe 65
 Bloom 71
 Chromatische Aberra-
  tion 75
 Ebene oder Pencil 56
 Farbbalance 59
 Farbe 58
 Farbton, Sättigung, Hellig-
  keit 58
 Gauß'sche Unschärfe 63
 Klonen 80
 Kurven 60
 Perspektivische
  Unschärfe 66
 Rauschen 67
 Scharfzeichnen 70

 Störung 72
 Streuraster 74
 Verflüssigen 77
 Verlaufsumsetzung 61
 Voreinstellungen 56
 Vorschau 57
Ansicht
 100% 231
 drehen 231
Anzahl-Jitter 127
App
 zwei öffnen 114
Apple Pencil 12, 142
 Deckkraft 143
 glätten 143
 neigen 143
 zerlaufen 143
App-Umfang 10
Aquarell 104, 112, 135
Aquarellfarbe 134, 137
Artefakt 72
Attack 136
Aufhellen 172, 173, 174, 246
Aufladen 135
Aufnahme 136
Aufrisszeichnung 240
Ausschluss 177
Ausschneiden 43, 234
Ausschneiden & Ein-
 fügen 234
Auswahl 82
 An Bildschirm anpassen 96
 Anfasser 91
 aufheben 90
 auf neuer Ebene ein-
  fügen 234
 automatisch 82
 drehen 96

# Index

*Ellipse* 85
*ergänzen* 85
*Farbfüllung* 89
*Freihand* 84
*geschlossen* 84
*kopieren* 234
*Kopieren & Einfügen* 86
*letzte wiederholen* 89
*löschen* 89
*Rechteck* 85
*Sichern & Laden* 88
*speichern* 88
*umkehren* 84
*und Ebenen* 87
*verschieben* 91
*verzerren* 94
*Weiche Kante* 86
*zoomen* 85
*zwei Bereiche* 84
Auswahlkanten
  *nicht zu sehen* 92
Auswahlrahmen 91
Auswahlwerkzeug 30, 82
Azimuth 127

## B

Backup 259
Bearbeiten Zeichenhilfe 260
Bedienung mit rechter
  Hand 40
Benutzeroberfläche 28
  *Farbe* 51
Bereit fürs Web 229
Bereitstellen 23, 49
  *Ebenen* 50
Beschneiden 44
  *und Größe ändern* 44

Betonung 70
Bewegung 63
Bewegungsunschärfe 65
Bikubisch 97
Bildauflösung
  *Druck* 15
  *Web* 16
Bildautor 49
Bildbereiche
  *übermalen* 159
Bild bereitstellen 50
Bildelemente
  *anordnen* 260
Bilder pro Sekunde 224, 229
Bildschirm als Druck 74
Bildschirmgröße 231
Bildteil
  *abgeschnitten* 45
Bildvorlage
  *hinzufügen* 41
Bilinear 97
Blasen 109
Blätter 111
Bleistift 101
Blinkeffekt 228
Blitzer 166, 195
Blockgröße 72
Blocksatz 198
Bloom 71
Blumen 109
Bogen 218
Bokeh-Effekte 109
Bold 199
Bonobo-Kreide 101
Borstenpinsel 103
Brandkanten 134
Brush 113
Buchstabenabstand 200

## C

Chromatische Aberration 75
Clipping-Maske 162, 242, 243
CMYK 17, 188
CMYK-Profil 18
Coated 18
Collage 270
Colordrop 194
Comic 74, 101

## D

Datei → Leinwand
Dateigröße 15
Deckkraft 36, 156
  *maximal/minimal* 145
  *reduzieren* 274
Deckkraft (Text) 201
Differenz 177
Digitale Signatur 146
Direktional 66
Dithering 230
Divergieren 73
Dividieren 177
Dokument → Leinwand
dots per inch 16
dpi-Zahl 15
Drehen 22, 96, 231
Drehsymmetrie 214, 240
Dreieck 219
Druckkurve 52
Druckrundung 127
Dualbrush 149
Dunkelheit 139
Dunklere Farbe 172
Duplizieren 21
  *Qualität* 262

# Index

Durchschuss 201
Dynamik 65, 141

## E

Ebene 34
   *Abwärts zusammen-*
      *fügen* 264
   *anlegen* 157
   *ausblenden* 156
   *ausschneiden* 43
   *auswählen* 90, 159, 236
   *bereitstellen* 50
   *Deckkraft* 156
   *duplizieren* 156
   *erkennen* 180
   *finden* 180
   *füllen* 159, 196, 250
   *gruppieren* 168, 255
   *in andere Leinwand ver-*
      *schieben* 235
   *kopieren* 43, 159, 234
   *leeren* 235
   *löschen* 156
   *neu* 157
   *organisieren* 259
   *reduzieren* 169, 259
   *Referenz* 166
   *Reihenfolge* 157
   *sperren* 156
   *umbenennen* 159, 252
   *umkehren* 165
   *Zahl prüfen* 49
   *zusammenfügen* 167
   *zusammenziehen* 236
Ebenenauswahl 180
Ebenenmaske 160
Ebenen-Menü 158
Ebenenminiatur 156
Ebenenmodus 156, 170, 245
   *Abdunkeln* 171
   *Aufhellen* 172
   *Ausschluss* 176
   *Differenz* 176
   *Dividieren* 177
   *Dunklere Farbe* 172
   *Farbe* 179
   *Farbig abwedeln* 173
   *Farbig nachbelichten* 171
   *Farbton* 178
   *Hartes Licht* 175
   *Hart mischen* 177
   *Hellere Farbe* 174
   *Hinzufügen* 173
   *Ineinanderkopieren* 174
   *Körnung* 131
   *Lichtpunkt* 176
   *Lineares Licht* 176
   *Linear nachbelichten* 172
   *Luminanz* 179
   *Multiplizieren* 170, 245, 250
   *Negativ multiplizieren* 173
   *Normal* 172
   *Rendering* 134
   *Sättigung* 178
   *Strahlendes Licht* 175
   *Subtrahieren* 177
   *Weiches Licht* 175, 246
Ebenenoptionen 156
Ebenen-Palette 155
Ebenenreihenfolge 254
Ebenenzahl 16
Ebene oder Pencil 56
Effekt 56, 67
   *Intensität steuern* 67
   *Störungen* 67
   *Unschärfe* 63
Eigene Leinwandgröße 15
Eigenschaften 145
Einfügen 43, 233
Ein-Punkt-Perspektive 211
Einrasten 46, 93, 262
Einstellungen 51
   *Pinselcursor* 52
   *Unterstützes Zeichnen* 215
Einzelform 125
Elemente 108
Ellipse 217
Ellipseauswahl 85
Erstellungsdatum 49
Erweiterte Einstellungen 55
Erweitertes Gitter 95
Export 23, 49

## F

Farbanpassungen 58
Farbaufnahme 136
Farbbalance 59
Farbdynamik 130, 137
Farbe 34, 137
   *anpassen* 58
   *aufnehmen mit*
      *Pipette* 193
   *auswählen* 181
   *Fläche füllen* 194
   *Harmonie* 184
   *Helligkeit* 182
   *Klassisch* 183
   *kombinieren* 152
   *Ring* 182
   *Sättigung* 182
   *speichern* 182
   *verändern* 59
   *Verlauf* 182
   *Wert* 186
   *zweite Farbe* 182
Farbe (Ebenenmodus) 179
Farbeffekt 106
Farbendruck 139
Farbe Sekundär-Frame 225
Farbfenster
   *offenlassen* 192

# Index

Farbflächen 252
Farbfüllung
  *Auswahl* 89
Farbharmonie
  *Analog* 185
  *Komplementär* 185
  *Komplementär teilen* 185
  *Tetradisch* 186
  *Triadisch* 186
Farbig abwedeln 173
Farbig nachbelichten 171
Farbkanal verändern 60
Farbmenge
  *verblassen* 136
Farbneigung 140
Farbpalette 188
Farbpalette pro Frame 230
Farbprofil 17
Farbring 182
Farbsättigung 184
Farbton 58, 182, 184, 186
Farbton (Ebenenmodus) 178
Farbton, Sättigung, Helligkeit 58
Farbtouch 61
Farbübergänge 152, 230
Farbverteilung 60
Farbwahl 181
Feine Haut 109
Fell 109
Feuer 108
Filter 77
Finger 231
Fläche
  *einfärben* 167
  *füllen* 194
Fließen 134
Flood 39
Fluchtpunkt 211, 213
Flut 196

Form 119, 123
  *Anzahl* 126
  *bearbeiten* 218
  *importieren* 123
  *Streuung* 126
Format Procreate 50
Formfilterung 128
Formquelle 119
  *bearbeiten* 123
Formverhalten 126
Foto
  *als Referenz* 42
  *aufnehmen* 42
  *einfügen* 41, 249
  *hinzufügen* 277
Frame 221
  *duplizieren* 226
  *Haltedauer* 226
  *Hintergrund* 226
  *löschen* 226
  *verschieben* 222
Frame-Optionen 225
Freie Formen 80
Freiform-Transformation 93
Freihand auswählen 84
Froschperspektive 213
Full Screen 236
Futuristisch 106

## G

Galerie 14, 20
  *auswählen* 26
  *Foto* 27
  *importieren* 27
  *Stapel* 24
  *Vorschau* 26
Gamma 60
Gauß'sche Unschärfe 63, 273
Gelbes Quadrat 96
Geometrische Formen 106

Gesicht 48
Gestensteuerung 53, 231
  *Ebenenauswahl* 180
  *Einstellungen* 237
Gestrichelte Linie 84
GIF 50, 229
Glanzlichter 59, 173
Glätten 143
Gleichmäßig deckend 133
Gleichmäßiges Überblenden 133
Gleichmäßige Transformation 94
Gloaming 109
Gras 111
Graustufen
  *einfärben* 61
Großbuchstaben 201
Größe
  *ändern* 44
  *maximal/minimal* 145
Großen Düse 252
Grüner Kreis 96
Grüner Punkt 91
Gruppe 168, 255
  *zusammenfügen* 169

## H

Haare 109
Haltedauer 226
Handlettering
  *Dynamik* 142
  *Hilfslinien* 210
  *Streamline* 120
Handschrift
  *in Text umwandeln* 205
Harmonie 184
Hartes Licht 175
Hart mischen 177
Haut 152

# Index

Hautpartie 251
Hellere Farbe 174
Helligkeit 58, 137, 139, 182, 184
Helligkeitswerte
   *kombinieren* 134
HEVC 19
Hexadezimalcode 188
Hilfe 55
Hilfskontur 217
Hilfslinien 207, 208
   *drehen* 208
   *einrasten* 92
   *Einstellungen* 207
   *magnetisch* 92, 208
   *perspektivisch* 210
   *verschieben* 208
Hintergrund 226, 250
   *einfärben* 272
   *Transparent* 20
   *unscharf* 64
Hintergrundebene 19, 155, 272
Hintergrundfarbe 19, 155
Hintergrund-Frames 226
Hinzufügen 41, 173
Histogramm 60
Holzstruktur 106
Horizont 213
Horizontlinie 210
Hue 186

## I

Importieren 27, 114
   *Photoshop* 41
   *Pinsel* 113
Indexiert 191
Industrial 111
Ineinanderkopieren 174

Inspiration 55
Intensiv deckend 133
Intensives Überblenden 133
Interpolation 97
Isometrisch 209
Isometrisches Raster 240
Italic 199

## J

Jitter 121
Jitter (Dynamik) 142
JPG 23
   *einfügen* 41

## K

Kalligrafie 103
Kante 78
Kantenglättung 128
Kantenüberlagerung 132
Karbon-Kohlestift 106
Kategorie
   *Abstrakt* 106
   *Airbrush* 105
   *Elemente* 108
   *Importiert* 114
   *Industrial* 111
   *Kalligrafie* 103
   *Kohle* 106
   *Künstlerisch* 104
   *Lichter* 109
   *Malen* 103
   *Natur* 111
   *neu erstellen* 117
   *Pinsel verschieben* 117
   *Reihenfolge* 117
   *Retro* 109
   *Retusche* 109
   *Skizze* 101

   *Sprühen* 108
   *Texturen* 106
   *Tinte* 101
   *Wasser* 112
   *Zeichnen* 102
Kerning 200
Klassisch 183
Klassische Filterung 128
Kleckse 108, 112
Klonen 80
Kneifen 78
Kohle 106
Kombinieren 149
   *aufheben* 150
Kombinieren-Modus 150
Komplementär 185
Komplementärfarben 165
Komplementär teilen 185
Kopieren 43, 233
Kornfilterung 130
Korngröße 129
Körnige Optik 67
Körnige Strukturen 101
Kornquelle 131
Körnung 67, 128, 130
   *Helligkeit und Kontrast* 130
   *Minimalkontrast* 130
   *Nass-Mix* 137
   *Offset-Jitter* 130
   *Stärke* 130
   *Tiefen-Jitter* 130
Körnungs-Editor 131
Körnungsgröße 132
Körnungsverhalten 128
   *Rotation* 129
Kreis 216
Kristalle 78
Kritzeln 205
Künstlerisch 104
Kurven 60

# Index

## L

Laufweite 200
Leeren 51
Leicht deckend 133
Leinwand 43
  *anlegen* 257
  *aus Stapel entfernen* 25
  *benennen* 20
  *bereitstellen* 23
  *drehen* 22, 231
  *duplizieren* 21
  *exportieren* 49
  *Größe* 15
  *kopieren* 21
  *löschen* 21
  *neu* 15
  *neu berechnen* 45
  *projizieren* 55
  *proportional* 44
  *Rand* 45
  *Referenz* 46
  *rotieren* 46
  *spiegeln* 48
  *umbenennen* 22
  *vergrößern* 44
  *verschieben* 24
Leinwanddaten 49
Leinwandeigenschaften 19
Leinwandgröße 15
  *verändern* 44
Lesbarkeit 200
Leuchten 71
Lichtblitz 109
Lichteffekt 109
Lichter 109
Lichtkreise 109
Lichtpunkt 108, 176
Lichtschein 173
Lineares Licht 176
Linear nachbelichten 172
Linie
  *gebogen* 218
  *gerade* 218, 255
Linienzeichnung 166
Linksbündig 198
Linkshänder 40
Löschen 21
Luminanz (Ebenenmodus) 179
Luminanzeffekt 134

## M

Malen 103
Marmor 80
Maske
  *auswählen* 161
  *bearbeiten* 161
  *umkehren* 162
Maskenhärte 132
Maskieren 160
Maßeinheit 15
Maximale Deckkraft 145
Maximale Größe 145
Menüs 28
Mercury 251
Minimale Deckkraft 145
Minimale Größe 145
Mitgehend 128
Mitteltöne 59
  *sättigen* 173
Monochrom 179
Monochromatisches Rauschen 69
Monoline 103, 270
Multiplizieren 170, 245, 250
Muster 80, 244, 257

## N

Nächster Nachbar 97
Nässe-Jitter 137
Nasse Kanten 134
Nasser Pinsel 112
Nass-Mix 135
Natur 111
Naturkohle 106
Negativ 125
Negativ multiplizieren 173
Neigen 143
Neigungsdiagramm 144
Neigungsrundung 127
Neuen Reset-Punkt erstellen 146
Neu färben 39, 196
  *QuickMenü* 196
Neu von Kamera 191
Nikko Rull 103
Normal 172
Normalperspektive 213

## O

Offset-Jitter 130
Oktaven 68
Ölfarbe 135
One Shot 223
Originalpinsel 113
Outline 167, 201, 251

## P

Palette 188
  *aus Bild erstellen* 190
  *aus Foto erstellen* 190
  *bereitstellen* 192
  *erstellen* 190
  *exportieren* 192

# Index

importieren 191
Neu aus Datei 191
Neu von Kamera 191
von Adobe importieren 192
Paper Daisy 111
Papiertextur 277
PDF 50
Perspektive 210
Perspektivgitter 211
Perspektivische Unschärfe 66
Pfadkontur 119
  Abnahme 121
  Abstand 120
  Jitter 120
  Streamline 120
Pfeil 90
Photoshop-Datei 41
Ping-Pong 223
Pinsel 32, 100
  Abstrakt 106
  Adobe Photoshop 116
  Airbrush 105
  Aufbau 119
  auf Wischfinger übertragen 153
  aus Fotos 111
  auswählen 101
  bereitstellen 113, 116
  duplizieren 112
  Eigenschaften 145
  Elemente 108
  importieren 113
  Industrial 111
  Kalligrafie 103
  Kohle 106
  kombinieren 108, 149
  Kontur 119
  Künstlerisch 104
  Lichter 109
  löschen 112

Malen 103
maximale/minimale Deckkraft/Größe 145
mit neuer Form erstellen 125
modifizieren 147
nach Projekt 117
Natur 111
organisieren 116
Reihenfolge 117
Retro 109
Retusche 109
Skizze 101
Sprühen 108
Textur 106, 128
Textur verschmiert 129
Tinte 101
umbenennen 146
verschieben 117
Wasser 112
Zeichnen 102
zurücksetzen 146
Pinselcursor 52
Pinseldatei 114
Pinseldeckkraft 35
Pinseleigenschaften 145
Pinselgröße 35
  feine Schritte 36
Pinselkategorien 101
Pinselsammlung 33, 101
  sortieren 116
Pinselspitze
  übernehmen 34, 237
Pinselstrich
  Anfang und Ende 121
  Kantenglättung 128
  Rotation 126
Pinselstudio 101, 118
Pinselverhalten 145
Pipette 193
  aktivieren 193

Farben aus Referenzbild 48
Gestensteuerung 193
Pixelbasiert 97
pixel per inch 16
Planskizze 240
PNG 23, 50
  einfügen 41
Porträt 249
Positionsgetreu 66
ppi 16
Primär-Frame überblenden 225
Primärpinsel 149
Private Datei 42
Privates Foto 42
Profilbild 146
PSD 23, 50
Pyramiden-Überblendung 132

## Q

Quadrant 214
Quellbibliothek
  Form 123
  Körnung 132
QuickMenü 36
  anpassen 37
  Belegung 37
  Neu färben 39
QuickShape 216, 255, 277
  Einstellungen 220

## R

Radial 214
Rahmen
  um Auswahl drehen 96
Rapport 266

# Index

Raster  260
Rastereffekt  74
Rastertext  204
Rauch  108
Rauschen  67
Rechteck  217
Rechteckauswahl  85
Rechtsbündig  198
Referenz  46, 166, 249
   *Farben übernehmen*  48
   *Gesicht*  48
Regular  199
Rekonstruieren  79
Renderingmodus  133
Reset-Punkt  146
Retro  109
Retusche  109
RGB  17, 187
RGB-Profil  18
Rinde  111
Ring  182
Rost  111
Rotation  126
   *Leinwand*  46
Rückgängig  40
Rückgängig machen  232
Rundpinsel  103

## S

Sättigung  58, 137, 182, 187
Sättigung (Ebenen-
   modus)  178
Scharfzeichnen  70
Schatten  59, 170, 273
Schein  71
Schieben  78
Schneegestöber  108
Schnelles Widerrufen  232
Schnittmaske  162
Schraffieren  143

Schrift  103
   *hinzufügen*  203
   *importieren*  203
   *kaufen*  204
Schriftgröße  200
Schriftlinie  201
Schriftschnitt  199
Schwamm  112
Schwellenwert  194
Schwung  65
Seitenleiste  35
   *rechts anordnen*  40
   *verschieben*  40
Sekundärpinsel  149
Selection  82
S-förmige Linie  30
Shortcuts  238
Sicherheitskopie  23
Sichtbarkeit Auswahl-
   maske  54
Siebdruck  74, 109
Signal  73
Skizze  101, 102, 107, 249, 250
Sonnenlicht  71
Spiegeln  48
Spiegel-Überlagerung  132
Spitzengröße  122
   *verbinden*  122
Split View  114
Spraydose  108
Spraypinsel  251
Spritzer  108
Sprühdosen  105
Sprühen  108, 251
Standardpalette  182
Standard setzen  188
Stapel  24
   *benennen*  25
   *in Stapel*  24
Stein  111
Stempel  109, 111

Stempelfarben-Jitter  138
Stempelvorschau  145
Stift
   *Druck*  52
   *Voreinstellungen*  51
Stiftneigung  140, 144
Störung  67, 72
Strahlendes Licht  175
StreamLine  103, 120
Streuraster  74
Streuung  126
Strichfarben-Jitter  139
Strich folgen  129
Strudel  80
Struktur  67, 69, 106
Studien  107
Studioqualität  19
Styx  149
Subtrahieren  177
SwatchDrop  196
Symmetrie  213, 239
   *Optionen*  213
   *Quadrant*  214
   *Radial*  214
   *vertikal/horizontal*  213
Systemvoraussetzungen  13

## T

Tastatur  238
Tastenkürzel  238
Terpentin  254
Tetradisch  186
Text  197
   *Anfasser*  202
   *ausschneiden*  198
   *auswählen*  198
   *bearbeiten*  203
   *Deckkraft*  201
   *Durchschuss*  201
   *kopieren*  198

# Index

*Laufweite* 200
*löschen* 198
*markieren* 202
*mit Stift schreiben* 205
*rastern* 204
*schreiben* 202
*Schriftlinie* 201
*Unterschneidung* 200
*vertikal* 198, 201
Textausrichtung 198
Textfeld 203
   *einfügen* 197
Text-Palette 198
Textrahmen 197
Textur 69, 106, 251
   *erstellen* 132
   *Winkel* 132
Texturiert 129
Tiefe 270
Tiefen-Jitter 130
Tinte 101, 251
Tonwerte 187
   *verändern* 60
Transformation
   *einrasten* 93
   *Freiform* 93
   *gleichmäßig* 93
   *magnetisch* 93
   *nummerisch* 95
   *vergrößern* 91
   *verschieben* 91
Transformationsrahmen 90
Transformieren 31, 90
Transformieren-Werkzeug 90, 260, 262
Treppchenbildungen 97
Triadisch 186
Tropfen 112
Turbulenz 68
Tusche 101

## U

Überblendenmodus → Ebenenmodus
Über diesen Pinsel 146
Über dieses Projekt 49
Übergänge 112, 151
Überlappung 271
Um 45° drehen 96
Umbenennen 22
Umkehren 84, 165
Unendlich 223
Unproportional Verzerren 93
Unschärfe 137
   *Richtung* 66
Unschärfe-Effekte 63
Unschärfen-Jitter 137
Unterschneidung 200
Unterstreichung 201
Unterstütztes Zeichnen 209
   *Einstellungen* 215

## V

Vektortext 204
Verbesserte Filterung 128
Verflüssigen 77
   *Stärke* 79
Verformen 94
Verjüngung 121
Verjüngung bei Druck 121
Verjüngung (Berührung) 122
Verjüngungseigenschaften 122
Verlauf 61, 151, 247
   *anpassen* 62
   *erstellen* 63
   *hinzufügen* 63
   *mit Airbrush* 105
   *voreingestellt* 61

Verlaufsbibliothek 63
Verlaufsfarben 62
Verlaufsumsetzung 61, 247
Verlaufswerkzeug 152
Verlustfrei 19
Versatz 72
Verschieben 24
Verwässerung 135
Verzerren 72, 94
   *unproportional* 93
Verzögerung 232
   *schnelles Widerrufen* 54
Video 51
   *anzeigen* 51
   *Auflösung* 19
   *exportieren* 51
   *löschen* 51
   *pausieren* 51
   *Zeitraffer* 19
Videoformate 19
Viereck 217
Visuell 191
Vogelperspektive 213
Vollfarbig 74
Vordergrund
   *unscharf* 63
Vordergrund-Frames 226
Voreinstellungen 51
Vorherige Farbe 182, 193
Vorlage
   *als Referenz* 47
Vorschaumodus 26
Vorzeichnungen
   *Pinsel* 101

## W

Warme Farbe 185
Wasser 108, 112
Wässrige Farbe 102
Web-Animation 229

Weiche Kante  86
Weicher Übergang  105, 251
Weiches Licht  175, 246
Weichzeichnen  32, 64, 151
Wellen  67
Wellenformen  255
Werkzeugleiste  31
Werkzeugschlüssel  29
Wert  186
Widerrufen  54
Wiederherstellen  40
Wirbel  78, 80
Wischfinger  32, 100, 105, 151
   *Verwischen-Eigenschaften*  145
Wolken  67, 108
Wolkenstruktur  137

# Y

Y-Achse spiegeln  127

# Z

Zacken  67
Zauberstab  29
Zeichenassistent  165, 208, 215
Zeichenblock  118
Zeichenhilfe  46, 165, 207, 239, 242, 260
   *2D-Gitter*  209
   *Anfasser*  208
   *auf Ebene aktivieren*  209
   *bearbeiten*  207
   *deaktivieren*  209
   *Isometrisch*  209
   *Perspektive*  210
   *Symmetrie*  213
   *zurücksetzen*  208
Zeichenkohle  106
Zeichnen  102

Zeilenabstand  201
   Zeitleiste  222
   *Einstellungen*  223
Zeitraffer-Einstellungen  18
Zeitraffer-Video  51
Zeitung  74
Zeitungsraster  109
Zentralperspektive  211
Zentriert (Textausrichtung)  198
Zerlaufen  143
Zickzack  219
Zoom  231
Zufall  121
Zweige  111
Zwei Pinsel  149
Zwei-Punkt-Perspektive  212
Zweite Farbe  139, 182
Zwiebelschichten-Deckkraft  225
Zwiebelschichten-Frames  224
Zwischenframes  224

# X

X-Achse spiegeln  127

# HORIZONT ERWEITERN, IDEEN ENTDECKEN

»Die Entdeckungsreise zur eigenen Kreativität«

303 Seiten, 2. Auflage, 29,90 Euro
ISBN 978-3-8362-7807-2
www.rheinwerk-verlag.de/5165

»Lass dich von diesem ironisch-witzigen Ideenfindungsbuch inspirieren!«

216 Seiten, gebunden, 29,90 Euro
ISBN 978-3-8362-8024-2
www.rheinwerk-verlag.de/5240

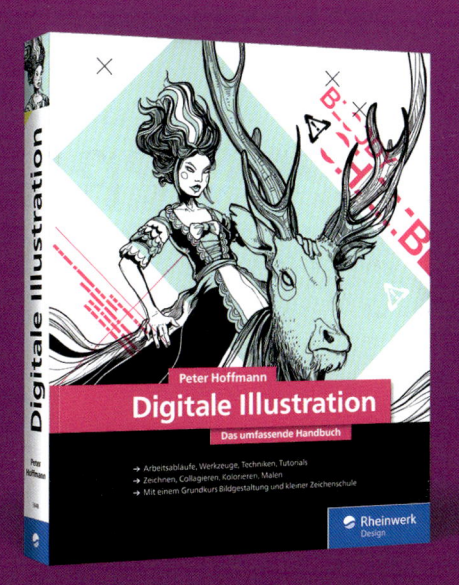

»Steht auf der Wunschliste jedes Illustrators!«

432 Seiten, gebunden, 39,90 Euro
ISBN 978-3-8362-5648-3
www.rheinwerk-verlag.de/4435

»Rezepte, Inspirationen und Vorlagen für coole Designstile und überzeugende Looks«

355 Seiten, broschiert, 29,90 Euro
ISBN 978-3-8362-6736-6
www.rheinwerk-verlag.de/4807

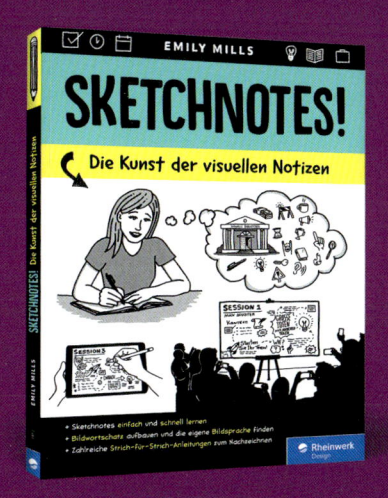

»Komplexe Ideen schnell und einfach vermitteln«

128 Seiten, broschiert, 29,90 Euro
ISBN 978-3-8362-7912-3
www.rheinwerk-verlag.de/5193

Wir hoffen, dass Sie Freude an diesem Buch haben und sich Ihre Erwartungen erfüllen. Ihre Anregungen und Kommentare sind uns jederzeit willkommen. Bitte bewerten Sie doch das Buch auf unserer Website unter **www.rheinwerk-verlag.de/feedback**.

An diesem Buch haben viele mitgewirkt, insbesondere:

**Lektorat**  Ruth Lahres
**Korrektorat**  Annette Lennartz, Bonn
**Herstellung**  Maxi Beithe
**Typografie und Layout**  Vera Brauner, Christine Netzker
**Einbandgestaltung**  Mai Loan Ngyen Duy
**Coverbild**  Meike Teichmann
**Satz**  Meike Teichmann, Maxi Beithe
**Druck**  mediaprint solutions, Paderborn

Dieses Buch wurde gesetzt aus der TheSans (9,35 pt/13,7 pt) in Adobe InDesign.
Gedruckt wurde es auf mattgestrichenem Bilderdruckpapier (115 g/m²).
Hergestellt in Deutschland.

Das vorliegende Werk ist in all seinen Teilen urheberrechtlich geschützt. Alle Rechte vorbehalten, insbesondere das Recht der Übersetzung, des Vortrags, der Reproduktion, der Vervielfältigung auf fotomechanischen oder anderen Wegen und der Speicherung in elektronischen Medien.

Ungeachtet der Sorgfalt, die auf die Erstellung von Text, Abbildungen und Programmen verwendet wurde, können weder Verlag noch Autor, Herausgeber oder Übersetzer für mögliche Fehler und deren Folgen eine juristische Verantwortung oder irgendeine Haftung übernehmen.

Die in diesem Werk wiedergegebenen Gebrauchsnamen, Handelsnamen, Warenbezeichnungen usw. können auch ohne besondere Kennzeichnung Marken sein und als solche den gesetzlichen Bestimmungen unterliegen.

Bibliografische Information der Deutschen Nationalbibliothek:
Die Deutsche Nationalbibliothek verzeichnet diese Publikation in der Deutschen Nationalbibliografie; detaillierte bibliografische Daten sind im Internet über *http://dnb.dnb.de* abrufbar.

978-3-8362-7994-9

1. Auflage 2021
© Rheinwerk Verlag, Bonn 2021

Informationen zu unserem Verlag und Kontaktmöglichkeiten finden Sie auf unserer Verlagswebsite **www.rheinwerk-verlag.de**. Dort können Sie sich auch umfassend über unser aktuelles Programm informieren und unsere Bücher und E-Books bestellen.